兰州大学"双一流"建设资金人文社科类图书出版经费资助

理想与现实

我的高等教育研究之路

车如山 等◎著

中国社会科学出版社

图书在版编目（CIP）数据

理想与现实：我的高等教育研究之路 / 车如山等著.
—北京：中国社会科学出版社，2019.9
ISBN 978 - 7 - 5203 - 5057 - 0

Ⅰ.①理…　Ⅱ.①车…　Ⅲ.①高等教育—文集
Ⅳ.①G64 - 53

中国版本图书馆 CIP 数据核字（2019）第 204097 号

出 版 人	赵剑英
责任编辑	张　林
特约编辑	宋英杰
责任校对	杨　林
责任印制	戴　宽

出　　版	中国社会科学出版社
社　　址	北京鼓楼西大街甲 158 号
邮　　编	100720
网　　址	http://www.csspw.cn
发 行 部	010 - 84083685
门 市 部	010 - 84029450
经　　销	新华书店及其他书店

印　　刷	北京明恒达印务有限公司
装　　订	廊坊市广阳区广增装订厂
版　　次	2019 年 9 月第 1 版
印　　次	2019 年 9 月第 1 次印刷

开　　本	710×1000　1/16
印　　张	16.5
插　　页	2
字　　数	208 千字
定　　价	88.00 元

凡购买中国社会科学出版社图书，如有质量问题请与本社营销中心联系调换
电话:010 - 84083683

目　录

第 一 章

人物思想研究

这部分共收录了六篇有关现当代著名教育家的教育思想的研究论文，包括民国时期我国著名教育家、北京大学校长蔡元培先生和当代著名教育家、我国高等教育学科的主要创建者潘懋元先生。

第一节 蔡元培的大学观①

蔡元培通过教育实践形成了一套自成体系的高等教育思想，并在借鉴和融合西方发达国家高等教育先进经验和模式的基础上，形成了独特的大学观。他认为作为研究高深学问的大学，应坚持民主管理，开放办学，实行"思想自由"，采取"兼容并包"，以海纳百川的气度网罗有识之士，并通过"教授自治"来有效培养具有"健全人格"的人。他的高等教育思想不仅为中国近代大学的创立和发展确立了一种范式，也为中国高等教育的现代化奠定了基础，而且对今天的高等教育实践、大学校长如何有效管理大学等具有重要作用。

一 "研究高深学问"是大学的职能

蔡元培曾先后两度留学德国，留学德国的经历不仅使他直接受

---

① 该文原载《理工高教研究》2009 年第 4 期。

到了西方现代科学文化的熏陶，而且大大开阔了视野，加深了他对现代大学内涵的理解，也为他日后的教育改革实践提供了有益的参考。1917 年，他在《就任北京大学校长之演说》中说："诸君来此求学，必有一定宗旨，欲求宗旨之正大与否，必先知大学之性质。今人肄业专业学校，学成任事，此固势所必然。而在大学则不然，大学者，研究高深学问者也。"①

1912 年，他在担任中华民国临时政府教育总长之初，就亲自起草并颁布了《大学令》，提出"大学为研究学术之蕴奥，设大学院"，招收大学各科毕业生或"经试验有同等学力者"为"大学院生"，规定"大学院生在院研究，有新发明之学理，或重要之著述，经大学评议会及该生所属某科之教授会认为合格者，得遵照学位令授以学位"。② 后来，北京大学能够迅速发展，与当初蔡元培提倡"研究高深学问"，鼓励"有新发明之学理"，并努力创造良好的学术研究氛围是分不开的。③ 蔡元培提出大学的性质和任务是"研究高深学问"的主张，既反映了其远见卓识，也体现了在德经历对他的影响。蔡元培认为，大学应当成为"研究高深学问"的机构。这既是他办学的基本指导思想，也是他大学教育思想的出发点。蔡元培如此强调大学性质在于"研究高深学问"，是为了扭转当时学生上大学仅为做官的陈腐观念。当时的北京大学，学生入学"仍抱科举时代思想，以大学为取得官吏资格之机关"，而对于学问则没有什么兴趣。因此，他认为，要改革旧北大，"第一要改革的，是学生的观念"④。基于对大学性质的认识，蔡元培要求大学教员不是灌输固定知识，而是对学问有浓厚的研究兴趣，并能引起学生的研究兴趣；要求大学生不是死记硬背教员的讲义，而是在教员的指导下

---

① 蔡元培编：《蔡孑民先生言行录》，广西师范大学出版社 2005 年版，第 95、117、148 页。
② 高平叔编：《蔡元培教育论著选》，人民教育出版社 1991 年版，第 24、25、26 页。
③ 项贤明：《蔡元培的高等教育管理思想及其启示》，《高等教育研究》2001 年第 2 期。
④ 高平叔编：《蔡元培全集》第 6 卷，中华书局 1984 年版，第 350 页。

主动地研究学问。为使大学能承担起教学、科研的双重任务，他极力主张"凡大学必有各种科学的研究所"。

二 "兼容并包，思想自由"是大学的办学理念

蔡元培"兼容并包，思想自由"的思想初见于《〈北京大学月刊〉发刊词》："今有《月刊》以宣布各方面之意见，则校外读者，当亦能知吾校兼容并收之主义，而不至以一道同风之旧见相绳矣。"① 后来又在《致〈公言报〉函并答林琴南函》中详细阐述了这个思想的内容："对于学说，仿世界各大学通例，循思想自由原则，取兼容并包主义，与公所提出之'圆通广大'四字，颇不相背也。无论为何种学派，苟其言之成理、持之有故，尚不达自然淘汰之运命者，虽彼此相反，而悉听其自由发展。"② 蔡元培提出"兼容并包，思想自由"的思想，并使之成为其在主持北京大学时的办学理念，是与他对大学性质的认识分不开的。他在任北京大学校长后的第一次演说中说："大学者，研究高深学问者也。……所以诸君须抱定宗旨，为求学而来，入法科者，非为做官；入商科者，非为致富。……果欲达其做官发财之目的，则北京不少专门学校，入法科者尽可肄业法律学堂，入商科者亦可投考商业学校，又何必来此大学？今诸君苟不于此时植其基、勤其学，则将来万一因生计所迫，出而任事，担任讲席，则必误学生；置身政界，则必误国家。是误人也。……故宗旨不可以不正大，此余所希望于诸君者一也。"③

在研究学问的出发点上，蔡元培认为："学问之成在信，而学问之进步则在疑。非善疑者，不能得真信也。"④ 所以在读古人书

① 蔡元培编：《蔡子民先生言行录》，广西师范大学出版社 2005 年版，第 95、117、148 页。
② 周天度：《蔡元培传》，人民出版社 1984 年版，第 154、224、225 页。
③ 高平叔编：《蔡元培全集》第 3 卷，中华书局 1984 年版，第 6 页。
④ 高平叔编：《蔡元培全集》第 2 卷，中华书局 1984 年版，第 185、186 页。

时，聆听老师和朋友的见解，一定要在内心里研究道理成立的根据，就是知其所以然。如果暂时不能够明白原因，一定要反复进行推理和求证，直到透彻其意义，毫无疑问为止，这样才能算掌握了真知识。否则，人云亦云，自己内心不搞明白，即使是博学多识，也只能算是一个盛书的箱子而已，无所谓掌握知识。但是针对怀疑，蔡元培认为，也不能一开始就先入为主，先存成见，凡是他人言论，不仔细进行研究，不求其所以然，就马上给予反对，这就是怀疑过头了，反而导致不知道学问为何物了。"盖疑义者，学问之作用，非学问之目的也。"① 所以他提出了"兼容并包"的思想，对于不同的观点应"和而不同"。只有这样，不同观点和学说才能在一起进行对比，相互切磋，相互补充，才能在争论中达成共识。尽管有时不能得出一致的结论，但也可以使研究者开阔眼界，从不同角度去分析问题而不囿于自己的独断。

三 "教授治校"是大学的办学体制

1912 年，蔡元培任民国临时政府教育总长时颁布的《大学令》，即有大学设立评议会与教授会之条款，已经明确规定教授有参与校务决议之权。其中，"第十六条，大学设评议会，以各科学长及各科教授互选若干人为会员；大学校长可随时齐集评议会，自为议长；第十七条，评议会审议下列诸事项：各学科之设置及废止；讲座之种类；大学内部规则；审查学生成绩及请授学位者之合格与否；教育总长及大学校长咨询事件；第十八条，大学各科各设教授会，以教授为会员；学长可随时召集教授会，自为议长；第十九条，教授会审议下列诸事项：学科设置；学生实验事项；审查学生属于该科之成绩；审查提出论文请授学位者之合格与否；教育总

---

① 高平叔编：《蔡元培全集》第 2 卷，中华书局 1984 年版，第 185、186 页。

长及大学校长之咨询事件"①。可惜的是，还来不及落实这些法令，蔡元培就因不满当时的政治时局，愤然辞职，再次赴欧。但不管怎样，这已经很好地体现出了蔡元培的高等教育管理理念。

直到 1917 年出任北京大学校长，蔡元培才真正开始他的"教授治校"之旅。"教授治校"是蔡元培效仿德国大学的民主管理体制。其"教授治校"的理念主要体现在对北京大学的改革实践上，体现在他所建立的一些机构和规章制度上。首先，设立评议会，作为全校最高立法机构和权力机构。评议会由评议员组成，评议员从各科学长和教授当中选举产生；不是教授不能当选为评议员，每 5 名教授选评议员 1 人，1 年选举 1 次，可以开会选举，也可以在选票上写好被选人姓名，把选票寄给评议会，然后由评议会定期当众开票。校长是评议会的议长，负责评议会的召集。评议会制定和审核学校的各种章程、条令，凡大学立法均须经评议会通过。其次，设行政会议，作为全校最高行政机构和执行机关。评议会决定的事项，一般交行政会议实施。它掌握全校行政大权，成员以教授为限，下设专门委员会分管事务。再次，设教务处，领导全校的教学工作。教务长由各系教授会主任推选，任期 1 年。这些领导体制的改革，对推动北京大学向近代新型大学的转变上，起了积极作用。②

实行"教授治校"，是蔡元培关于大学行政管理的基本思想。他主张"教授治校"，是为了建立民主的管理体制，防止校长主观专断、任意办事，这是他民主思想的反映，更主要的是为了依靠真正懂得教育和学术的专家来管理学校。由此可见，民主精神和依靠专家治校，这是蔡元培"教授治校"主张的两根支柱，教授是学校教学与科研的主力，他们既懂教育又有学问，蔡元培依靠他们来管

<hr>

① 高平叔编：《蔡元培教育论著选》，人民教育出版社 1991 年版，第 24、25、26 页。
② 萧超然、沙健孙、周承恩等：《北京大学校史（1898—1949）》（修订本），北京大学出版社 1988 年版，第 61 页。

理学校，这不仅彻底扭转了旧北京大学一切校务由校长等少数几个人决定的状况，而且大大调动了教授们的积极性和创造性，出现了民主办校的生动局面。

四 "培养健全人格"是大学的目标

蔡元培在《大学令》中指出："大学以教授高深学术，养成硕学闳材，应国家需要为宗旨。"① 这里所说的大学的宗旨，实际上就是大学的培养目标。蔡元培所主张的教育，是以人为中心的教育，教育要培养人的智慧、发扬人性、完善人格，其目标是人。他在《教育独立议》中指出："教育是帮助被教育的人，给他能发展自己的能力，完成他的人格，于人类文化中能尽一份子的责任，不是把被教育的人造成一种特别的器具，给抱有他种目的的人去应用的。"②

蔡元培注重培育学生的"健全之人格"。所谓"健全之人格"，就是指人的整体的精神素质，人的全面、自由和充分的发展，是要通过德育、智育、体育和美育的和谐发展，使生理、体能与心理、精神等方面相互协调。教育就在于使人走出种种奴化状态，培养受教育者作为"人"的独立人格、自由意志，开发其潜在的能力，实现人性在德、智、体、美诸方面全面、和谐、自由的发展。

蔡元培将大学教育视为整个国民教育的根基所在。他认为，大学教育的目标就是促进学生德、智、体、美的和谐发展，塑造具有健全人格的社会精英；作为国家栋梁的大学生，只有具备健全人格，才能成为民众楷模；提高学生整体素质，培养其健全人格，必须坚持五育并举的大学教育理念。在德育上，他主张学生不应满足于做个好学生和好公民，而应砥砺德行，成为社会楷模，以树立新

---

① 高平叔编：《蔡元培教育论著选》，人民教育出版社1991年版，第24、25、26页。
② 周天度：《蔡元培传》，人民出版社1984年版，第154、224、225页。

风。在智育上，他主张学生要养成学问家的人格，不仅要有研究学问的兴趣，而且要养成服务社会的习惯，以追求真才实学为目标，以促进社会发展为使命。另外，蔡元培还在大学首开体育课程，并亲自在大学开设美育课程，成立各种学术团体。同时，他还在学科和课程设置上撤销文、理、法的界限，倡导学生文理兼习、文理渗透，以文理作为其他学科的理论基础，拓展学生的知识结构。他认为，作为大学教育的对象，学生是具有独特个性的人，因此，健全人格的培养要建立在尊重其个性的基础上，遵循个性化教育原则，尊重和发展学生的个性，这样才能最大限度地挖掘学生的潜能和创造力。他在北京大学要求教师要培养学生的质疑意识和创新精神，反对教师以己意塑造学生；倡导尊重学生意愿，因材施教。

为了利于学生个性的展现，蔡元培改学年制为选科制（学分制）。允许学生在教师指导下跨系选课。这种个性化教育在北京大学产生了良好的效果，优秀人才层出不穷。

五 "教育独立"是大学办学的基本保障

蔡元培向来主张，教育是崇高和神圣的事业，应脱离政党的控制和宗教的影响而独立。"教育独立"是他奋斗的目标，也是他教育思想的重要组成部分。民国初年，蔡元培任教育总长时，就在《对于新教育之意见》中指出："教育有两大类别：曰隶属于政治者，曰超轶乎政治者。……共和时代，教育家得立于人民之地位以定标准，乃得有超轶政治之教育。"[1] 在"教育独立"的理论阐述中，他强调的是教育要不受政党的控制，要摆脱教会的影响。"教育事业当完全交与教育家，保有独立的资格，毫不受各派政党或各派教会的影响。"[2]

---

[1] 蔡元培编：《蔡孑民先生言行录》，广西师范大学出版社2005年版，第95、117、148页。
[2] 周天度：《蔡元培传》，人民出版社1984年版，第154、224、225页。

　　教育为什么应不受政党的影响呢？蔡元培认为，教育要求个性与群性平均发展，而政党则强调"群性"，抹杀个性，如鼓励人民亲善某国、仇视某国，或用某一民族文化去同化另一民族。若将这种政策参与教育，"便是大害"。教育是求"远效"的，犹如一年树谷，十年树木，百年树人；而政党是求"近功"的，政党掌握的政权，经常更迭；教育若这样变来变去，就很难有成效。所以，"教育事业不可不超然于各派政党之外"。①

　　教育何以要摆脱教会的影响呢？蔡元培指出，教育是进步的，学术总是后胜于前，推陈出新，不断变化；而教会则是保守的，不管怎样标榜"尊重科学"，一遇到《圣经》的训条便绝对不许批评。教育和学术是"共同的"，一国的学生可以学习和利用别国的学术成果，没有什么界限；而教会则有很多派别，真伪难以定论。各国宪法都规定"信仰自由"，若由教会掌握教育权，就不能做到这一点。所以，"教育事业不可不超然于各派教会之外"。②

　　在我国近代高等教育史上，蔡元培是一位不可或缺的重要人物。在担任北京大学校长期间，他的治校理念、管理模式、育人方略等都为时人和世人叹服，他也因之被誉为开一代新风之大师。由于他的卓越贡献，中国近代教育史上出现了"北大盛世"和"人才聚集"的昌盛局面。蔡元培的高等教育思想，对北京大学的发展和我国高等教育的现代化起了重要作用。在今天，对于我们发展高等教育也具有重要的现实意义和极高的借鉴价值。值得注意的是，学习和研究蔡元培的大学观，应坚持历史唯物主义的观点，既要看到其历史作用，又必须客观评价其当代意义，准确理解和把握它的时代内涵，赋予其时代价值，以做到"古为今用"。

---

① 高平叔编：《蔡元培全集》第 4 卷，中华书局 1984 年版，第 177 页。
② 周天度：《蔡元培传》，人民出版社 1984 年版，第 154、224、225 页。

第二节　蔡元培与中国高等教育近代化①

中国的高等教育近代化绝不是一个大学的近代化，但没有哪个大学在中国高等教育近代化过程中的作用可与北京大学同日而语；中国的高等教育近代化也不是一个人的推动，但没有哪个人在中国高等教育近代化过程中的地位可与蔡元培相提并论。正如有学者说，中国自有大学以来，最够格的大学校长是蔡元培，这大概是谁也不能否认的。即使有腹诽者，也不敢张口说出来，因为会犯众怒。②

蔡元培是我国近代著名的教育家和杰出的教育思想家。他以其在近代中国的特殊地位，成为中外学者关注和研究的热点人物。他一生致力于教育事业，在教育理论和教育实践上都有突出的贡献和丰硕的成果。他在借鉴和融合西方发达国家高等教育先进经验和管理模式基础上所形成的高等教育办学思想，通过他在北京大学的改革举措体现得淋漓尽致，不仅奠定了中国高等教育近代化的基础，为中国近代高等教育的创立和发展确定了一种范式，而且为中国高等教育的近代化指明了方向。

一　"研究高深学问"是中国高等教育近代化的理论基础

重视大学的科学研究功能是近代大学的基本特征之一，这关系着大学的定位问题，反映着办学者的基本理念，在一定程度上体现了大学的时代性，将近代大学定位于研究高深学问的机构意欲区别于传统高等教育机构官僚养成所的性质。

虽然，蔡元培先生没有明确提出过大学办学定位的概念，也没

---

① 该文原载《煤炭高等教育》2008 年第 6 期。
② 杨庆辰：《蔡元培与大学》，《教书育人》2004 年第 24 期。

有专门论述办学理念的重要性，但在他对北京大学进行改革的实践
措施中，业已蕴含其对大学办学定位的理解及对办学理念的重视。
蔡元培把大学定位为"研究高深学问"的机构，认为大学应设各科
研究所、办研究院、开展科研工作，这些做法奠定了我国近代研究
生教育和学位工作的基础，也成为我国大学近代转型的标志之一，
充分体现了蔡先生对近代大学基本特征的准确把握。研究的职能为
大学独有，是由大学在社会文化和科学创新体系中的地位所决定的。
学术研究的水平代表了一所大学的发展水平。大学给学生提供的不
仅仅是现成的知识，更重要的是良好的学习环境和浓厚的学术氛围。
大学的研究工作做不好，其教学工作发展也不会有后劲。蔡先生在
担任北京大学校长期间，就十分重视研究工作，购置大批图书资料
和实验仪器，为师生的科研工作创造条件。他认为，大学开展科研不仅
可以为国家培养高级人才，而且也可以促进大学自身的教学工作。

蔡元培认为，大学不仅应当"治学"，而且应该进行"高深学
问"的研究，以培养有较高素质的专业人才；而专门学校则主要
"治术"，进行职业技术教育，提供从事一定工作所需的专业素质和
技能，以培养社会所需的各类专业技术人才。这与近代社会对大学
的要求不谋而合。因为，在近代，社会的转型，要求发展多层次、
多类型的高校，为社会培养各类人才，过去那种单一的培养传统治
术人才的高等教育已经不能适应社会发展的需要了。

**二 "思想自由，兼容并包"是中国高等教育近代化的理念
先导**

大学理念是人们对大学的理性认识、理想追求及所持有的教育
观念或哲学观点。它是一个抽象的、上位的概念，包含了大学的理
想、大学的信念、大学的职责等，是指那些能够反映大学本质和规
律并能对大学的发展起指向和引导作用的观念。大学理念引领大学

的前进方向，是一个不断发展、不断调整、不断充实的历史概念。大学作为教育体制中的最高层次，其理念不仅对社会的发展、对社会思潮的形成起重要作用，而且对大学的自身发展举足轻重。一所大学能够立于时代潮头、站在时代前列、引领时代风骚，便是大学理念的时代特质。①

蔡元培在北京大学任校长期间，采"思想自由、兼收并蓄"的原则，聘请不同学派的著名学者来北京大学讲学，他不仅聘请了思想进步的李大钊、陈独秀、鲁迅等人，同时延揽了思想保守但学识渊博的辜鸿铭、刘师培等任教。譬如教文字学，有旧派学者黄侃和新派学者钱玄同同时任教，学校并不予以干涉，学生可自由选课而不受拘束。在学术上各抒己见、自由探讨，他对各派学术主张兼收并蓄、兼容并包，他三顾茅庐聘请陈独秀为文科学长，并把上海的《新青年》杂志搬进北大，使北大很快便成为进步思想传播的阵营。短短几年间，改变了北大以前沉闷和腐败的风气，使北大成为学术繁荣的新式大学。

"思想自由，兼容并包"理念的提出，表明蔡元培对西方近代大学实质的融会贯通，也预示着其对中国近代大学理想的追求，从而为我国传统高等教育的转型起了理论先导的作用。

三 "教授治校，民主管理"是中国高等教育近代化的制度保障

1912 年蔡元培在他起草颁布的《大学令》中就比较集中、明确地反映了"民主管理、教授治校"的思想，但没能施行。这种思想是他从德国留学期间学到的。"德国革命以前是很专制的，但是它的大学是极端民主主义的；它的校长和各科学长，都是每年更迭

---

① 张硕：《中国传统高等教育思想与现代大学理念》，《文教资料》2006 年第 16 期。

一次，由教授会公举的；它的校长由四科教授选任"，"照此办法，学校的内部，组织完备，无论何人来任校长，都不能任意办事"，所以"从没有为校长生问题的，这是何等精神呵！"①

20世纪初，蔡元培对北京大学进行了轰轰烈烈的改革，"教授治校"成为这次改革的重要内容。所谓教授治校，其意指通过大学宪章或规程以及一定的组织形式，由教授执掌大学内部的全部或主要事务，尤其是学术事务的决策权，并对外维护学校的自主与自治。②"教授是大学的灵魂"，要创办一流的大学必须要有一流的学科，而一流学科的建立离不开教授。因为教授在某一学科领域具有较深的造诣，是本校该学科较为权威的人物。因此，大学实行教授治校、民主管理是办好一所大学的关键。大学作为知识分子的聚集地，实行民主管理由其本质属性所决定的。③ 就高校管理而言，其中以民主化为根本，真正实现了民主化，则大学管理的专业化和科学化具有了基本的条件。蔡元培深知大学管理之道，在担任北京大学校长时，第一步就是组织评议会（教授会），打破以前由校长和学监专制的管理体制，让教授和讲师都参与校务管理。这种民主化的管理方式极大地调动了师生的积极性。蔡元培的这些主张和举措，对当时我国高等学校内部管理体制的改革具有重要的现实意义。高校必须大胆推行民主化管理体制，在办学过程中，尤其是在学科发展和建设的问题上，请教授参与决策、参与学校的管理。在学术研究上为教授创造好的学术环境，解决好他们的后顾之忧，使他们能够创造性地搞好研究工作。学校领导者应转变观念，与时俱进，不断创新，在学校的各项管理工作中，应充分体现以人为本的大学办学理念。以人为本，就是要尊重教师，尊重学者，给他们权

---

① 郑传芹：《蔡元培教育思想中的三个命题》，《辽宁师范大学学报》（社会科学版）2002年第5期。

② 欧阳光华：《教授治校：源流、模式与评析》，《高教发展与评估》2005年第4期。

③ 谢小燕、马千里：《大学校长应向蔡元培学习什么》，《江苏高教》2004年第5期。

力，给他们民主，给他们自由。正是"教授治校"制度的确立和实施，为我国近代大学转型提供了有力的制度保障。

四　"培养健全人格，发展个性"是中国高等教育近代化的目标追求

高等教育的目标就是促进大学生德智体美的和谐发展，塑造具有健全人格的社会精英。作为高等教育的对象，大学生之所以应该具备健全的人格，首先是因为他们是社会之分子、国家之栋梁，应该具有超群的人格，方能成为民众的楷模。因此，塑造健全超群的人格是高等教育的重要使命。①

在中国近代教育思想发展史上，蔡元培先生是第一位提出国民教育、实利主义教育、公民道德教育、世界观教育和美感教育并举的教育思想家。五育并举是蔡元培教育思想的一个显著特点，也是他对于中国近代教育理论的重大贡献。蔡元培五育并举的思想，是以公民道德教育为中心的德智体美和谐发展的思想，它适应了辛亥革命后资产阶级改革封建教育的需要，顺应了当时中国社会的变革与世界发展的潮流。

教育的根本问题是培养什么样的人的问题，因为它决定了我们用什么去培养和怎么去培养。在这一问题上，蔡元培鲜明地提出了自己的主张——造就具有完全人格的人。"完全人格"是蔡元培教育思想的重要组成部分，其意为通过对"完全人格"的塑造，培养自由、民主、平等的社会新人。为对国民进行完全人格教育，蔡元培提出了"五育"并重、和谐发展的教育方针，一方面是适应民主共和政体对教育的客观要求，另一方面也是由于他留学西欧，受到西方教育思想的影响，接受现代西方文明的结果。故此，他提出了

---

① 孙守闽：《蔡元培高等教育管理思想探微》，《同济大学学报》（社会科学版）2001 年第5 期。

培养"应国家需要""五育并举"的"硕学闳材"的教育目标，从理论上明确了近代高等教育的追求目标，划清了与传统高等教育培养治术人才的界限。这一主张不仅符合了我国近代社会转型的需要，也顺应了高等教育近代化的客观规律，体现了蔡元培近代高等教育思想的精髓。[①]

第三节　潘懋元高等教育观述评

作为我国高等教育学科的创始人，潘懋元先生在长期的高等教育实践与理论研究基础上，形成了自己的高等教育观，对中国高等教育的发展产生了重要影响。先生既注重对高等教育宏观问题的研究，也注重对高等教育微观问题的探讨，很好地将高等教育理论与高等教育实践结合起来，始终坚持理论联系实际。他的理论来源于对古今中外高等教育实践的深入考察和研究，特别是注重研究和解决中国高等教育改革与发展的问题。

一　高等教育价值观

20 世纪 80 年代以来，在高等教育快速发展的过程中出现了一些问题。这些问题对大学产生的冲击使人们感到困惑，人们称之为大学精神的丧失和大学理念的危机。大学的价值观受到了严峻挑战，一系列问题摆在高等教育面前，面对种种疑问，潘懋元先生指出，教育价值观与教育功能是密切联系的，高等教育既要满足个体发展的需要，又要适应社会发展的要求，任何单一的价值追求，都是片面的，不利于高等教育的发展。就高等教育来说，社会功能主要有经济功能、政治功能、文化功能等；个体功能有升迁功能、职

---

① 该文原载《西北成人教育学报》2010 年第 1 期。

业功能、成长功能等。这些功能是客观存在的，但主体对其价值判断则因客观条件和主观认识的不同而有所偏重。高等教育改革与发展，不只是要正确处理社会价值与主体价值的关系问题，还应对许多重要的价值关系作出正确的价值判断，以确定教育行为的取向。例如，理想价值与现实价值，长远价值与当前价值，两者必须兼顾。当两者发生矛盾时，作为教育工作者，不应只顾现实价值而放弃理想价值的追求，不应只顾当前价值而采取有害于长远价值的行为。高等教育价值观不只是一个抽象的理论认识问题，而是涉及改革与发展的实际问题。

二　高等教育质量观

高等教育质量面临两个不能回避的问题。其一，知识经济时代的高等教育，应当具有什么样的质量？其二，高等教育大众化会使受高等教育者数量增加，这会不会导致质量下降？

传统的教育质量观是一种知识质量观，以大学生掌握知识多寡、深浅来评价教育质量的高低。这种知识质量观根深蒂固，不但存在于办学者的思想中，而且存在于社会的传统文化观念中。上大学就是"读书"，书读得越多越深就证明教育质量越高。20世纪90年代中期，由于用人部门不断反映大学生实践能力低，加之西方教育理论强调能力培养的重要性的影响，大学生中开始流行"能力比知识更重要"的说法。教育界反思只重知识、不重能力的传统教育观念，也大力提倡加强能力的培养，知识质量观一度有转变为能力质量观的趋势。但在大多数教师和家长的心目中，知识质量观仍占主导地位。

应当承认，对于高级专门人才的培养，知识与能力都是重要的。但知识、能力，一般来说，都属于智育范畴，在全面发展教育中，智育是基础，但不是全部。高级专门人才，不仅要学会学习、学会做事，还应学会做人。要将非智力因素的发展纳入我们培养人才的全面质量中。因此，必须把传统的知识质量观转变为包含知识、能力在内的全面质量观。

一般来说，教育质量标准可以分为两个层次，一个是一般的基本质量要求，另一个是具体的人才合格标准。对高等教育来说，前者所指的一切高等教育都要依据我国的教育方针和高等教育的一般培养目标，培养德智体美全面发展，人文素质和科学素质结合，具有创新精神和实践能力的专门人才；后者所指的是依据各级各类高等教育具体的培养目标所规定的质量要求，是衡量所培养的人才是否合格的质量规格。1998 年在巴黎召开的首届世界高等教育会议所通过的《21 世纪高等教育展望和行动宣言》特别指出："高等教育的质量是一个多层面的概念"，要 "考虑多样性和避免用一个统一的尺度来衡量高等教育质量"。不应当用精英型高等教育的培养目标与规格、学术取向与标准来规范大众化高等教育；正如我们不能用大众化高等教育的培养目标与规格、职业技术取向与操作能力标准来规范精英型高等教育一样。正是由于持传统精英教育固定不变的标准来衡量大众化高等教育，从而产生了数量增加、质量下降的困惑。国家在经济与社会发展中，所急需的是数以千万计的技术、管理、服务的第一线专门人才。面向大众化高等教育的迅速发展，必须将传统的单一的精英型、学术型的高等教育质量观，转变为包括精英教育在内的高等教育质量观。

三　高等教育人才观

高等教育应该具有怎样的人才观？这一点从现代意义上的大学诞生起就似乎有了定论。高等学校培养社会的精英，培养为发展科学、发展社会、发展人类文明服务的高级专门人才。但是这一点在高等教育大众化的进程中受到了挑战。社会不可能有那么多的精英，也无法提供那么多精英的职位。昔日被视为是精英的大学生们都在为寻找平常的工作而发愁。现代大学都能认识到转变高等教育人才观已成为现实的必需。然而，由于种种原因，现代大学虽然在口头上高喊转变人才观念，但在教育实践中仍停留在精英教育人才观上。这实际上造成了现代大学理论和实际的背离。这种背离的背后，我们看到的是现代大学办学理念的无奈。

那么，高等教育应该是学术性的，还是职业性的呢？在精英教育时期，这一问题不尖锐。因为大家都相信，大学就是研究高深学问。但是现在是高等教育大众化了，大众化的高等教育是不是都研究高深学问，追求学术价值？市场经济下的大学要研究高深学问，但要不要面向市场经济？这个矛盾就凸显出来了，很显然，原来大学的那种传统的追求学术不能达到我们提高质量的目的，现在矛盾在什么地方呢？一方面从传统的理念来说，大学是最高的，研究高深学问，大学的社会地位、质量评估，教师的职称评审，都以学术水平作为标准；另一方面，社会更多需要的是应用型的、职业型的技术人才，社会更需要的是从高级工程师到熟练工人，从临床医师到护士，从高级经理到财会人员等各类各层级的技术人才。

受传统思想影响，中国现在仍然是重学轻术、重理论轻职业。面对这种情况，现在国家感觉到要培养职业技术型人才，办了很多职业技术型学校，但是这些学校办起来之后，思想不稳定，一心向综合性大学看齐，一天到晚想专升本，欲丢掉职业二字。而一般的大学本科呢，又想升格成研究型综合性大学，招硕士生、博士生，向清华、北大看齐。高中毕业生如果考不上本科，宁可复习一年，都不愿去念高职。制度也是这样，高考录取，一本主要是研究型综合大学，只有少量应用型大学；二本主要是应用型大学，一般的大学，还有一些地方大学；三本是地方大学，然后才是高职，重理论轻职业技术。

四 高等教育的可持续发展观

进入 21 世纪，中国的高等教育面临一系列新的冲击与挑战：高科技与低素质的矛盾，信息高速公路进入高等教育与传统教学过程的矛盾，高等教育大众化与政府教育投入不足、城乡发展不均衡的矛盾，以及高等教育发展中质与量的矛盾。面对这种形式，潘懋元先生指出，中国的教育改革必须以"教育思想与教育观念的改革为先导"。在《走向 21 世纪的高等教育思想的转变》一文中，先生系统阐述了高等教育发展观、质量观与价值观。就高等教育的发展观而言，高等教育的发展必须与经济、科技和社会发展相适应，并保持适度超前，必须是一种突出数量增长与质量提高并行，强调规模、结构、质量、效益协调发展的发展观。

大学究竟应该怎样发展？随着我国高等教育大众化步伐的加快，这一问题需要认真思考。各个大学在办学规模、办学模式等方面，普遍存在追求规模大、专业多、学科全、层次高的倾向。受这种办学观念的引导，有些大学不顾自身条件，盲目提出"创办一流大学"的口号，企图一夜之间跻身中国乃至世界一流大学的行列。针对这种情况，潘懋元先生指出，我们必须树立科学发展观，在现阶段有必要调整发展战略，改变两条政策性原则：一是在规模速度上，高等教育的发展要将"稳步发展"与"快速发展"改变为"适度超前发展"。二是在增长方式上，高等教育的发展要把"内涵式发展"改变为"内涵式发展与外延式发展并重，以外延式发展为主"的方式。从我国高等教育发展情况来看，在 20 世纪 80 年代中期，许多地方纷纷办大学，几年内使高等学校数量由 400 多所增加到 1000 多所，于是出现了 20 世纪 80 年代后期制定走"内涵式发展"道路的政策，并开始合并高校。到 20 世纪 90 年代后期，随着高等教育的迅速发展，高校数量已经不够，高等教育的发展要走

"内涵式发展与外延式发展并重，以外延式发展为主"的道路。

可持续发展原来主要是针对自然环境受破坏的一种发展战略，是人与自然的关系的一种发展战略。根据国际宣言，制定本国的可持续战略。开始的时候可持续发展战略都是说如何在科学技术的基础上解决人口问题、资源问题、环境问题，后来感觉到在科学技术的层面上来解决这个问题，有很多问题解决不了，必须提到文化的层次上。要解决人和自然的关系，必须改变人们的自然观，改变人们的价值观、伦理观以及思维方式。比如说，伦理观，过去我们说伦理，主要是人之间的伦理，是人与人的关系；现在则推广到人与动物的伦理，要保护动物，过去武松打虎是英雄，现在伦理观改变了，武松打虎要进监牢。我们原来的自然观，主要是人与自然斗（与天斗其乐无穷，与地斗其乐无穷，与人斗其乐无穷）。这种自然观给我们人类带来了种种问题和灾难，因而，人类要改变原有的自然观，人要与天地和谐统一，要实现人与自然的和平共处。

可持续发展原则主要体现在以下几个方面：一是持续性发展原则；二是公平性原则；三是整体性原则 [有的国家就没有考虑整体性原则，把脏的东西（垃圾）都往发展中国家扔，污染的工业移到别的国家]；四是协调性原则。

五 民办高等教育观

根据教育的两大基本规律，潘懋元先生科学地预见了中国高等教育发展趋势，特别是民办高等教育出现的必然性。他指出，随着高等教育大众化进程的启动及广大青年接受高等教育需求的持续高涨，我国的高等教育快速发展。尽管公办高校连年大幅扩招，绝大多数已达到办学的饱和状态甚至超负荷运转，但仍不能满足经济发展的需要和社会进步的需求。因此，中国应当鼓励多渠道筹资办学，积极发展民办高等教育，更好地促进中国高等教育事业的发展。应制定相应的法规来规范高等教育投资体制的多元化，保障民办高等学校的质量与管理。

从民办高等教育的发展前景来看，民办高等教育既有相当广阔的发展空间，又面临一些问题。如生源问题、师生待遇问题、评估问题等一系列政策性问题，这些问题在短期内不可能得到根本性改变，这将影响民办高等教育的发展后劲。然而，随着人们思想观念的转变、民办高校自身质量的提高、内外部环境及政策的成熟，中国的民办高等教育必将拥有一个美好的发展前景。

六 理论与实践的相互关系问题

强调理论的实践性是潘懋元教育思想的一个基本点，也贯穿到了他对研究生的培养活动之中。他指出："高等教育学是一门应用性学科，导师的教育实践和教育管理实践比研究生多，在理论联系实际上，能够提供有益的指导。"但是，令他尤为困惑与苦恼的是，"许多研究生宁愿根据书本知识、书面资料，坐而论道，也不愿花时间到实际中去"。先生认为，要改变这一不良倾向，必须扭转"理论脱离实际的学风"。高等教育理论研究必须更好地为实践服务，高等教育学专业所培养的人才也不应该脱离实际。强调理论与实践的结合，是潘懋元先生为师治学之道的根本。在他主讲的"中国高等教育问题"的博士生课程中，一个很重要的组成部分是亲自带领学生深入高校进行调研。这一理论学习与实地考察相结合的培养方式，不仅较好地解决了博士生培养过程中理论研究与实践情况相脱离的矛盾，提高了博士生教育的质量，还使博士生们少了些书生气，多了些从事高等教育研究所必需的现实和客观的眼光。潘先生自己在这些外出实践和调研中也不断发现新问题、提出新建议，丰富和发展自己的理论体系。如民办教育的产权问题、高职教育体系问题、高等学校分类和定位的问题等。

关于高等教育研究的理论价值和应用价值，先生认为，就理论价值而言，教育的基本理论越是抽象，离实践越远，就越能蕴含众多的教育现象，越具有普遍性。教育的内外部关系规律是教育活动中的最一般的规律，用它来考察一切教育问题，能够看得更全面、更深远，更能揭示各种教育问题的本质。就应用价值而言，高教理论工作者应当改变学风，将研究的视角转向改革实践中的重大理论问题，将研究的科学性与可行性结合起来。教育理论要转化成教育实践，也需要具备一些必要的条件，要经过下列中介环节：基本理论—应用研究（开发研究）—政策（一般指宏观的）—操作性措施—实践；或基本理论—应用研究（开发研究）—操作性措施（一般指微观的）—实践。因此，不能只是埋怨理论工作者的理论脱离实践，或者只是埋怨实际工作者不重视理论，要重视解决理论转化为实践的条件问题。理论和实际工作者应互相理解、共同努力，为理论向实践的转化铺设桥梁。

第四节　论潘懋元先生高等教育
思想的实践品格①
——兼论理论工作者的社会责任

潘懋元高等教育思想的形成和发展，与20世纪中国社会的进程以及个人的成长经历息息相关。在潘懋元先生几十年的学习、教学与研究生涯中，时时处处体现着他关注现实、关注大多数、关注弱势的思想。这种思想归根结底源于他作为理论工作者的社会责任感。

---

① 该文原载《中国高教研究》2010年第10期。

潘懋元高等教育思想的实践性既体现在其行动上，又渗透在其高等教育理论研究成果中。如果我们将其关注的高等教育话题用关键词连接起来，就很容易发现，像民办高等教育、高等教育大众化、高等职业教育、产学研合作教育、地方本科院校、应用型本科院校等极具现实意义的话题，时常挂在先生的嘴边、出现于其论著中。这既是先生作为理论研究者的天职，又是他高度的社会责任感的体现。

一 潘懋元高等教育思想实践品格溯源

（一）不平凡的成长经历是其教育思想实践品格形成的直接来源

从求学到从教，潘懋元先生的学习、成长经历，可谓坎坷不平，曲折的人生道路不仅没有阻挡他求知的信念，反而深深影响了他，促使他更加勤奋探索。1920 年 8 月 4 日，潘懋元出生于中国广东汕头的一个贫苦家庭。他从小就聪颖好学、勤奋自立，正是这种艰苦的环境铸就了他坚强的毅力。15 岁时，他当上了小学教师。1940 年，他报考了因抗战西迁长汀的厦门大学，因家境贫困只能白天步行，一连好多天才赶到学校。由于路途劳顿，加之准备不足，未被录取。后经准备，终于 1941 年秋考入厦门大学。由于家乡沦陷，他只能依靠救济金勉强维持学业，并利用勤工俭学的机会，赚取少许生活资用。① 这种艰难的经历，使他形成了自强不息、勇于进取的人生信念与治学精神，使他在高等教育科学研究的道路上永远求索，永不止步。

（二）大部分人不能受到高等教育的现实是其教育思想实践品格形成的社会基础

改革开放以来，党中央大力推行经济建设并高度重视教育在国

---

① 肖海涛、殷小平：《潘懋元教育口述史》，北京师范大学出版社 2007 年版。

家发展中的作用。而对如火如荼展开的建设事业来说，大量合格的建设者十分匮乏。"文化大革命"十年，教育事业严重荒废，致使人才断层，青黄不接。潘懋元先生根据中国当时的情况，特别是东南沿海地区，如山东省、浙江省、上海市、广东省等省市经济发展较快的实际，以及世界各国高等教育平均毛入学率已经接近20%的现实，依据高等教育自身的规律，提出高等教育要适度超前发展的命题，这一主张对推动中国高等教育大众化具有重要影响。

（三）先贤的教育思想是其教育思想实践品格形成的理论源泉

潘懋元先生的许多创新思想是在吸收和借鉴前人实践经验基础上形成的。特别是杨贤江、陶行知、王亚南等人的教育思想对潘懋元先生高等教育思想的形成产生了重要影响。首先，杨贤江的"全人生指导"思想，启发了潘懋元先生对教育现象进行深入思考，也促使他丝毫不敢忽视高等教育中人的存在。他的这种人学思想，体现在他的教育教学以及实践活动的各个层面。其次，陶行知的"生活教育"理论，重视教育与生活的联系，强调教学做合一的主张，对潘懋元先生起到了潜移默化的影响。最后，王亚南的理论联系实际的主张，也影响了潘懋元先生的治学。在与王亚南校长共事的日子里，潘懋元先生深受其理论联系实际思想的熏陶。在分析潘懋元高等教育地方化、高等教育通向农村的思想中，我们可以发现陶行知生活教育理论的印痕。"农村现代化需要大批接受高等教育的人才"，"高等教育通向农村，是中国现代化建设的必由之路"。[1] 潘懋元先生的这些思想虽然是针对高等教育而提出的，但是却与陶行知的乡村教育、普及教育的思想不谋而合。

---

[1]　潘懋元：《高等教育通向农村研究》，黑龙江人民出版社2002年版，"序"。

二 潘懋元高等教育思想实践品格的形成

(一) 在实践中构建高等教育学科

杨德广教授曾回忆,潘懋元先生多次在全国性的研讨会上慷慨激昂地说:"我就是要为在中国建立高等教育学摇旗呐喊,中国这么大的国家,不能没有高等教育学。"他认为,随着社会经济的发展,高等教育在世界各国迅猛发展,高等教育事业的发展、教育质量的提高,都存在一连串的问题,有待在理论与实践结合的基础上弄清道理,而这些问题往往不是一般的以中小学为研究对象的普通教育学所能解决的,这就需要开展高等教育理论研究,探索高等教育中一些带规律性的东西。

面对复杂的高等教育实践及中国高等教育理论依附发展的实际,潘懋元先生在"板凳敢坐十年冷,文章不写半句空"的治学理念指导下,几十年如一日,不断坚持,辛勤耕耘,坚守在高等教育的教学与研究一线。从摆脱苏联教育学思想体系的制约与影响开始,从构建具有中国特色的高等教育学体系及理论框架入手,于20世纪中期开始,他即思考如何构建中国高等教育学学科问题。在高等教育学术研究领域,他既关注宏观理论,又瞄准实践课题,靠着一种勇于开拓、执着追求的精神,树立了中国高等教育研究史上的一座座丰碑。

20世纪中期,我国尚没有一本供大学教师使用的教育学教材。为了改变这一现状,潘懋元先生曾思考了很久。一次偶然的机会,他读到了捷克教育家昂德列伊·帕符利克在一次教育科学会议上的发言,深受启发。于是,他便撰写了《高等专业教育问题在教育学上的重要地位》的论文,并主持编写了《高等学校教育学讲义》,后来这本讲义作为校际交流讲义被发送到全国一些综合性大学和师范院校,以供同行交流并提出改进意见,这便是我国最早的一本专门讨论高等教育理论的书。

党的十一届三中全会后，他捕捉到这是创建中国高等教育学科千载难逢的机遇，于是先后在《光明日报》和《厦门大学学报》发表了《必须开展高等教育的理论研究》《建立高等教育学科刍议》两篇论文，继续探讨在我国建立高等教育学科的必要性。经过不懈努力，于1978年建立了我国第一个以高等教育为研究对象的专门研究机构——厦门大学高等教育科学研究室，1981年开始招收我国第一位高等教育学硕士研究生，1984年主编了中国第一部《高等教育学》，1986年开始招收我国第一批高等教育学博士研究生，1988年厦门大学高等教育科学研究所的高等教育学被确定为国家重点学科。至此，潘懋元先生基本完成了构建高等教育学学科的工作，转而将主要精力放在了对我国高等教育现实问题的深入研究上。

（二）理论最终要回到实践中去

潘懋元先生总是站在高等教育学科的前沿和制高点上，具有敏锐的学术洞察力和理论勇气。他在提出高等教育理论构想的同时，更加关注与高等教育现实的紧密结合。如在民办高等教育、高等职业教育、高等教育大众化等初见端倪时，他便敏锐地捕捉到，并率先组织人员进行研究，在实践中不断进行求证。

在中国高等教育界，潘懋元先生独树一帜，提出了一系列具有超前意义的论断，引领了中国的高等教育发展，但相对于理论本身，潘懋元先生则更加关注理论的应用价值，更加注重理论对实践的指导意义。他多次强调，理论研究虽然重要，但最终却要回到实践中去，离开实践，这样的理论是苍白的，是没有说服力的，是空想，是脱离实际的，是不被人们所认可的。因此，关注并解决实际问题，也是理论工作者的重要任务。

关于高等教育研究的应用价值，潘懋元先生认为，高等教育理论工作者应当改变学风,将研究的视角转向改革实践中的重大理论问题,将研究的科学性与可行性结合起来。教育理论要转化成教育实践,也需要具备一些必要的条件。因此,理论工作者应主动关注与了解高等教育实践,应向实践工作者推广、解释理论及其价值与作用,积极履行其社会责任。

三 潘懋元高等教育思想实践品格的具体体现

潘懋元高等教育思想的实践品格集中体现在他关注高等教育实践中的重大课题,特别是在实践中起步较晚、意义重大的实践课题。如民办高等教育、高等职业教育、产学研合作教育、高等教育大众化、地方本科院校的发展以及应用型本科院校的定位等问题。

(一)理性分析,科学预测民办高等教育发展前景

民办高等教育作为改革开放的成果,在中国大地应运而生并得到了健康发展。然而,回想当初,它的诞生并非一帆风顺。因为,当时在很多人的脑海里,它姓资,是人们不敢也不愿提及的。但潘懋元先生审时度势,高瞻远瞩,在进行大量理论研究与实际调研的基础上,科学预言了民办高等教育的发展前景。

如果说潘懋元先生提出并预见民办高等教育的发展是出于其理论自觉的话,那么,他长期以来对民办高等教育的关注、关心与支持,则充分体现了潘懋元先生高等教育思想的实践性特征。根据教育的两大基本规律,潘懋元先生科学地预见了民办高等教育发展的必然性。他指出,随着高等教育大众化进程的启动及广大青年接受高等教育需求的持续高涨,我国的高等教育必将快速发展。尽管公办高校连年大幅扩招,绝大多数已达到办学的饱和状态甚至超负荷运转,但仍不能满足经济发展的需要和社会进步的需求。因此,中国应当鼓励多渠道筹资办学,积极发展民办高等教育,更好地促进中国高等教育事业的发展;应制定相应的法规来规范高等教育投资

体制的多元化，保障民办高等学校的质量与管理。

　　潘懋元先生虽然长期供职于公立高校，却时刻牵挂民办高等教育。这是因为：（1）从教育外部关系规律来看，民办高等教育的发展具有客观必然性，在发展过程中还有许多理论的、实践的问题需要高等教育理论工作者加以研究和解决；（2）出于对民办高教举办者艰苦创业的崇敬与同情。① 正是在这种理性与情感因素的共同影响下，经过长期的探索，他提出了一套较为完整的民办高等教育理论体系。

　　（二）联系实际，提倡建立高等职业教育独立体系

　　潘懋元先生非常重视高等职业教育，他从国家战略与劳动力发展的需要出发，指出高等职业院校是培养数以亿计的普通劳动者的主要机构，提出发展高等职业教育是推进高等教育大众化的必然选择，主张大力发展高等职业教育。潘懋元先生对高等职业教育高速发展过程中出现的问题，如高等职业教育的定位、发展与模式问题；如何处理规模、效益与质量的关系问题；如何对待"专升本"问题等进行了全面系统的研究和探讨，并从宏观和微观两个层面提出了解决问题的思路。在借鉴国外举办高等职业教育经验的基础上，结合我国国情，提出了建立我国高等职业教育独立体系的理论构想，强调高等职业教育必须通过产学研结合的方式，为社会经济发展培养大量实用人才。

　　潘懋元先生曾指出，过去很长一段时间，中国的高等教育处于精英阶段，基本上没有高等职业教育，技能型职业人才的培养全部由初等和中等职业教育承担。随着经济的发展，对职业型人才的要求不断提高，客观上要求职业教育向高层次发展，原有的精英型高等教育难以应对快速扩张的高等教育需求。

----

　　① 姚加惠：《现状、对策与展望——潘懋元教授访谈录》，《教育发展研究》2006 年第10B 期。

（三）继往开来，不断深化产学研合作教育

早在 20 世纪 50 年代，潘懋元先生就在《厦门大学学报》撰文探讨"教学、生产劳动、科学研究的矛盾与统一"问题。而在今天，针对高等学校的教育教学质量问题越来越引起社会广泛关注的情况，潘懋元先生又适时提出加强产学研三者结合的必要性，认为产学研合作教育是培养应用型人才、提高教育教学质量的重要途径。他指出，知识经济的到来，使得产学研三者的结合成为经济与社会发展的核心驱动力；市场经济的发展，尤其是市场经济的全球性发展，使人们相信经济竞争的核心是人才竞争；高等教育大众化的深化，要求培养应用型人才，而应用型人才的培养，主要在实践中通过产学研合作教育来实现。

产学研合作教育的深层次意义在于，它不仅是高等教育的方针政策，而且是现代社会发展的普遍规律。"学"主要是传承知识，"研"主要是创新知识，"产"主要是应用知识，三者本质上都是知识运行的形式，存在相互依存的关系和内在本质联系。① 产学研结合重在发挥实践性教学的主导性，以合作教育为切入点，有针对性地培养实践能力强的应用型人才。

（四）审时度势，积极推行高等教育大众化

强调高等教育必须为中国的经济发展服务，从实践的需要出发发现问题、研究问题是潘懋元先生一贯的治学立场。在当代中国，高等教育大众化思想的提出，从表象上看，直接受到西方大众化思想理论的启发；从内核来看，却是当代中国社会经济发展的必然要求。20 世纪 90 年代中后期，中国经济总量已跃居世界前列，而中国高等教育总规模一直在较低水平徘徊。为了解决这一矛盾，中国开启了高等教育大众化进程，这既是中国教育努力适应经济社会的

---

① 潘懋元:《产学研合作教育的几个理论问题》,《中国大学教学》2008 年第 3 期。

变革和产业升级对于高层次人才需求的应然策略，也是中国高等教育理论界和实践工作者长期呼吁的结果①。

潘懋元高等教育大众化思想是基于中国的高等教育实践的需要和现实，以指导高等教育大众化改革为目的发展起来的，其思想既来源于中国高等教育实践，又超前于中国高等教育实践，因此，既是对实践的把握与升华，又对未来实践具有重要的指导意义。②

（五）突出应用，大力发展地方本科院校

截至2009年4月，我国普通本科院校770所③，加上独立学院322所，共1092所，其中地方本科院校约占90%，这些地方本科院校是本科高等教育的中坚力量。做强这一部分高校，是建设高等教育强国的主要任务之一。

地方本科院校发展所面临的基本问题是人才培养定位问题，即培养什么样的人才有利于加强综合国力，提高国家的核心竞争力。对此问题，潘懋元先生明确提出，除个别院校外，一般地方本科院校应定位于培养应用型人才。但是，当前相当一部分地方本科院校，只重视学术型人才，轻视应用型人才。在制定学校发展规划的价值取向上仍然存在重学术轻应用、重理论轻实践的倾向。这有客观原因，但更重要的是办学者的理念以及师生的认识尚未到位。

（六）科学分类，合理定位应用型本科院校

20世纪90年代以来，中国高等教育得到了较快发展。以1998年为参照，到2007年高等学校的学生数差不多增长了500%，大学数量迅速增加。在这个发展过程中，也出现了新情况、新问题，那

---

① 陈兴德：《潘懋元：中国高等教育大众化的思想引领者》，《中国地质大学学报》（社会科学版）2008年第6期。

② 刘小强、罗丹：《中国特色的高等教育大众化理论体系——潘懋元先生高等教育大众化思想研究》，《大学教育科学》2007年第1期。

③ 教育部：《2009年具有普通高等学历教育招生资格的普通本科院校名单》，《中国教育报》2009年4月22日。

就是一些高等学校定位不明，方向不清。针对这一实际，潘懋元先生提出，应用型本科院校应走出传统的"精英教育"办学理念和"学术型"人才培养模式，积极开展应用型教育，大力培养应用型创新人才。应用型本科院校应根据经济社会发展需要，培养大批能够熟练运用知识、解决生产实际问题、适应社会多样化需求的应用型创新人才。通过实践教学，采取多种方案，培养学生的实践能力和应用能力。应用型本科院校应以本科教育为主，体现面向行业与地方服务的目标定向，辅之一定规模的研究生教育与适量的高等职业技术教育；应依靠加强学科专业建设，通过学科建设带动和促进专业的发展；应紧密围绕地方经济和社会发展，灵活设置学科、专业和课程。

纵观潘懋元先生高等教育思想的发展，我们不难发现实践性是其显著特征，它体现在其高等教育思想的方方面面和各个历史阶段。正是由于其显明的实践特性，才使得其思想具有广泛的适用性与强大的生命力，也在一定程度上诠释了潘懋元先生在高等教育研究领域成为"常青树"的原因。

第五节 论潘懋元高等教育思想的前瞻性①

潘懋元高等教育思想的形成和发展轨迹，在一定程度上印证了中国高等教育理论的形成与发展历程，如果我们将其关注的高等教育话题用关键词连接起来，就很容易发现，在每次高等教育变革之际，潘先生都敏锐地提出了超前性的理论假设与预测。

一 民办高等教育大有作为

潘先生很早就关注民办高等教育，早在 20 世纪 80 年代，他就

---

① 该文原载《赣南师范学院学报》2010 年第 4 期。

认识到中国的高等教育要继续发展，非借助民办的力量不可。[①] 潘懋元先生根据教育的两大基本规律，科学地预见了中国高等教育发展趋势，特别是民办高等教育出现的必然性。他指出，随着高等教育大众化进程的启动及广大青年接受高等教育需求的持续高涨，我国的高等教育快速发展。尽管公办高校连年大幅扩招，绝大多数已达到办学的饱和状态甚至超负荷运转，但仍不能满足经济发展的需要和社会进步的需求。因此，中国应当鼓励多渠道筹资办学，积极发展民办高等教育，更好地促进中国高等教育事业的发展：应制定相应的法规来规范高等教育投资体制的多元化，保障民办高等学校的质量与管理。他提出，如果将我国民办高教定位于中国社会主义高等教育事业的重要组成部分，那么，某些对民办高教的限制性的成文或不成文的规定就应当作适当调整。如民办高教限于专科层次、民办高校排在第四、第五批或只能招收落榜生等规定。[②]"民办高等教育在中国高等教育事业中占有什么样的地位，在以前的一些文件中，民办教育是公办教育的'补充'。我在1999年4月召开的一次民办高教会议上提出，《宪法》修正案的第11条把个体经济与私有经济从原来的提法'是社会主义公有制经济的补充'改为'是社会主义经济的重要组成部分'，那么建立在个体经济、私有经济以及其它非公有经济基础上的民办高等教育也必须重新定位为社会主义教育事业的重要组成部分。现在的文件已经这样定位了，但文件上的定位并不等于实际上的定位。实际上，我们很多措施、办法等并没有把民办高等教育作为一个重要组成部分，还是作为一个可有可无的补充。……另外，现在规定民办高校只能举办专科层次的职业教育，只有仰恩大学和黄河科技学院特准办本科，从理论上

---

① 潘懋元：《关于民办高等教育发展的问题：资本市场、质量评估与就业现状》，《民办教育研究》2004年第4期。

② 潘懋元：《对发展民办高等教育若干问题的认识》，《中国高等教育》（半月刊）1999年第13/14期。

说这样的定位是不当的。民办与公办主要是办学主体不同的两种体制，而不是层次和科类不同的两种形式。因此，不能把民办高等教育限制在只能办大专层次、只能办高职的教育。世界上私立大学既有低层次、也有高层次，既有专门性的、也有综合性的，所以法律应从理论上定位。"① 今天来看，先生当年的主张已被《国家中长期发展规划纲要》（2010—2020 年）明确吸收。十几年前的观点，今天重新提出且写进规划纲要，充分显示了先生高等教育思想的超前性。

民办高等教育作为改革开放的果实，在中国大地应运而生，并得到了健康发展。然而，回想当初，它的诞生并非一帆风顺。因为，当时在很多人的脑海里，它姓资，是人们不敢也不愿提及的。② 但先生审时度势，高瞻远瞩，在进行大量理论研究与实际调研的基础上，科学预言了民办高等教育的发展前景与美好蓝图。他在日本举行的一次国际学术研讨会上，将自己的学术观点与国内外同行分享。如果说先生提出并预见民办高等教育的发展是出于其理论自觉的话，那么，他长期以来对民办高等教育的关注、关心与支持，则充分体现了先生高等教育思想的实践性特征。

潘先生虽然长期在公办学校任教，却时刻心系民办高等教育。这是因为：（1）从教育外部关系规律来看，民办高等教育的发展具有客观必然性，在发展过程中还有许多理论的、实践的问题需要高等教育理论工作者加以研究和解决；（2）出于对民办高教举办者艰苦创业的崇敬与同情。③ 正是在这种理性与情感因素的共同影响下，经过长期的探索，他提出了一套较为完整的民办高等教育理论

① 潘懋元：《关于民办教育立法的三个问题》，《浙江树人大学学报》2001 年第 2 期。

② 系访谈观点，同时此观点可参见潘懋元《关于民办高等教育发展的问题：资本市场、质量评估与就业现状》，《民办教育研究》2004 年第 4 期。

③ 姚加惠：《现状、对策与展望——潘懋元教授访谈录》，《教育发展研究》2006 年第 10B 期。

体系。

自 20 世纪 80 年代重新起步以来，我国民办高等教育已经取得了巨大的成就，已经发展成为我国高等教育体系的重要组成部分。民办高等教育的未来走向也是近年来中国高等教育界关注的热点问题。这不仅关系民办高等教育自身的发展，而且对中国高等教育改革意义重大。潘懋元先生认为，我国民办高等教育发展困难与机遇并存，并大有作为。在未来的 15 年间，民办高等教育必将有更大的发展。[①] 从宏观环境和中外比较上看，21 世纪前 20 年既是我国全面建设小康社会的重要战略机遇期，也是我国民办高等教育发展的重要战略机遇期。首先，高等教育大众化进程不断加剧和接受高等教育的需求持续增长。在高等教育大众化的进程中，民办高校是一支强大的力量。特别是 1999 年开始的连续的高校扩招，使我国高等教育的面貌发生了深刻的变化。高等教育规模的扩大必然导致高等教育资源总量的扩充。单靠公办高校已经不能满足经济发展和社会进步的需要。高等教育的供需矛盾客观上要求高等教育的办学形式走向多样化。其次，从国际经验和国际比较上看，发展私立高等教育是一个普遍的现象。许多国家私立高等教育在高等教育体系中占有的比重比较大，依然保持着快速发展势头。民办高校可以以其特有的办学体制、灵活的机制和较高的自主性发挥自身的优势，进一步拓展发展空间。[②] 总体来看，民办高教发展机遇大于挑战。《民办教育促进法》的出台，更为民办高等教育的发展提供了坚实的保障。民办高教只要转变思想观念，不断总结办学经验，认真落实各项法律法规，重视师资队伍建设，适时设置和调整专业，提高教育质量，就一定能够走出困境，沿着正确的轨道持续地发展。我国要正确地判断世纪初我国民办高等教育面临的新形势，牢牢把握

---

① 潘懋元：《民办高等教育大有作为》，《浙江树人大学学报》2005 年第 5 期。
② 潘懋元、林莉：《2020：中国民办高等教育的前瞻》，《民办教育研究》2005 年第 4 期。

千载难逢的历史发展机遇，认真谋划民办高等教育的新发展，实现民办高教发展的新跨越。①

潘懋元教授有关民办高等教育的学术思想是在长期的高等教育研究与对中国高等教育实践的关注基础上形成的。他的民办高等教育思想放眼世界，结合国情；既具有相当的理论预见性，又有较强的实践指导价值。正如先生接受记者采访时曾说过的，是理性与感性综合作用使然。这种理性即是理论的超前性，感性即是对发展趋势的敏锐感觉。

二　高等职业教育应该发展为独立的教育体系

潘懋元先生非常重视高等职业教育，他提出，"发展高等职业教育是推进高等教育大众化的必然选择"，主张大力发展高职教育。在借鉴国外举办高等职业教育经验的基础上，结合我国国情，提出了建立我国高等职业教育独立体系的理论构想②，强调高等职业教育必须通过产学研结合的方式，为社会经济发展培养大量实用人才。他提倡建立高等职业教育独立体系的观点，也已经被实践所接受。他从国家战略与劳动力发展的需要出发，指出高等职业院校是培养数以亿计的普通劳动者的主要机构。提出发展高等职业教育是推进高等教育大众化的必然选择，主张大力发展高等职业教育。先生对高等职业教育高速发展过程中出现的问题，如高等职业教育的定位、发展与模式问题，如何处理规模、效益与质量的关系问题，如何对待"专升本"问题等进行了全面系统的研究和探讨，并从宏观和微观两个层面提出了解决问题的思路。在借鉴国外举办高等职业教育经验的基础上，结合我国国情，提出了建立我国高等职业教

---

① 潘懋元：《对发展民办高等教育若干问题的认识》，《中国高等教育》（半月刊）1999 年第 13/14 期。

② 潘懋元：《建立高等职业技术教育独立体系的思考》，《顺德职业技术学院学报》2005 年第 6 期。

育独立体系的理论构想，强调高等职业教育必须通过产学研结合的方式，为社会经济发展培养大量实用人才。潘懋元先生认为，曾经很长一段时间，中国的高等教育处于精英阶段，基本上没有高等职业教育，技能型职业人才的培养全部由初等和中等职业教育承担，随着经济的发展，对职业型人才的要求不断提高，客观上要求职业教育往高层次发展，原有的精英型高等教育难以应对快速扩张的高等教育需求。

社会对高等教育的强烈需求加快了高等教育大众化进程，原有的精英型高等教育难以满足快速扩张的高等教育需求，由精英型高校承担大众化任务必将对这些高校形成冲击。因此，他认为必须在精英型高等教育体系之外另外发展起大众化的高等教育体系来承担这一任务，"发展高等职业教育是推进高等教育大众化的必然选择"，他也经常以各种方式呼吁大力发展高等职业教育。先生在考察比较国外各国职业教育体系的基础上，结合我国国情和我国高等职业教育发展的实践，在宏观上开创性地提出了建立高等职业教育独立体系的理论构想。他于 2005 年和 2006 年连续发表了几篇论文探讨建立高等职业教育独立体系和改革学制的构想。

三 高等教育大众化是实现经济与社会可持续发展的必然选择

潘懋元高等教育大众化思想是基于中国高等教育实践的需要和现实，以指导高等教育大众化改革为目的发展起来的，其思想既来源于中国高教实践，又超前于中国高教实践。因此，既是对实践的把握与升华，又对未来实践具有重要的指导意义。[①]

强调高等教育必须为中国的经济发展服务，从实践的需要出发发现问题、研究问题是潘懋元先生一贯的治学立场。在当代中国，

---

① 刘小强、罗丹：《中国特色的高等教育大众化理论体系——潘懋元先生高等教育大众化思想研究》，《大学教育科学》2007 年第 1 期。

高等教育大众化思想的提出，从表象上看，直接受到西方大众化思想理论的启发，但从内核来看，却是当代中国社会经济发展的必然要求。

潘先生认为，高等教育大众化进程应包括量的增长与质的变化，两者呈非均衡性；高等教育大众化的前提是办学模式的多样化，其核心则是教育质量的多样化；高等教育大众化促使高等教育融入终生教育体系。关于高等教育大众化的政策方面，应注意解决好规模速度、资金投入、资源的开发与合理配置、毕业生就业等问题。高等教育大众化是一个量与质的矛盾统一，大众化的进程包含量的增长与质的变化两个方面。在大众化进程中，量的增长与质的变化的非均衡性，使发展中国家在精英教育到大众化教育的进程中，存在一个质的局部变化先于量的总体达标的"过渡阶段"。高等教育大众化的前提是办学模式的多样化，而其核心则是教育质量的多样化。

高等教育大众化，不只是量的增长，而且是"质"的变化。所谓"质"的变化，包括教育观念的改变，教育功能的扩大，培养目标和教育模式的多样化，课程设置、教学方式与方法、入学条件、管理方式以及高等教育与社会的关系等一系列的变化。也就是说，大众化这一概念的内涵包含了量的增长与"质"的变化，不能只顾量的增长而不顾"质"的变化，否则将由于"无法解决增长所引起的问题"而陷于两难境地。

四　应用型高等教育是中国高等教育的中坚

最近几年，应用型教育引起学术界的关注，已经成为人们讨论的热点问题，既有实际的行动，也有理论的探讨，一些大学经过论证和反思，纷纷提出了应用型定位，这是适应时代发展和高等教育自身发展需要的。提出发展应用型本科院校，是为了既区别于传统的学术型大学，也区别于高等职业技术院校，这绝不是玩弄文字游戏，而是社会发展赋予高等教育的当然使命。因为，从人才培养上看，应用型本科院校更加适合全方位的社会需求；从专业设置上，应用型本科院校能够更广泛地与实际工作、生活紧密结合，并具备灵活的应变能力；从课程与教学方面看，应用型本科院校的教学内容更加注重与生产实践的结合，教学模式和教学方法更加灵活多样，既有理论学习，又有实践教学，能够很好地将产学研结合起来。①

发展应用型本科院校既符合我国经济发展和社会进步的要求，也是追赶国际高等教育发展、建设高等教育强国的需要。随着社会的不断发展，对应用型创新人才的需求迅速增加，这就要求大学不能仅仅培养有高深学问的精英人才，而且要培养工农业生产发展需要的应用型创新人才，在现实中，一些高校虽然想办成应用型的，但苦于缺乏实践经验与理论指导，往往心有余而力不足，甚至很盲目。因此，先生提出大力举办应用型高等教育的主张，带头并组织人员以国家课题资助来进行理论探讨与实证研究，探索应用型本科院校的发展问题，截至目前，研究成果已得到相关部门的认可，且已取得了实际效果。

在 1092 所本科院校中（截至 2009 年 4 月，我国普通本科院校 770 所，加上独立学院 322 所，共有 1092 所。见教育部《2009 年具有普通高等学历教育招生资格的普通本科院校名单》，《中国教育报》2009 年 4 月 22 日第 6 版），地方本科院校约占 90%，这些地方本科院校是本科高等教育的中坚力量。潘先生认为，地方本科院校是我国高等教育大众化的主力军，也是本科教育的主体。地方本科院校中除个别院校外，一般应定位于培养应用型人才。但是，当

---

① 潘懋元、车如山：《略论应用型本科院校的定位问题》，《高等教育研究》2009 年第 5 期。

前相当一部分地方本科院校的人才培养，过分重视学术型人才而轻视应用型人才。这有客观原因，但更重要的是办学者的理念以及师生的认识尚未到位。①

中国高等教育在大众化进程中，如果都是一个模式、一个方向、一种目标，能不能适应社会发展的需要？现在这种现象正在悄悄地发生变化。许多高等学校定位不明、发展方向不清的问题发生了变化，越来越多的高校，将原来定位于综合性、研究型（学术型）大学改变为多科性、应用型、职业性或技能型院校。这符合教育外部关系规律：教育必须与社会发展相适应；高等教育结构，必须主动适应现代经济与社会发展的人才结构。②

20 世纪 90 年代以来，中国高等教育得到了较快发展。以 1998 年为参照，到 2007 年高等学校的学生数差不多增长了 500%，大学数量迅速增加。在这个发展过程中，也出现了新情况、新问题，那就是一些高等学校定位不明、方向不清。针对这一实际，先生提出，地方本科院校应走出传统的"精英教育"办学理念和"学术型"人才培养模式，积极开展应用型教育，大力培养应用型创新人才。应根据经济社会发展需要，培养大批能够熟练运用知识、解决生产实际问题、适应社会多样化需求的应用型创新人才。通过实践教学，采取多种方案，培养学生的实践能力和应用能力。应用型本科院校应以本科教育为主，体现面向行业与地方服务的目标定向，辅之一定规模的研究生教育与适量的高等职业技术教育。依靠加强学科专业建设，通过学科建设带动和促进专业的发展。

---

① 中国高教研究课题组：《做强地方本科院校——地方本科院校的定位与特征研究》，《中国高教研究》2009 年第 12 期。

② 潘懋元：《我看应用型本科院校定位问题》，《教育发展研究》2007 年第 7/8A 期。

五　以战略眼光构建高等教育学科

据杨德广先生回忆，潘先生多次在全国性的研讨会上慷慨激昂地说："我就是要为在中国建立高等教育学摇旗呐喊，中国这么大的国家，不能没有高等教育学。"他认为，随着社会经济的发展，高等教育在世界各国迅猛发展，高等教育事业的发展，教育质量的提高，都存在一连串的问题，有待在理论与实践结合的基础上弄清道理，而这些问题往往不是一般的以普通中小学为研究对象的普通教育学所能解决的，这就需要开展高等教育理论研究，探索高等教育中一些带规律性的东西。20 多年来，杨先生及一批同人就是跟随潘先生在为高等教育学的建设和发展摇旗呐喊，顶着压力和阻力，苦苦求索，不断向前。①

面对复杂的高等教育实践及中国高等教育理论依附发展的实际，潘懋元先生在"板凳敢坐十年冷，文章不写半句空"的治学理念指导下，几十年如一日，不断坚持，辛勤耕耘，坚守在高等教育的教学与研究一线。从摆脱苏联教育学思想体系的制约与影响开始，从构建具有中国特色的高等教育学体系及理论框架入手，于 20 世纪五六十年代开始，他即思考如何构建中国高等教育学学科问题。在高等教育学术研究领域，先生既有贵族般的理想与追求，又不乏平民般的踏实与执着；他既关注高等教育领域的宏观命题，又瞄准高等教育中的实践课题。先生靠着一种勇于开拓、执着追求的献身精神和创新精神，树立了中国高等教育史上一个个丰碑。

20 世纪中期以来，尤其是党的十一届三中全会以后，潘先生抓住机遇，先后发表了几篇关于高等教育学学科建设的文章，主编出版了我国第一部《高等教育学》，开始招收高等教育学硕士研究

---

① 杨德广：《潘懋元教授与我国第一本〈高等教育学〉》，《高等教育研究》2008 年第 4 期。

生和博士研究生，为高等教育学学科发展打下了良好的基础。

六 理论源于实践而高于实践

在中国高等教育界，先生可谓独树一帜，敏于探索，曾经提出了一系列具有超前意义的论断，引领了中国的高等教育发展，但相对于理论本身，潘先生则更加关注理论的应用价值，更加注重理论对实践的指导意义。他多次强调，理论研究虽然重要，但最终却要回到实践中去，离开实践，这样的理论是苍白的，是没有说服力的，是空想，是脱离实际的，是不被人们所认可的。因此，关注并解决实际问题，也是理论工作者的重要任务，至少理论工作者要敢于面对实践中的问题，要承担起理论向实践转化的职责。

潘先生认为，高等教育理论工作者应当改变学风，将研究的视角转向改革实践中的重大理论问题，将研究的科学性与可行性结合起来。教育理论要转化成教育实践，也需要具备一些必要的条件，要经过中介环节——实践。[①] 因此，理论工作者不能埋怨实际工作者不重视理论，而应主动关注与了解高等教育实践，应向实践工作者推广、解释理论及其价值与作用，积极履行其社会责任，如果理论工作者不主动履行对实践工作者的告知义务，即是对社会的不负责任，就没有尽到其应该担当的责任。

综观潘懋元先生高等教育思想的发展，我们不难发现前瞻性是其显著特征，它体现在其高等教育思想的方方面面和各个历史阶段。正是由于其显明的前瞻性，才使得其思想具有广泛的适用性与强大的生命力，也在一定程度上注解了先生在高等教育研究领域成为"常青树"的原因。

---

① 车如山：《潘懋元高等教育观述评》，《西北成人教育学报》2010年第1期。

第 二 章

热点理论问题研究

这部分共有论文七篇，分别从高等教育基本理论、教学改革和高等教育管理几方面进行论述。

第一节　从课题立项看高等教育研究[①]
——基于 2010—2014 年全国教育科学规划课题分析

全国教育科学规划高等教育类课题作为面向全国设立的且代表我国高等教育领域最高级别的课题项目，从宏观上反映了当前高等教育研究的现状、热点及课题立项的布局结构和发展趋势。本文选取 2010—2014 年的全国教育科学规划课题中有关高等教育的课题立项作为研究对象，采用内容分析法进行分析，以期了解进入 21世纪"第二个十年"，我国高等教育类课题立项的发展状况、特点及存在的问题。

一　研究设计

（一）样本选取

以全国教育科学规划领导小组办公室网站（http：//onsgep.

---

① 该文原载《宁波大学学报》（教育科学版）2015 年第 5 期。

moe. edu. cn）公布的 2010—2014 年取得国家立项资助的高等教育学立项课题数据为样本，从多个维度对立项课题作出梳理，总结高等教育研究的特点，探讨高等教育研究发展趋势。

需要说明的是，根据高等教育学具有交叉性、综合性的学科特点，本研究所统计的立项课题可能涉及多个学科。

（二）研究方法

通过对 2010—2014 年全国教育科学规划"高等教育"类立项课题以及分散在"职业教育""教育管理""比较教育""德育""教育评价"等领域中的相关研究课题进行统计，采用内容分析的方法，按照课题立项数和立项率、立项课题类别、单位分布、立项课题主持人隶属系统分布、地区分布以及主题内容六个维度进行统计分析。

二 研究数据分析

（一）课题立项数和立项率

如表 1 所示，全国教育科学规划高等教育学类立项课题数量在近 5 年内呈稳定状态，均保持在 30% 以上。其中，2013 年为 182 项，为 5 年来的最高值。获得资助的高等教育学课题数量的不断增加，充分说明了高等教育学日益受到国家的重视，这也与我国颁布的《国家中长期教育改革与发展规划纲要（2010—2020）》所提出的高等教育发展要求一致。

立项率是指涉及高等教育领域的课题立项数占当年全国教育科学规划课题立项总数的百分比[①]。2012 年立项率偏低，为 31.90%，其余四年均保持在 35% 以上。这在一定程度上表明，高等教育研究处于稳定发展的状态，学科地位不断得到巩固。

从总体上看，2010—2014 年共有 816 项高等教育类课题获批

① 张刚要：《全国教育科学规划 2001—2007 年教育技术学立项课题统计分析》，《电化教育研究》2008 年第 10 期。

准，占全国教育科学规划立项课题总数的 38.18% 。以全国教育科学规划资助的 14 个学科组（国防军事教育学科单列）[1]，其平均立项率为 1/14（即 7.14%）[2] 作为标准进行分析，高等教育类课题总体立项率很明显已超过了 14 个学科组的平均立项率。总体而言，我国高等教育研究被列为全国教育科学规划课题的数量呈现出相对稳定的增长趋势。

表 1　　2010—2014 年全国教育科学规划高等教育类课题立项统计

年度	高等教育类课题 立项数量	年度立项课题总数	立项率（%）
2010	178	452	39.38
2011	154	402	38.31
2012	134	420	31.90
2013	182	441	41.27
2014	168	422	39.81
合计	816	2137	38.18

（二）立项课题类别

全国教育科学规划办公室立项课题分为两个级别：一类是代表全国哲学社会科学办公室立项的国家级课题，分为国家重点课题、国家一般课题、国家青年基金课题；一类是代表教育部立项的教育部课题，包括教育部重点课题、教育部青年专项课题、教育部规划课题。[3]

---

① 曾天山、丁杰等：《从战略高度提升教育研究质量——基于 2010 年全国教育科学规划课题成果鉴定的实证分析》，《教育研究》2011 年第 7 期。

② 张刚要：《全国教育科学规划 2001—2007 年教育技术学立项课题统计分析》，《电化教育研究》2008 年第 10 期。

③ 温颖、曹晔：《2003—2012 年全国教育科学规划职业教育立项课题统计分析》，《教育与职业》2013 年第 33 期。

如表2所示，高等教育学2010—2014年共立项816项，共涉及五大类课题类别。其中，国家重点资助课题10项，占立项总数的1.23%；国家一般课题立项数为204项，占立项总数的25%；而获得教育部重点资助的课题立项数最多，共计267项，所占比例高达32.72%，成为全国教育科学规划立项课题的主体部分；同时，由国家青年基金和教育部青年专项构成的青年项目类课题共计335项，所占比例为41.05%，由此可见，国家对高等教育新生研究力量培养的重视程度在不断提高。由于教育部规划课题于2004年已不再设立，故表2没有此类课题类别的统计数据。

表2 2010—2014年全国教育科学规划高等教育类课题立项类别统计

课题类别 ＼ 年度	2010	2011	2012	2013	2014	合计	占总数比（%）	占同类比（%）
国家重点	2	1	1	2	4	10	1.23	23.81
国家一般	33	35	31	52	53	204	25.00	41.30
国家青年基金	33	28	24	33	32	150	18.38	38.46
教育部重点	70	54	42	56	45	267	32.72	34.86
教育部青年	40	36	36	39	34	185	22.67	41.57
合计	178	154	134	182	168	816	100	

表2中最后一列的统计数据"占同类比"旨在说明高等教育类的五大立项课题数量占同类立项课题类别的百分比。如表2所示，高等教育研究所包含的五大类立项课题数占同类别课题立项总数的比例分别为23.81%、41.30%、38.46%、34.86%、41.57%。从数据中可以得出，除国家重点课题之外，高等教育类的国家一般课题、国家青年基金课题、教育部重点课题以及教育部青年专项课题同比均超过了30%，进一步显示了高等教育在全国教育科学研究中占据着重要地位及自身具备的科研实力，也从另一个层面反映出仍

需加强高等教育领域重点（重大）课题建设。①

（三）立项课题的单位分布

通过分析立项课题的单位分布，可以发现高等教育领域内具有较强科研实力的单位及其分布状况。表 3 详细列出了 2010—2014 年获得全国教育科学规划资助的高等教育类立项课题数排名前 10 位的单位，共计 20 家，有的单位间存在并列排名的情况。这 20 家单位共主持课题 173 项，占总数的 21.20%。其中，厦门大学以获得 16 项立项课题居于榜首，北京师范大学以 14 项位居第二，充分显示了这两所院校在我国高等教育学研究领域发挥着领头羊的作用。同时，教育部各司与中国教育科学研究院分别排在第四位和第六位，这两所非高校单位的排名情况从一定程度上反映出国家对于高等教育研究的重视程度在不断加强。

表 3　　2010—2014 年获得高等教育类课题立项排名前 10 位的单位分布统计

序号	单位	获得立项数	占总数比（%）	学校类别
1	厦门大学	16	1.96	985
2	北京师范大学	14	1.72	985
3	华东师范大学	12	1.47	985
4	东北师范大学	11	1.35	211
5	教育部各司	11	1.35	
6	上海交通大学	10	1.23	985
7	浙江师范大学	10	1.23	
8	华中师范大学	9	1.10	211
9	中国教育科学研究院	9	1.10	

---

① 刘培军：《我国高等教育类课题立项的基本状况与特点——基于 2001—2011 年全国教育科学规划高等教育类课题立项数据量化分析》，《现代大学教育》2014 年第 1 期。

序号	单位	获得立项数	占总数比（%）	学校类别
10	华中科技大学	8	0.98	985
11	江西师范大学	8	0.98	
12	华南理工大学	7	0.86	985
13	中央民族大学	7	0.86	985
14	陕西师范大学	7	0.86	211
15	宁波大学	7	0.86	
16	西南大学	6	0.74	211
17	首都师范大学	6	0.74	
18	北京大学	5	0.61	985
19	浙江大学	5	0.61	985
20	云南师范大学	5	0.61	

　　根据单位属性来看，除中国教育科学研究院和教育部各司外，余下的18所均为高校，其中，"985"高校有9所，非"985"但属"211"高校的有4所，而普通高等学校有5所，分别是浙江师范大学、江西师范大学、宁波大学、首都师范大学和云南师范大学。以单位获得资助的立项课题数占高等教育类课题立项总数的比例来看，厦门大学占比1.96%，位居第一，是华中科技大学、江西师范大学等排名第七位单位的2倍，一定程度上反映出厦门大学在高等教育研究领域走在全国的前列。

（四）立项课题主持人隶属系统分布

　　根据2010—2014年立项课题主持人隶属系统分布情况进行归类，将其划分为高等院校、政府部门和研究机构三大系统。"责任单位是体现高等教育研究成果的重要学科指标，不但可揭示作者的职业结构，还能反映作者的学科归属，更可以把握高等教育研究的重要学术力量来源。"①

　　如表4所示，高等院校作为全国教育科学规划高等教育类立项课题研究的核心力量，5年中共获得767项课题资助，占立项课题总数的94%，这与我国高等院校在科研实力、研究资源等方面具有较大优势的客观情况是分不开的。其中"211"高校主持课题280项，占高等教育类课题立项总数的34.31%，非"211"高校主持立项487项，占高等教育类课题立项总数的59.68%，可见，在高等教育研究领域，"211"高校的垄断地位已被打破。各级研究机构位居第二，共30项，占立项总数的3.68%；政府部门居于第三位，共19项，占立项总数的2.33%。二者5年间获得资助的立项课题数存在一定程度上的波动，如何确保各级科研机构与政府部门在全国教育科学规划中高等教育类年度立项课题数量的稳定是一个值得思考的问题。

表4　　　　2010—2014年全国教育科学规划高等教育类课题立项
主持人隶属系统统计

年度	高等院校			政府部门	研究机构	合计
	211 高校	非 211 高校	小计			
2010	58	113	171	3	4	178
2011	50	96	146	5	3	154
2012	54	65	119	6	9	134
2013	72	103	175	2	5	182
2014	46	110	156	3	9	168
合计	280	487	767	19	30	816
占比（%）	34.31	59.68	94.00	2.33	3.68	100

　　① 李明忠：《高等教育多学科研究的现实审视与发展思路：基于〈高等教育研究〉2001—2010 年的载文分析》，《高等教育研究》2013 年第 3 期。

（五）立项课题的地区分布

通过对立项课题地区分布的统计分析，可以发现我国各省区（直辖市）高等教育研究水平的具体情况，由此为全国教育科学规划立项课题的合理分布提供必要的参考依据。

表5　　2010—2014年全国教育科学规划高等教育类立项课题分省统计

序号	地区	2010	2011	2012	2013	2014	合计	占比（%）
1	北京	26	15	28	15	19	103	12.62
2	湖南	25	10	12	15	8	70	8.58
3	湖北	16	9	7	20	17	65	7.97
4	浙江	13	12	10	16	9	61	7.48
5	江苏	7	8	13	20	10	51	6.25
6	上海	15	9	9	9	8	50	6.13
7	山东	12	8	7	7	16	46	5.64
8	广东	7	5	10	8	10	44	4.39
9	辽宁	5	8	2	11	7	33	4.04
10	天津	8	7	0	7	7	27	3.31
11	福建	2	7	2	10	3	25	3.06
12	吉林	3	6	5	6	4	25	3.06
13	重庆	7	6	3	4	5	25	3.06
14	江西	4	6	4	3	5	20	2.45
15	陕西	4	4	2	5	2	19	2.33
16	安徽	3	6	1	3	6	19	2.33
17	河南	3	3	0	7	6	19	2.33
18	广西	4	5	2	1	6	15	1.84
19	河北	3	1	2	4	2	14	1.72
20	四川	2	2	2	3	4	14	1.72
21	黑龙江	0	4	2	2	2	10	1.23
22	云南	2	3	1	1	3	9	1.10
23	新疆	1	4	1	1	5	9	1.10
24	山西	1	0	3	2	1	8	0.98
25	甘肃	2	1	0	1	0	7	0.86

序号	地区	2010	2011	2012	2013	2014	合计	占比（%）
26	西藏	0	0	3	1	1	5	0.61
27	内蒙古	1	1	1	0	1	4	0.49
28	青海	2	1	0	0	1	4	0.49
29	贵州	1	1	0	0	0	2	0.25
30	宁夏	0	1	1	0	0	2	0.25
31	海南	0	1	1	0	0	2	0.25
合计		178	154	134	182	168	816	100

表5以各省（自治区、直辖市）为划分单位，对其高等教育类立项课题分布情况进行了统计。从中发现，在2010—2014年间，全国大陆31个省（自治区、直辖市）均获得了课题立项资助，但在地区分布较为广泛的基础上，又呈现出一定程度的集中性和非均衡性发展态势。其中，北京市共获得103项课题立项，占高等教育类课题立项总数的12.62%，地区排名第一。湖南、湖北、浙江、江苏4省分别排在第2—5位，前五位的课题立项总数为350项，占立项总数的42.89%，几乎接近于全国课题立项总数的一半。而北京的课题立项数远远超过了排在后10位的云南、新疆、山西、甘肃等省区，充分显示了其在高等教育领域具有较强的科研优势。

由此可以得出，各省（自治区、直辖市）承担课题项目的多少与该省（自治区、直辖市）的高等教育发展水平、高等院校和研究人员数量、政府和高校的重视程度等因素密切相关。按照东、中、西部的区域划分，前10位中，东部地区占了8席，中部地区占了2席，西部地区则没有进入前10位排名的省份，而排名较为靠前的西部省区只有陕西省和重庆市，这充分表明我国东、中、西部地区间科研水平存在一定程度的差距，尤其是西部地区的研究实力亟须提高。

表6   2010—2014 年全国教育科学规划高等教育类立项课题所属区域统计

年度 区域	2010	2011	2012	2013	2014	合计	占比（%）
东部	109	85	81	100	97	472	57.84
中部	45	45	33	63	50	236	28.92
西部	24	24	20	19	21	108	13.24
合计	178	154	134	182	168	816	100

从表 6 可以看出，在 816 项课题中，东部占 57.84%，中部占 28.92%，西部占 13.24%，东部是西部的 4 倍多。西部地区各年的立项课题数基本保持稳定，中部地区各年的立项课题数呈波浪式变动状态，2013 年立项课题数有大幅增长，2014 年则有所放缓。如图 1 所示的东、中、西部地区立项课题数的变化折线图即可明显看出这种变化趋势。

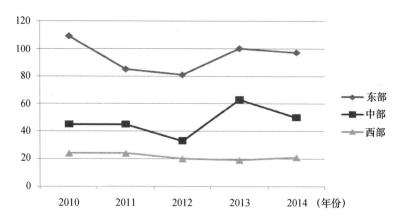

图 1   2010—2014 年全国教育科学规划高等教育类立项课题所属区域分布图

（六）立项课题的主题分布

全国教育科学规划高等教育类立项课题既注重高等教育基本理论研究的深化，也侧重于对高等教育实践中产生的问题进行研究，从而实现理论联系实际的研究目的。综合国内外学者对高等教育研究主题的分类方法，最终将高等教育类立项课题划分为高等学校内部管理、高等教育体制与结构、课程与教学等 14 种主题类型。通过对高等教育研究主题立项数量的分析，可以了解近几年高等教育领域内被普遍关注的热点、难点问题及未来发展趋势，立项数量越多说明该研究主题越受研究者们的关注。

表 7　2010—2014 年全国教育科学规划高等教育类立项课题主题分布统计

年度 / 主题	2010	2011	2012	2013	2014	合计	占比（％）
高等学校内部管理	44	40	21	26	28	159	19.49
高等教育体制与结构	31	21	20	33	22	127	15.56
课程与教学	24	14	12	33	39	122	14.95
国际与比较高等教育	16	10	19	18	12	75	9.19
高等学校德育	10	11	13	15	19	68	8.33
高等学校招生与就业	14	17	10	12	15	68	8.33
高等职业教育	13	21	12	12	9	67	8.21
高等教育评价	9	2	12	11	8	42	5.15
学位与研究生教育	6	8	8	9	4	35	4.29
民办高等教育	4	1	3	5	5	18	2.21
高等教育经济与财政	4	4	2	3	3	16	1.96
高等教育原理与学科建设	0	2	2	2	3	9	1.10
高等教育法律	2	2	0	1	0	5	0.61
高等教育史	1	1	0	2	1	5	0.61
合计	178	154	134	182	168	816	100

如表 7 所示，在 14 个主题类型中，普遍受到关注的是"高等学校内部管理"，位居第一，共有 159 项课题涉及该领域的研究，占立项课题总数的 19.49％。在统计过程中发现，尤以"高校人才培养模式与学校质量管理"方面的课题居多。"高等学校体制与结

构"居于第二位，这一研究主题一直都是高等教育研究持续关注的重点领域，共涉及 127 项课题，占立项总数的 15.56%。随着高校合并与院系调整以及高等教育大众化的深入发展，政府、高校与市场三者之间的矛盾日益突出，社会要求高校具备更高层次的社会服务能力，现代大学制度建设、高校去行政化、地方本科院校转型等实践问题成为研究的兴奋点，所以该主题仍将是今后高等教育研究关注的热点。"课程与教学"是高等教育改革的核心，立项课题数居于第三位，为 122 项，占总量的 14.95%。该领域的研究焦点为各学科教学、课程与教材建设、人才培养方法、教师发展、教学质量评估等内容。其中，因大学各个学科具有较强的专业性，缺乏相应学科背景的普通教师和研究人员往往很难涉足，这在一定程度上表明众多来自教学一线的大学老师承担了各学科的教学研究。此三大研究主题可作为高等教育研究的第一层次其课题立项数量共计408 项，占立项总数的 50%。

属于第二层次的研究主题依次有"国际与比较高等教育""高等学校德育""高等学校招生与就业""高等职业教育""高等教育评价"这五类。其中，"国际与比较高等教育"有 75 项立项课题，占立项总数的 9.19%，其涉及美国、欧洲各国（主要是英、法、德）以及日本等国家高等教育研究的先进成果，努力在学术研究上与国际接轨，并借鉴国外的先进教学与管理模式。"高等学校德育"研究视野在一定程度上有了新的拓展，研究内容不仅包括思想政治教育以及大学生道德教育，而且越来越关注大学生心理健康方面的教育，并涉及对大学生的公民教育及国民性的培育。"高等学校招生与就业"这一主题在近几年受关注程度也在不断提高，不仅对高考制度改革进行研究，而且注重开展在校大学生的自主创业教育。"高等职业教育"作为高等教育结构中不可或缺的重要组成部分，为我国高等教育大众化的实现发挥了举足轻重的作用，其研究的意义也在不断凸显，且该领域研究课题的主持人有一部分来自各省、市的高职院校，可见不仅本科高校的教师及研究人员致力于高等职业教育的相关研究，高职院校的教师同样也关注该领域的研究。"高等教育评价"则主要侧重于多元化的高校教育质量评估标准设立、人才培养评估体系构建及教师绩效评价等多方面的内容。

第三层次的研究主题主要包括"学位与研究生教育""民办高等教育""高等教育经济与财政"这三大类。其中，"学位与研究生教育"重点关注不同类型研究生培养模式比较研究、中国特色研究生培养模式构建以及学术伦理等方面的问题。"民办高等教育"的研究主要集中在独立院校、产权及办学模式方面的内容。"高等教育经济与财政"则重点关注贫困大学生的贷款与资助方面的问题。

第四层次的研究主题是"高等教育原理与学科建设""高等教育法律""高等教育史"，这三类主题的立项课题数量不足，占立项总数的1%左右，是被研究者一直忽视的研究领域，亟须加强相关方面研究。

三　结论与建议

（一）结论

第一，总体来看，我国高等教育研究在这5年中呈现出蓬勃发展的良好态势。全国教育科学规划高等教育类课题立项数均占年度课题立项总数的30%以上，显示了高等教育研究在教育科学研究中占据一定地位，立项课题大多是高等教育领域的热点问题。从课题类别看，高等教育类国家级课题有364项，占同类型立项课题总数的39.31%；高等教育类部级重点课题有267项，占同类型立项课题总数的34.77%，表明在14个学科领域中，高等教育类课题获得了较大比例的资助。但是，高等教育类国家重点课题仅占同类型立

项课题总数的 23.81%，远远低于高等教育类课题总体立项率的
38.18%，反映出我国高等教育研究领域中的国家重点及重大课题
立项数偏少。

第二，从立项课题单位分布来看，厦门大学、华东师范大学、
北京师范大学及东北师范大学等院校在获得立项课题数量上排名靠
前，说明高等院校是开展高等教育研究的主要力量，其中尤以厦门
大学、北京师范大学以及华中科技大学等"985"高校的优势更为
突出，非"211"高校在 5 年中共获得课题立项 487 项，占高等教
育类立项课题总数的 59.68%，说明越来越多的高校教师和管理人
员加入到高等教育研究的队伍中。而作为政府部门的教育部各司和
研究机构的中国教育科学研究院在近几年也积极参与高等教育研究
工作，其主持的立项课题数也在逐年增加，表明中央政府和地方教
育行政部门已意识到高等教育研究对政策制定具有重要的参考价
值，也可为降低高等教育研究的区域性差异提供方向性指导。

第三，从立项课题的地区分布来看，体现出集中性和非均衡性
的发展态势。获得高等教育类课题立项资助的责任单位主要聚集于
经济发达地区，尤以北京、湖南、湖北、浙江、江苏及上海等省
（自治区、直辖市）的单位主持课题较多，经济欠发达地区承担的
课题相对较少。诚然，高等学校的数量与水平决定了开展高等教育
研究所具有的现实基础，也是导致东、西部地区高等教育科研实力
存在一定差距的客观因素。但如果长期忽视经济欠发达地区高等教
育研究能力的培养与提升，将进一步加剧区域间高等教育研究发展
的不平衡。

第四，从立项课题的主题分布来看，研究者们侧重于实际问题
研究，对基本理论问题研究偏少。这既体现了高等教育研究为促进
当代经济社会发展与高等教育领域综合改革服务的宗旨，也反映出
高等教育研究受社会热点问题和政府决策的引导。根据高等教育类

立项课题的 14 种主题分布统计我们发现，对"高等教育原理与学科建设"这一主题的关注度较低，课题立项数仅为 9 项，基础理论研究相对偏少。正如一位学者所说："促进高等教育研究为高等教育实践发展服务是全国教育科学规划的主要目标。不过，作为哲学社会科学规划的一个组成部分，全国教育科学规划还负有促进和繁荣教育学科（包括高等教育学科）发展的任务与功能。"[①] 因此，进一步加强对高等教育理论研究的重视，有利于促进高等教育研究向规范化与科学化的方向发展。

（二）建议

第一，继续保持高等教育类课题立项在全国教育科学规划课题中的比例。目前，高等教育类课题在 14 个学科组中获得的资助比例较大，维持这一良好发展态势，对于建设高等教育强国具有重要意义。同时，应加强高等教育类国家重点重大课题立项建设，从而进一步巩固高等教育的学科地位。

第二，加强跨学科、多部门的合作研究。尤其是科研实力相对较弱的地方本科院校及科研机构可与部分重点高校开展交流合作，也可邀请隶属于不同系统的专家前来指导科研工作，从而提升本单位的科研水平。鼓励多学科知识背景的学者加入高等教育研究，促进高等教育研究灵活多样的深入发展。

第三，加强高等教育学科基础理论建设。潘懋元先生指出："从高等教育学的未来发展来看，理论研究和现实问题研究应该保持一定的平衡，两者应该相互促进，不可偏废。"[②] 这里的平衡不是单纯地指理论研究与实践研究在立项数量上的绝对相等，而是强调在开展应用性研究的同时，切不可忽视基础理论研究对于高等教育

---

① 胡建华：《近 20 余年来我国高等教育研究发展的实证分析——基于"六五"至"十五"的全国教育科学规划课题》，《现代大学教育》2005 年第 2 期。

② 潘懋元、刘小强：《21 世纪初我国高等教育研究的进展与问题》，《国家教育行政学院学报》2006 年第 8 期。

学科发展的重要性。因此，全国教育科学规划领导小组办公室（简称"全国教育科学规划办"）应适度引导研究者们关注此类主题的研究。

第四，正视地区差异，加强对西部地区的资助力度。全国教育科学规划办可以为经济欠发达地区的中、西部高等院校和科研机构提供更具针对性的优惠条件，从而鼓励其积极开展高等教育领域研究。区域间高等教育研究的均衡发展非一蹴而就，也不可能实现完全意义上的平衡发展，应根据区域发展的实际情况，寻找适合其自身水平的高等教育研究路径。

第二节　MOOC 对高等教育教学模式的影响①

物联网、云计算、社交网络等新兴服务促使人类社会的数据种类和规模正以前所未有的速度增长，数据从简单的处理对象开始转变成一种基础性资源，如何更好地管理和利用大数据已成为各学科领域普遍关注的话题。大数据在高等教育领域的体现，则是大规模开放网络课程——慕课（MOOC）的出现。作为一种新型在线教育模式，MOOC 将给互联网产业及网络在线学习、高等教育、远程教育、继续教育等带来巨大影响。

一　MOOC 的兴起及发展

伴随着大数据时代的来临，一种新兴的开放式教育资源——大规模开放网络课程（Massive Open Online Course，MOOC，译为"慕课"）日益受到人们的关注。作为一种面向社会公众的免费教育形式，MOOC 不仅仅提供教学资源，也更加注重教学互动。学者们普

---

① 该文原载《煤炭高等教育》2014 年第 5 期。

遍认为：MOOC 这一术语是由布赖恩·亚历山大（Bryan Alexander）和戴夫·科米尔（Dave Cormier）最先提出，随后于 2008 年被（Gerge Siemens）西门思和斯蒂芬·唐尼斯（Stephen Downes）二人用于合作开设一门名为"关联主义学习理论与连接的知识"的大规模网络课程①。

在大型开放网络课程之风的推动下，美国陆续出现了多种大规模开放网络课程学习平台，如美国三大在线课程提供商 Coursera、Udacity 和 edX 的兴起，为全球范围内的学习者们提供了世界著名高校的优质课程资源，引起了教育、科技、商业等领域的关注，推动了全球开放教育运动的新发展，被认为是 2012 年教育领域的标志性事件。其中，Coursera 是由美国斯坦福大学的两名计算机科学专业的教授——安德鲁·恩格（Andrew Ng）和达芙妮·科勒（Daphne Koller）于 2013 年 3 月创办的，此平台旨在同世界顶级大学合作，为全球学习者在线提供免费的网络公开课程。Coursera 的首批合作院校包括密歇根大学、宾夕法尼亚大学、普林斯顿大学、斯坦福大学等美国各大名校，现在其合作院校已经扩展为 33 所。Udacity 的创建始于 2012 年 2 月，由前斯坦福大学教授、计算机学家特龙（Thrun）创办，提供的课程多以计算机类为主，其特色在于习题中的题目由教授亲自编写，课程质量相对优良。edX 是由美国麻省理工学院和哈佛大学于 2012 年 5 月联手创建的大规模开放在线课堂平台，同年 7 月，加州大学伯克利分校宣布加入 edX，该平台最早源自美国麻省理工学院实施的一个在线开放学习项目 MITx。edX 的发展目标是在此平台建设的基础上，不断完善为一个全球综合性在线学习平台，并进行对教学方法与技术的研究，探索线上与线下相结合的混合式教学方法，即"翻转课堂"模式。

---

① 樊文强：《基于关联主义的大规模网络开放课程（MOOC）及其学习支持》，《远程教育》2012 年第 3 期。

　　与此同时，我国一些高校也纷纷加入了大规模开放网络课程这一浪潮中。2013 年 5 月，清华大学、北京大学宣布正式加入美国在线教育平台 edX。同年 7 月，复旦大学、上海交通大学签约 Coursera，现已有多门课程投入该平台使用，向全世界推出中国的"大学公开课"。在 MOOC 平台，不分年龄、地域、宗教信仰，无论是希望获得成绩和证书的学生，还是教师、工程师等，或者是兴趣爱好者们，都可以自由免费获得所需学习的课程资源。

　　在这一趋势的影响下，传统大学教育已明显感觉到来自 MOOC 的挑战。虽然 MOOC 的质量监控与结果认证尚没有达成一致，且 MOOC 的课程资源仍需依赖于大学这一实体，MOOC 平台无法完全取代传统大学所具有的社会职能，但是对比 MOOC 与传统大学教学模式之间的差异，深入分析 MOOC 所具有的特点，进而促进大学教学模式的变革，已经成为高等教育必须面对的问题。

二　大数据时代背景下的 MOOC

　　对于大数据这一概念，目前还没有公认的定义，其中比较有代表性的是 3V 定义，即认为大数据的构成需要满足三方面的特点：规模性（Volume）、多样性（Variety）、高速性（Velocity）。①

　　大数据的出现，颠覆了传统的数据管理模式，使对数据的处理从数据库（Database，DB）转变到大数据（Big Data，BD），从而使数据规模、数据类型及数据处理工具更加多样化，强调将数据作为一种资源，运用数据处理工具进行分析后，得出数据潜在意义及价值。与传统的抽样调查相比，大数据采用全数据分析方法，即样本等于总体。从单纯关注因果关系向关注相关关系转变。有评论称："放弃对因果关系的渴求，取而代之关注相关关系，这正是大

---

　　①　孟小峰、慈祥：《大数据管理：概念、技术与挑战》，《计算机研究与发展》2013 年第 50 卷第 1 期。

数据时代最大的转变。"从这个意义上说，"信息化社会在大数据时代才算真正到来"①。

MOOC 与传统远程教育相比，更加具有大数据时代的特征。首先，多样性主要针对学习群体中学习者个体而言，每门课程面向成千上万不同地区、不同背景的学习者，每个学习者已有的学习能力、知识水平各不相同。MOOC 平台恰恰能够包容海量学习者的个体差异，实现学习者自主适应的主动式学习。其次，高速性体现在 MOOC 教学模式的互动性与实时性。围绕课程视频和在线作业所开展的实时互动对 MOOC 学习至关重要，面对学习者产生的各种疑问，教师可以利用网络互动模式解惑答疑，同时教师发现在知识教授过程中所存在的问题，有利于实现互助式学习。学习者在平台上的所有学习行为数据，也将实时地以网页点击浏览的方式被记录下来，如学习者从注册到所添加的各知识点的学习周期及耗时长短、课堂互动交流的内容和次数、作业完成情况及知识掌握程度等等，为以后进一步分析学习者学习兴趣、课程选择提供依据。再次，规模性更多地体现了数据规模之大，数以万计学习者的实时学习数据都被 MOOC 平台及时记录、分析和评价，帮助教师了解学习者当前所掌握的知识概念、课程学习轨迹和学习兴趣等特征，通过评价学习的整体效果和存在的问题，进而改进教学方法、教学设计。

鉴于 MOOC 平台利用大数据理念开展教学活动的优势，我国一些高校也着手进行针对性研究，为高校决策的科学化、研究的精确化提供帮助。其中，中山大学为了解本科生的学习状况，在借鉴美国各种比较成熟的学生调查问卷基础上，研发了一套涵盖大学生学习各个环节和层面的题库，对在校的 3.3 万名本科生进行了在线测试，所得结果为《本科教学质量报告》提供了必要的数据支持，为

---

① 陶春：《大价值与大变革——中国科协学术沙龙研讨大数据仿真建模》，《学习时报》2013 年 9 月 30 日。

学校春、夏季战略研讨会提供了重要理论依据，也为各院系改善工作提供了可靠的信息支撑。[①]

三　MOOC 教学模式及实例分析

按照学习理论进行分类，可将 MOOC 教学模式分为基于关联主义学习理论的 cMOOC 和基于行为主义学习理论的 xMOOC 这两种模式[②]，其在课程模式上各有不同的侧重点。

cMOOC 的课程模式强调教师不应是课程的主导，而是课程发起人和协作者，学习者拥有更多的自主性。教师提供资源作为知识研究的出发点，学习者需要在课前了解课程内容，储备必要的基础知识；课堂上参与大量的讨论，与其他学习者共享资源并从中提取知识；课下同样可以方便地利用多媒体社交工具自发交流，从而完善知识体系。此种模式侧重于学习者自主地进行知识构建与创造，强调知识资源共享与交互式学习。由此看来，cMOOC 与传统教学模式有着较大区别，对学习者有较高的要求，学习的最终结果很大程度上依赖学习者的自我调控能力。而 xMOOC 教学模式，更接近于传统教学过程与理念，其更侧重于系统知识的复制和传播，通常采用在线视频、随堂测试和课后作业等方式高效地进行教学，其最大特点在于关注学习者的学习兴趣，有利于保护学习者的求知欲望，课程传授的知识均围绕学习者的学习动机及兴趣特点设计教学活动。因此，xMOOC 也是目前 Coursera、Udacity 和 edX 等平台普遍采用的课程模式。

伴随 MOOC 这一全新网络教学模式的诞生与发展，人们不禁要思考：MOOC 能否全面取代传统课程模式？此轮掀起的互联网在线

---

① 赵映川：《大数据时代院校研究的发展与突破——"院校研究：数据分析的对象、内容和方法"研讨会暨 2013 年中国院校研究会年会综述》，《高等教育管理》2014 年第 8 卷第 1 期。

② 王萍：《大规模在线开放课程的新发展与应用：从 cMOOC 到 xMOOC》，《现代远程教育研究》2013 年第 3 期。

教育改革浪潮能否对传统大学的教育体制造成根本性冲击？对于类似的疑问，目前还无法给出确切结论。但从目前的发展状况来看，对于那些无法进入大学或学院学习的人们来说，MOOC 已被证明是传统大学课程的优质替代品。持这一看法的学者不在少数，其中哈素·普拉特纳学院的 CEO 克里斯多夫·梅内尔（Christoph Meinel）教授认为："MOOC 是对传统大学的颠覆性延伸而不是威胁。MOOC 不能完全取代现存的以校园为基础的教育模式，但是它将创造一个传统大学过去无法企及的、完全新的、更大的市场，超越传统大学校园的物理限制。"① 从这一角度可以得出，传统的大学教育始终拥有自己的一席之地，但由互联网所引发的技术革新必将对高等教育的未来产生深远的影响。事实证明，MOOC 的兴起和发展，在一定程度上推动了传统远程教育的飞速发展，拉近了全球各个地区的学习者们与世界名校间的距离，并使人们逐渐改变对传统高等教育的看法。因此，无论如何应该承认：MOOC 对高等教育的发展具有里程碑式的意义，它所具有的发展潜力足够使高等教育的运行模式发生变革。

同时，MOOC 三大课程提供商 Coursera、Udacity 和 edX，适时运用大数据的理念与方法，通过提供在线课程来跟踪学生们的学习行为，试图为教学寻找最佳方法。课程学习的参与者成千上万，均是来自各个地区并拥有不同学历层次的学习者，他们学习过程中产生的海量数据为大数据理念服务教育提供了机会。现在，教授们可以通过学习记录发现，如果大部分学生需要重复看一遍课程内容，就可能表示某些知识内容还没有完全掌握清楚。在《大数据时代：生活、工作与思维的大变革》一书中，提到大数据在高等教育领域发挥作用的一个经典案例：斯坦福大学教授安德鲁·恩格在

---

① 转引自王文礼《MOOC 的发展及其对高等教育的影响》，《教育研究》2013 年第 2 期。

Coursera 课程平台上讲授的一门关于机器学习的课程中，发现约有2000 名学生提交的课外作业有误，而且错误的答案几乎相同，很明显这些学生犯了相同的错误。随着调查的深入，他终于弄清楚问题所在的根源，那就是这些学生把一个算法里的两个代数方程弄反了。所以，对于今后的学习者来说，如果还会犯相同错误的话，系统不会简单地告诉其答案是错误的，而是会适时地提醒学习者检查相关算法的运用。另外，该课程平台还可以通过分析学生浏览过的论坛帖子及提交作业的正确程度等情况，来综合判断学生基于某个帖子的正确作答率，并由此发现和汇集具有阅读价值的高质量论坛帖子供学习者参考。过去，这些潜在信息都是很难获得的，现在却在一定程度上改变了教学方式，大大加深了授课教师对于学生学习程度的了解，也间接促进教学效率的提高，使得教学活动更加精准化。①

可以说，MOOC 通过引入大数据的教育理念，使得教学和教育研究从对个体学习行为的无序性研究转变为对群体大规模学习行为的有序性研究，这种变革在高等教育教学上无疑是一种进步。

四　MOOC 对高等教育教学模式的影响

1. 教学思想的变革

与国内的大部分在线课程相比较，MOOC 最鲜明的特点就在于充分体现了以学习者为中心的在线教学理念。"以学生为中心"最初源自美国教育家、心理学家杜威的"以儿童为中心"的理念。如今，这一理念与远程教育倡导的"开放学习"理念相互融合和渗透，这在 MOOC 的课程设计中有着充分的体现。

MOOC 面向全球各地的学习者，网站支持随时注册学习，提供

---

① ［英］维克托·迈尔－舍恩伯格、肯尼思·库克耶：《大数据时代：生活、工作与思维的大变革》，盛杨燕、周涛译，浙江人民出版社 2013 年版，第 148—149 页。

世界名校的阶段性优质微视频课程，且课程形式简单，主题丰富，满足不同学习者自主学习的需求。这种模式促使"教"与"学"关系重构，鼓励学习者自主构建学习网络，基于多种社交媒体开展互动式学习，对传统的"以教学者为中心"的教学理念产生强大冲击，也为传统大学的教学模式变革提供了借鉴。

2. 教学方式的变革

MOOC 平台为学习者提供了多功能的课程学习模式，包括选择模块化的课程内容和跟踪记录个体学习信息构建数据档案等，同时学习者通过查看实时更新的课程信息将更加便于开展自主性学习和测评。该平台提供的课程最突出的特点体现在以周为节点进行更新，每周依据不同的主题进行讲授，便于学习者在学习过程中保持较为稳定的节奏。其中，每周的课程又分为多个视频模块，每个模块围绕一个知识点展开，这就是所谓的课程微视频，视频时间通常为 10 分钟左右，每周视频总时间为 1—2 小时。教师还可推荐相关课程书籍和阅读资料，供学习者自主学习。教师讲授风格多样，授课氛围轻松愉悦，突出师生平等地位。在课程视频中还会设计与学习者的互动，如穿插测试题目，反对"灌输式"的教学方式。

MOOC 中师生互动使用最频繁的两大工具是课程论坛与电子邮件，并将这两种常规性社交互动工具的作用发挥到极致。课程论坛是开展学习交互的典型工具，教师根据课程进度和讲授需求自主设计多个论坛主题，将讨论人群合理划分，便于学习者深入互动。对于不能参加面对面讨论的学习者，平台还提供了各种多媒体社交工具，如 Twitter、Wiki、Facebook 等，方便学习者通过社交网站了解课程实况并参与互动，及时提出问题。电子邮件不光用于发送例行通知，还发挥着督促学生学习的作用。从学习者注册开始，就会不间断地收到来自教学团队发送的邮件，邮件内容涉及平台所提供的最新课程动态、目前选修的课程门数及各科学习进度等，及时督促学习者跟进日后的学习，尽量降低课程的退课率。MOOC 的这一方法使课程平台与社交工具无缝对接，解决了大规模在线用户主动参与学习的关键问题。

3. 教学管理的变革

教学对象在数量和规模上的巨大变化，使教学计划管理从过去仅仅依靠"自上而下"设计转变为"自上而下"与"自下而上"相结合的模式，在强调大众化的同时突出个性化，即满足学位课程学习要求与取得资格证书的统一。[①] 目前，大多数 MOOC 平台都是通过提供免费课程服务来吸引学习者的，然后对额外的高级服务收费，最常见的增值服务就是证书的提供。该证书不是学位或学历证书，而是学习者通过完成一门或几门课程获得一份资格证书，以此来证明其完成了相关课程的学习，具备了从事相关职业的知识及能力，为受教育者的就业及上岗提供可靠保障。

MOOC 改变了课内与课外的关系，有利于"翻转课堂"教学模式的实现。学习者通过互联网获取优质的教育资源，不再单纯依赖授课教师讲授知识，使得课堂和教师的角色发生一定变化。学习者课下可在家中或其他地方通过高质量的在线课程提前完成知识的学习，而课堂则变成了教师与学习者之间以及学习者与学习者之间互动的场所，包括答疑解惑、知识的灵活运用等，从而加深学习效果。

4. 教学评价的变革

教学评价充分体现了大数据所带来的影响，MOOC 教学产生的海量数据为教学法的定量研究提供了新的机遇。成千上万的实时学习数据被 MOOC 平台记录下来，利用大数据的处理工具进行分析与评价，从而为检验新的教学方法、教学设计和教学评估提供更加可靠的信息支撑。一位 MOOC 教师在几周时间内所获得的教学实践积

[①] 老松杨、江小平：《后 IT 时代 MOOC 对高等教育的影响》，《高等教育研究学报》2013年第 36 卷第 3 期。

累的学习数据几乎是借助传统课堂教学几十年才能收集到的数据资源。充分利用这些学习数据，可以帮助教师在短时间内发现教学方法以及教学过程中存在的问题，大大提高教学过程的有效性。同时，对学习者完成课程时所收集的调查数据进行挖掘，还可将平台提供的普遍获得好评的课程内容进行资源重组，划分为平台精品课程，进一步优化教育资源配置。

同样，MOOC 的发展也为教师评价提供了有利的补充。有效的教师评价可以激发教师工作积极性，促进教师的专业发展。MOOC 平台可以广泛搜集学习者对授课教师的综合意见，如在课程中或结束时开展在线问卷调查，利用大数据处理工具分析所得的结果，帮助教师发现自身在教学上存在的问题，从而改进教学方法，进一步优化教学模式，提高教师教学水平，进而促进教学质量的改善。

第三节　对高校更名现象的思考[①]

校名是一所大学的重要标志之一，是大学的价值及意义载体。它不是一个简单的称呼，而是具有丰富内涵的。它既是人们区别大学的标志，又是人们内心的价值认同。特别是一些历史悠久且声名远扬的一流大学，它的校名往往凝聚了这所大学几代人甚至几十代人的汗水与智慧。校名的更改不仅是其称呼的变动，而且会影响大学影响力的传播。因为，人们往往赋予一个校名固定的含义。如，北京大学是中国一流大学的代表，兰州大学则是西部精神的象征。因此，高校更名看似简单，实则不然。20 世纪 80 年代以来，随着中国高等教育的快速发展，一些高等院校的合并、升格，出现了一系列院校更名的问题。这些更名问题既牵涉高等学校的层次定位、

---

① 该文原载《高等理科教育》2013 年第 1 期。

科类结构、区域布局等问题，也关系到许多高等学校历史渊源的追溯等问题。20 世纪 90 年代初的大学合并，掀起了新一轮的更名之风。尤其是高校扩招带来的生源危机，刺激了高校的生存与危机思考，高职高专院校的生存问题尤为突出。然而，这一现象的出现是由一系列的多层复杂的社会因素引发的。运用多学科的知识，解读高校更名现象，有助于高校更名的理性回归。

一　基于网络的院校更名统计

通过中国教育科研计算机网，对自 1978 年以来更名的院校进行统计，结果发现，经历过一次及以上更名的高校达 235 所，其中有相当一部分院校是多家合并且多次更名，凡是合并的院校只按其中一所统计，这些更名的院校大多数为本科层次院校。总体来看，更名有三种情况：一是升格后更名；二是合并后更名；三是为更名而更名。从图 1 可以看出：高校热衷于更名的现象近年来并未降温。可见，在大力发展和提升高等教育质量的时代，我们仍然没有找到前进的方向。

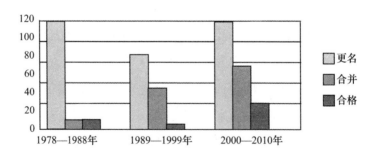

图 1　1978 年以来更名的院校统计图

二　高校更名之表现

（一）学院改大学

根据教育部网站的数据，1978 年以来，直接从学院更名为大学的学校为数不少，而有的不仅把学院升为大学，而且其校名也发生了变化。如原北京工业学院更名为北京理工大学，北京钢铁学院更名为北京科技大学，太原机械学院更名为中北大学等，不仅实现了学校更名，还改变了学校类型，有的从单科性学院升格为综合性大学。

（二）合并、升格并转变性质、类型更名

通过统计数据我们可以看出，在更名的高校中，利用更名机会进行合并、升格并成功实现功能和类型转变的高校数量较多。概括起来看，主要有：（1）单科变多科或者综合，尤其是一些理工学院更名为科技大学，纷纷放弃理工而着力体现综合，喜欢冠以科技大学之名，以吸引招生，扩大就业；（2）直接从理工学院更名为理工大学，这类数量较大。如北京理工大学、南京理工大学、山东理工大学、武汉理工大学、浙江理工大学等；（3）农林地矿等专业性院校更名为大学。

（三）喜欢用大校名

有些学校虽然没有升格和合并，但热衷于起一个气派的校名，如东华大学、中北大学、西华大学等；还有一些高校冠以很大的校名，喜欢用中国、中央、中华、华南、华北等区域性和全国性校名，有虚张声势之嫌。据统计，本科院校中，带"中国""中华""中央"字样的有十几所，如中国农业大学、中国政法大学、中国音乐学院、中华女子学院、中央财经大学、中央戏剧学院、中央美术学院等；带"华南""华北""中南""西北"等覆盖中国某一大区域字样的就有几十所，如中北大学、东北林业大学、华南理工大学、西北工业大学等。其实，有些高校仅仅是地方性的学校，并非像其名称那样面向全国，而且很难让人通过校名判断出其所在地，如西北大学、西北师范大学、西南大学、东南大学、东北大学等。当然，对于专业人士来说，应该是了解这些方面知识的，但对于大多数普通民众来说则会造成很多麻烦。

三　高校更名之特点分析

（一）更名范围大、比例高

范围大，既包括地理范围，也包括学科领域和层次。不论是东西南北中，还是专、本，抑或是单科和综合，统统没能经受改名大潮之冲击，即便是最终未能成功者也曾蠢蠢欲动，只因条件不成熟而放弃。已经更名的高校分布在从西到东、从南到北的各个区域，范围大、比例高、次数多。

（二）多次更名

从 1978 年算起，绝大多数高校都改过校名，有些甚至多次改名，如中国海洋大学、临沂大学、井冈山大学、华中科技大学、湖南科技大学等。以广东技术师范学院为例，该校原是建于 1957 年的广东民族学院，1998 年 10 月改名为广东职业技术师范学院，2002 年 10 月又更名为广东技术师范学院。

（三）盲目追风更名

从中国高校大规模改名，甚至热衷于改名的现象来看，中国的高等教育缺乏自信，缺少更多的理性思考，极力想通过外在的变化来吸引别人的眼球，从而改变自己，但往往事与愿违，收效不大。因为一个大学的实际水平并不是简单通过其校名来体现的，恰恰相反，其校名的影响力是通过其办学实力和特色而体现的。我们的大学，急功近利，好高骛远，梦想着通过改名来获得生存和发展的机会。

四　高校更名之弊端分析

（一）重名不重实

高校更名在我国是一个极普遍的现象，似乎为了顺应这种"更名"的潮流，高校就需要进行一次更名，否则就会被"更名"时代淘汰。然而当下的高校更名似乎只注重高校的外部建设，完全忽视作为一所大学最基本的学术、文化的内涵建设。高校更名后看似与以前的院校发展分道扬镳，实则是在同一种办学理念、同一种制度、同一种发展方向支配下运作的，只是对学校的称谓不同而已。正如梅贻琦先生所言："大学者非谓有大楼之谓也，有大师之谓也。"这种停留在外延发展阶段，单纯重视学校的外部建设，无视大学的内涵发展、质量提升的高校，何以谓之大学？

（二）品牌流失

校名是一所高校的无形资产，这种资产具有较强的辐射和带动效应，能带来一系列的良性循环。然而，现今高校的盲目、频繁更名已经让公众对这一无形资产失去信任。有人认为，大学的频繁、无目的的更名只是为了维持大学那份仅有的虚荣心而已，对学生的发展，对社会的发展价值微乎其微。如今的高校都冠以"大学"二字，然而，哪一所高校可以真正实现"大学"应有的责任呢？时下部分大学已经失去了往日的价值，不再是传授高深知识的圣殿，而沦为发放证书的机构，在很大程度上忽视了大学的精神实质和价值追求，进而使得大学失去应有的社会影响力，并最终导致大学品牌效应的淡化。

作为商品品牌的商品名称，不仅凝结着商品的使用价值，更蕴含着价值本身。高校的校名作为高校的名称，既是人们识记大学的符号，也包含了人们对于一所大学的价值期待和评价。从这个意义上说，校名虽然不是商品，但可以算是一种品牌，而且是一种特殊的品牌，这种品牌不是靠广告就可在几天之内推广，而要靠深厚的历史积淀和社会广泛的价值认同形成。

（三）名实不符

校名作为人们识记和区别各个高校的主要标志，应该说是要能够体现学校的本质。也就是说，当人们看到或者提及一所学校的校名时，就会自然地联想到这所学校的办学质量、社会声誉等。而在现实中，我们的不少高校的校名让人难得其解，很难通过校名判断其性质和类型。尤其是一些社会声誉较好的单科性院校改为综合性校名后，其办学名实不符。例如：华东船舶工业学院改名为江苏科技大学、青岛化工学院改名为青岛科技大学、北京钢铁学院改名为北京科技大学、兰州铁道学院更名为兰州交通大学等等，改名后的校名已无法突出原来的专业特色，致使一些考生和家长在选择志愿时难辨其实。

五　高校更名之多学科反思

（一）社会学的视角

教育作为整个社会系统的一个子系统，同社会的发展密切相关。高校更名作为高等教育发展过程中的一个问题，其实它并不是单纯由于教学质量的提升和教学的需要而产生的，很大程度上与社会的分层有关。社会的分层导致人的分层，学校的分层。这样不仅影响了人们接受同样教育的机会，而且学校的分层也加剧了校际之间的竞争，尤其是生源竞争和教育资源的竞争。从政府对不同层次学校的经费投入就可以很明显地看到这样的分层。有学者指出，地方公办普通高校处于腹背受敌的境地，在民办高校市场顺应性和政府对重点大学的倾斜性政策的夹缝中艰难生存。[①] 据统计：仅2005年，国家对首先进入"985"的高校投入的生均经费达47838元，而对高职高专院校的投入生均经费仅为10691元。二批进入"985"的高校、"211"高校和普通本科院校生均投入以递减趋势居于前两者之间。可以看出，院校层次间的差异导致高等教育资源配置也存

---

① 彭勃、宋毅：《我国公立非重点高校发展前景探析》，《江西师范大学学报》2006年第4期。

在很大差异，这种教育资源的非均衡的格局已经严重影响了普通高校的生存和发展。因此，普通高校为了打破这种层次的差异，力图通过更名实现某种跨越式发展。

（二）经济学的视角

我国进行经济体制改革后，商品经济迅速发展起来。商品经济所固有的价值观念和竞争意识冲击了原有的平静的教育界，促使教育界的人才观、功能观、价值观和效益观发生改变，高校逐步树立了根据市场的需要和变化调整高校自身的发展方向、发展目标。提升高校的经济价值，注重高校办学的经济效益被提到重要位置。高校在办学过程中注重经济效益的提升，而市场经济的发展也促使接受教育的人们转变观念，寻求更好的升学机会，从而为将来创收效益打下基础。

为了满足学习者和其他高等教育产品和服务的需求者的意愿，大学首先选择提升自己的形象，而校名作为大学发展的一种无形资产，是大学立身发展的重要声誉。美国学者科尔曾指出："声誉一旦形成就是高等院校独一无二的最大资源。"大学为了提升声誉，选择更名无可厚非。大学这样做，可以为自身的发展带来巨大的内部经济效益。通过外在的形象的提升，从而为学校内部系统和大学系统以外的其他群体创造最大利益。亦即，大学希望通过最小的投入收获最大的效益。这正好契合了著名的经济学家孙志方提出的"最小最大规律"。然而，为了追求利益最大化致使大学在更名过程中忽视内涵发展，无疑会给整个高等教育的健康、有序发展造成影响。

（三）心理学的视角

高校更名的出现，从心理学的角度来看，主要是由于心理冲突和心理适应之间的不和谐导致的。从高校方面来看，现实的"名分"和"地位"无法满足心中追求的身份，现有的社会心理意识和价值与理想目标不一致，再加上高校更名的广泛和频繁，促使高校在更名过程中产生从众心理。高校为了"赶时髦"，竞相更名，这种从众心理导致高校在更名的过程中缺乏理性的思考。从家长、学生方面来看，普通高校毕业生就业的不理想，加大了社会对高校的心理落差。纵观以上两方面的原因，可以看出，心理学尤其是社会心理学和个性心理学方面的因素，对高校频繁更名的出现具有重要的推动作用。有学者指出，相对于制约高等教育的政治、经济、科技等因素，社会心理的作用是潜在而持久的。[①] 大学进行更名，从而为自己树立更好的品牌，实现大学的品牌建设乃是情理之中的事。但是，在当下生源竞争、就业竞争的严峻形势下，大学仅仅依靠品牌的建设是远远无法实现一流大学建设目标的。大学要想树立良好品牌，保持在激烈竞争中的有利地位，就必须走内涵式建设道路，注重更名的科学性、目的性和方向性。

六　高校更名之建议

一所大学的繁盛与地位其实与大学的名字并无实质的关联，但一所大学名字的响亮与否却与这所大学的办学质量、繁盛有很大关联。印度理工学院是一所享誉世界的高等学府，被誉为印度"科学皇冠上的瑰宝"，它是莘莘学子向往的殿堂，但是它的校名依旧是学院。巴黎高师，既是知识的海洋，又是科技发展的温床，在这里，你可以学会"教学的艺术"。在法国乃至世界，巴黎高师可谓家喻户晓，但其仍是一所学院。由此可见，名字其实并不能说明一所院校的实力，但院校的实力却足以让一个校名响彻世界。更名也未尝不可，关键是如何更名，怎样对待更名。

（一）科学更名，注重程序规范

高校更名不仅仅是一所大学的事情，大学的更名关系到整个教

---

① 潘懋元：《多学科观点的高等教育研究》，上海教育出版社 2001 年版，第 90 页。

育的和谐发展。科学更名，注重更名的程序才能有效地保证高校更名的合理，才能实现整个高等教育事业的健康、和谐发展。在《教育部关于十二五期间高等学校设置工作的意见》中明确指出：有关高等学校更名要严格按照"《高等教育法》和《普通本科学校设置暂行规定》审批'学院'更名'大学'，从严掌握标准，控制更名数量"①。由此可见，国家对大学发展的高度重视。因此，各个院校在申请更名时，一定要按照大学的标准，高度重视科学建设。内涵发展，走出一条"和谐、科学、理性"的更名之路。

（二）深度更名，注重内涵建设

大学之所以存在，是因为大学从产生之日起就是一个以学术、知识和人的全面发展为首要原则和目的的机构。因此，大学的名字无论如何更改，大学的建设都应以学术的原则和探求知识的原则为第一位。李大钊在纪念北京大学成立 25 周年的文章里这样说："只有学术上的发展，值得作大学的纪念。"② 可见，只有真正实现大学内涵的发展，大学存在的意义才会实现。肖雪慧先生在《大学之魂》中这样说："独立自治、开放、容忍、自由探索、追求真理、秉持理想以及在执守这些传统理念与作为变革前沿之间保持张力，是大学在数世纪中展现出来的形象，也是大学之为大学的基本特质。"更名后的大学与此比照一番，就可以从中找到自己的位置。大学的内涵不改，单纯从表面更换名字，还不能称其为真正意义的大学。因此，大学要进行更名，就必须进行深度更名，注重大学的内涵建设，这样才能真正担起大学的称谓。

（三）谨慎更名，注重信誉建设

每一所院校从建立之初，就蕴含着自己独特的历史和风韵，这

---

① 《教育部关于十二五期间高等学校设置工作的意见》，教育部网站，（2011 – 12 – 19），［2012 – 06 – 13］，http：//www.moe.gov.cn/publicfiles/htmlfiles/moe/s5972/201201/xxgk_129633.html.

② 李大钊：《北京大学成立第二十五年纪念感言》，http：//pkunews.pku.edu.cn/2012zt/2013 – 05/02/content_270692.html，2019.06.12。

种独特渗透在高校的校名、校训、校徽、校旗、校歌以及校园的每一个角落，这些都是高校独一无二的资源，是高校最宝贵的无形资产。这些是高校的固有精神和文化风格的载体，是高校信誉形成的最重要元素。因此，当高校在选择更名时，一定要将高校的精神、文化、传统考虑在内，要将高校固有的文化传统和精神进行创造性地转换，为新"大学"的发展提供经验和理性，同时要守住大学的传统："包容的理念，民主的体质，自由的文化。"尤其是处在社会转型期，要更加注重大学的底线伦理建设和内涵建设，而不是"汲汲于高校更名"。高校更名并不是一朝一夕就可以实现的，任何一次的更改都是对高校自身无形资产的一种破坏。因此，要谨慎更名，注重已有信誉的守护，从而在已有信誉基础上形成新的"信誉"。

"大学是一个时代知识分子的良心，大学人不必为现实的政治负责，主要因为它对发展真理负有无限的责任。"因此，高校无须在意那些徒有虚名的更名，要注重自身的内涵建设，要实现自身的责任和价值。尤其是在当下，高等教育规模战略已逐渐回归平稳，如何迎接即将到来的质量战，才是高校在发展过程中应首先考量的。

总之，大学校名关系到学校的整体形象、社会影响力和大学精神、校园文化等诸多方面。高校在进行更名的过程中要更加注重更名的科学性、深度和规范性。作为大学符号的校名，在一定程度上体现着大学的办学理念和目标定位。因此，在高校发展过程中，我们要慎重对待学校的名称，而不能简单视之，为了改革校名而改之，如果处理不当，则会使学校长期积累的无形资产流失，社会影响力降低。

大学的基业要想常青，空有一虚名还是不能实现的。如今的高校要想在激烈的市场竞争中赢得生存的权利，就必须重视如何把学校建设成一所有利于人的发展、有利于社会进步的优秀大学，这才是高校在未来竞争中制胜的关键。因此，理性审视当下的高校更名，科学看待大学的更名，打破"大跃进"式的更名，使高校更名回归理性，这样才能很好地实现大学的和谐、科学发展。

第四节　论大学去行政化的中国症结

大学行政化问题已是我国高等教育学术界近年来讨论颇多的话题。然而，对于如何理解这一概念，人们在众说纷纭下达成了一种默契的认同，已经成为不争的事实，即人们普遍承认它的客观存在性。既然是一种客观存在，那么我们有必要从理论上再作进一步的解释和认识，以引起各界的切实重视。

在我国，大学行政化最直接的表现则是大学建构的行政化和等级化（大学被分成三六九等，大学的内部单位也被分成若干层级），这种现象为我国所独有。其实，大学的行政事务管理以一种级别化的形式存在并不可怕，我们并不反对大学行政的实际存在，但把这种管理模式用于教学与学术事务的管理上，则是与大学作为独立的学术机构之性质背道而驰。自从现代大学建立以来，行政管理即已有之。不过，西方大学的行政管理，确切地说是一种科学的、高效的管理方式。而我国的大学制度自清末民初开始模仿西方的大学制度，至今只是学到了西方大学制度的外壳，西方大学的自治与学术自由等大学内在核心精神，既没有成为我国大学的传统与价值追求，也没有在社会中形成普遍的、公认的价值观。

"冰冻三尺非一日之寒。"我国大学行政化的问题，有大学自身存在的原因，更多的还是受大学之外的影响。从我国近代大学发展的历史轨迹来看，自我国第一所近代意义上的大学——京师大学堂成立伊始，便烙上行政化的印记。京师大学堂既是全国最高的学府也是全国最高的教育行政机关，这种双重身份，便是典型的"官师一体"传统，大学生是官老爷，老师也是由部分官员充当，官本位思想在大学中占据主流，成为普遍的价值追求。大学行政化的问题不是专门针对今天的大学而言，而是从近代大学诞生以来就一直存在。因此，我国大学行政化的问题是在社会历史发展过程中形成的。理清大学行政化的历史及其本质，才能更好地促进大学去行政化。

一 对几个概念的解析

（一）行政及行政化

从词源学来讲，"行政"作为一个组词，最早出现在《孟子·梁惠王上》："为民父母，行政，不免于率兽而食人，恶在其为民父母也？"其后在《史记·殷本纪》"帝太甲既立三年，不明，暴虐，不遵汤法，乱德，于是伊尹放之于桐宫。三年，伊尹摄行政当国，以朝诸侯"和《史记·周本纪》"召公、周公二相行政，号曰'共和'"中出现。在我国古代语境中，行政是指国家政权对社会管理的一种方式和手段，这与现代语境中的行政意义相似。《中国百科大辞典》中这样描述：行政指的是一定的社会组织，在其活动过程中所进行的各种组织、控制、协调、监督等特定手段发生作用的活动的总称。《法学大辞典》关于行政的解释是：国家行政机关对公共事务的组织管理活动。

从古今关于行政的词源解释可以看出，行政就是指政府的一种管理行为和手段，这种管理是以政权为基础的，同时也是为政权而服务的一种官方行为。行政化是行政权力制度化、具体化的一种形式，以行政权力为基础，具有权威性和强制性特征。

（二）多视角下的大学行政化

关于大学行政化的理论探讨，学术界主要的观点是：一是从组织学的观点来分析大学行政化。王建华从大学作为一个组织机构的视角来剖析大学行政化的问题，认为我国大学的行政化不是单指的大学行政组织的过度膨胀，"我国大学的行政化的真正所指根本不是科层化或过度科层化，而是严重的官本位或官僚化"①。二是从大学的内外部关系（宏观与微观的视角）来认识大学行政化。王英杰将大学行政化的内外部表现概括为："在宏观层面：所谓大学行政化指政府不断加强对大学行政干预的过程；在微观层面：所谓大学行政化，是指在大学内部管理层不断加强，行政权力不断侵蚀学术权力的过程。"② 三是从大学内部管理体制视角来解释大学行政化。钟秉林认为："所谓大学'行政化'，是指以官僚科层制为基本特征的行政管理在大学管理中被泛化或滥用，即把大学当作行政机构来管理，把学术事务当作行政事务来管理。"③

对大学行政化的认识，可以说是"仁者见仁，智者见智"。但是，无论是从何种视角来解释，对大学行政化的内涵的理解基本上是一致的。大学行政化的内涵就是指大学行政权的过度膨胀甚至错位。大学作为学者团体的聚集之地，是以追求真理、发展卓越学术为天职之地，本不应该有行政权，即使不能排除行政权，也不应该让行政权成为大学的主导权。大学行政权与学术权本末倒置的关系，是大学行政化阻碍学术发展的主要原因。

（三）大学行政化的本质

无论从哪个角度来看，大学行政化是我国大学实际存在的不争的事实，剖开其表面现象，发现其内在的、本质的因素是"官本位"。理论界对大学行政化本质属性的研究也很多，将其概括为以

①　王建华：《中国大学转型与去行政化》，《清华大学教育研究》2012 年第 1 期。

②　王英杰：《大学文化传统的失落：学术资本主义与大学行政化的叠加作用》，《比较教育研究》2012 年第 1 期。

③　钟秉林：《关于大学"去行政化"几个重要问题的探析》，《中国高等教育》2010 年第 11 期。

下几种。一是将行政化的本质归结为行政权力的越位。徐娟认为：
"大学行政化问题，其本质是大学中的'行政权力越位'问题。当
大学中从属于、服务于学术权力的行政权力在'政治主导'逻辑下
异化、越位以致主导、控制学术权力时，行政化问题就产生了。"①
二是将行政化的本质归结为官僚化。廖小平认为："大学由一个教
育学术机构蜕变或异化成了一种行政官僚机构。这是大学行政化的
实质。"② 陈学飞认为行政化的本质是："主要是指高校外部的公共
行政系统的权力和指令成为高等学校运营（日常运作、改革和发
展）的主导力量，并已经转化为高等学校组织管理、教学科研的基
本推动力和行为模式。"③

综上，大学行政化的本质归根结底，是政府行政管理模式在大
学的延伸或复制，将作为一个独立学术机构的大学演变为一个行政
分支机关。

二　大学行政化的表现

（一）大学行政权的"错位"

大学行政权与学术权的应然关系是：大学行政权本应该为学术
权服务，且置于学术权之下。而大学行政权与学术权的实然关系则
是：行政权居于学术权之上，且控制学术权，学术权为行政权服
务，表现在行政权支配着学术资源的分配、教学与科研效果的评
价、教师的职称、薪资评定等等。

大学本质上是一个追求卓越学术的机构，是知识的殿堂，是学
者为真理而真理的地方。因此，大学应该以学术为核心，大学的一
切权力都应该为学术发展服务。行政进入大学既是现代大学（多元

---

① 徐娟：《社会转型背景下我国大学行政权力演变的二维分析》，《高等教育研究》2012 年
第 1 期。

② 廖小平：《大学行政化三问》，《中国高教研究》2013 年第 9 期。

③ 陈学飞：《高校去行政化：关键在政府》，《探索与争鸣》2010 年第 9 期。

巨型大学）管理的需要，也是高等教育作为社会的一项公共事业发展的需要。但是，这并不是行政权越位的理由，因为大学之所以谓之大学，核心在于大学是探究大学问、高深学问的地方，而大学作为独立学术机构的社会属性是大学与行政机构相区别的本质特征，对大学而言，行政只是一种管理手段，更没有所谓的"行政权"。

（二）大学行政级别化带来学术级别化

对于政府而言，将各分支行政机构进行严格的等级划分，赋予相对应的权力，有利于政府行政机关高效运转和政权的稳定。大学作为一项社会公共事业，接受政府的监督和管理也是理所当然的，但是大学作为独立学术机构的特质与其他事业单位有本质上的区别，不能按照社会事业单位的管理方式来管理大学。因此，大学根本不应该拥有行政级别，但是政府为了便于管理大学，赋予大学相应的行政级别，更吊诡的是无论是大学的行政人员还是教学、科研人员均可以与政府行政人员互换，这说明政府完全忽略了大学作为独立的学术机构的特质，将大学作为行政机构来管理。

大学行政级别化的直接后果是学术级别化。大学行政级别化是政府行政机关级别化的演变，这种演变又渗透到大学学术活动中的每一环节。教学与科研是大学最主要的学术活动，在这些学术活动中都能发现行政权力的影子。关于教师教学效果和科研能力的评价，最有发言权的应该是学生和同行教师，但是教务处、科研处等大学行政部门掌握了教师的教学、科研评价权。甚至可以说学术级别决定了大学教师的方方面面，学术级别不同，教师享受的政治待遇、生活待遇、工作待遇不同。例如，在大学资源有限的情况下，优先配给学术级别高的教师成为惯例，有的学校甚至规定正教授享有独立的办公室、副教授两个人一个办公室，讲师则是三四个人共用一个办公室，虽然这是个不起眼的小事，但是对于青年教师而言却存在不公允之处。因为，学术级别虽然是学术能力的主要指标，但不是唯一的标准，有的青年教师科研能力强，对学术热情高，但由于入职时间短，再加上其他非学术因素的影响，导致学术级别低，从而不能得到公平、公正的待遇，会削弱青年教师学术上的积极性。在现行的学术体制下，处处彰显级别的影响，无论是申请课题、科研成果评价还是学科建设的方方面面，都离不开级别二字。这种唯级别论英雄的做法，导致学者紧紧围绕级别而急功近利甚至弄虚作假，既背离了学术的本质，也违背了做学术的目的。

（三）大学行政权主导学术权

我国大学的行政文化是以官本位或是权力本位为基础的行政文化。在西方国家，行政文化与大学管理的专业化和职业化有关，是科层文化的产物。由于我国没有大学自治的传统，有"学而优则仕，仕而优则学""无学不仕，无仕不学"的传统，行政管理文化畅通无阻进入大学并成为大学运行的"规则"。

行政化导致的官本位思想在大学盛行，大行其道，致使学者热衷于做官，而官员需要学术来装点门面。这样便导致"官学'有机'结合"，形成大学的虚假繁荣，只见数字，不见发展，"官"以"学"为荣，学以官为"傲"。所谓的学术带头人大都是行政领导，即便是没有什么头衔者，也要为之戴上一顶或实或虚的"官帽"。

学者缺少独立的思考与批判精神，大学更是鲜见"百花齐放，百家争鸣"的学术场面，有的只是"一方独见""长官学术"。这种学术的"垄断"造成学术界的"画地为牢"，人为设置学术的禁区。学者一旦掌权就和已经掌权的"学者"相互扶持，共同发展，资源互惠，各自锦上添花。他们就会利用各自掌握的资源，进行"心照不宣"的交换，各种名头都会纷至沓来。只要对各个学院院长的学术经历稍加浏览，便会发现，他们的学术增速最快的时期就是在出任院长之后。

三　大学去行政化的症结所在

大学行政化问题已经引起社会广泛关注，可以说上至国务院总理，下至平民百姓，都在热议大学行政化。但是，无论是政府还是大学，大学去行政化的口号已经喊了很多年，却迟迟不见真正的去行政化的具体、可行的方案，大学去行政化仅仅停留在动机阶段。

大学去行政化的动机已经出现：从国家层面来讲，《国家中长期教育改革和发展规划纲要（2010—2020年）》提出："随着国家事业单位分类改革推进，探索建立符合学校特点的管理制度和配套政策，克服行政化倾向，取消实际存在的行政级别和行政化管理模式。"这是国家以文件的形式明确提出大学要去行政化；从社会大众来讲，社会舆论普遍支持大学去行政化，但是还有一部分人担心去行政化后，大学以什么样的身份和地位与社会、政府交往；从学者层面来讲，主要是教育学界的学者和研究生关注大学去行政化问题。

虽然，大学去行政化的动机有了，但是没有形成去行政化的主导力量。去行政化的主导力量还是掌握在政府的手中，大学要想去行政化，必须以自上而下的方式推进。让大学独自去做，基本上不可能成功。最明显的例子就是南方科技大学。朱清时校长曾明确表示要把南方科技大学办成没有行政化的大学，后来南方科技大学公开招聘两名副局级行政人员，预示南方科技大学去行政化的失败。可见，单纯的大学自身去行政化还是力量不够强大。因此，大学去行政化道路还很长，学者群体的力量还不强，必须唤醒社会的意识，获得社会力量的支持，才能真正推动大学去行政化。目前，去行政化还只是停留在动机阶段，真正的主导力量还未形成。

大学去行政化之所以困难重重，是因为：教育是一项"百年树人"的事业，它的影响力是持久的、永恒的，它的效果需要时间、历史的检验。大学去行政化不会起到"立竿见影"的效果，人们不愿意去做"前人栽树后人乘凉"的事，纷纷追逐各自的政绩。

四　大学去行政化的路径探析

我国大学行政化问题既孕育于传统文化之中，又与现今制度相契合，前者是我国大学行政化问题的历史基因，后者是我国大学行政化问题的现实背景，二者共同导致了我国大学行政化问题。因此，大学去行政化一方面要在社会主义核心价值观中树立民主与自由的旗帜，让大学自治与学术自由成为大学的价值追求和精神支柱；另一方面大学要主动推动政府执政理念的现代化、科学化，帮助政府完成角色、职能转变，实现治国方略由管理向治理的跨越。

（一）摒弃"学而优则仕，仕而优则学"的传统观念

"学而优则仕，仕而优则学"原义是指学习和实践的关系，并非学习与做官的关系。后来引申为"学习而有余力可以做官，做官而有余力可以学习"。其实这种引申义背后隐藏着我国"官师一体""官学一体"的传统。我国古代学术看似繁荣、丰富，但最终还是没有摆脱"官本位"传统，直到今天学术依然未能实现独立与自由，而西方学术自文艺复兴后，从神学的桎梏中解放出来，获得独立与自由的身份，发展繁荣至今。因此，"学而优则仕，仕而优则学"的传统是我国学术未能实现独立与自由的重要历史原因。

在我国历史发展中，学术与政治是一体的，并且二者之间是主从关系，即政治为主，学术为辅，学术是为政治服务的。对于古代的读书人而言，用十年寒窗苦读，换来金榜题名，是无数读书人的梦想，而"治国平天下"更是读书人入世的抱负。将优秀的学术人才纳入政治体制中，在一定程度上提高了官员的文化素质和行政能力，为国家政权的稳定和高效运转作出了贡献。虽然，这种做法有一定的积极作用，但也有明显的消极作用。因为，这种政学不分的

做法长期使学术受制于政治，学术不能独立，则思想不能自由，思想不自由，则民智愚钝，民智愚钝则国无希望。因此，学术必须独立于政治。但是学术独立于政治并不意味着学者可以逃避自己的担当，清末民初的大思想家章太炎认为："学而优不仕，不仅使学术成为学术，亦使政治成真正意义上的政治。学术界这种独立自由态度，不是逃避社会责任，不是脱离政治，而是为了更好的支持（或制约）政治。"① 在我国今天的大学中，学者热衷于做官，官员则喜欢披上学者的外衣，大学由人人平等自由的学术场所逐渐演变为等级森严的官场，学者们对学术的热爱不及对权力的欲望，对学术的尊重不及对权力的敬畏，当学术沦为学者们跻身政治的一种资源或是一块敲门砖时，就不难理解为什么自近代以来我国的学术就一蹶不振，始终落后于西方的原因了。因此，摒弃"学而优则仕，仕而优则学"的传统观念成为大学去行政化的必然选择。

（二）重视和重建大学自治与学术自由

大学："它的自治权——这种自治权甚至都得到国家的尊重——是来自一个具有超国家、普适性特点的不朽理念：学术自由。……学术自由是一项特权，它使得传授真理成为一种义不容辞的职责，它使得大学可以横眉冷对大学内外一切试图剥夺这项自由的人。"② 大学自治与学术自由作为仅属于大学的一项特权，是大学学术生命的保护伞，失去了大学自治与学术自由，大学学术将面临严重的生存危机。而"学而优则仕，仕而优则学"这种延续千年的传统像"魔咒"一样牢牢控制着我国的学术与文化，将学术与文化置于权力统治之下，导致我国学术与文化的衰落。虽然大学的工具价值——大学的外部功能（经济功能、政治功能、文化功能等）越

---

① 陈平原：《中国现代学术之建立——以章太炎、胡适之为中心》，北京大学出版社 2010 年版，第 122 页。

② ［德］雅斯贝尔斯：《大学之理念》，邱立波译，上海人民出版社 2006 年版，第 19 页。

来越重要，然而大学更重要的使命在于重塑国民人格。复兴民族优秀文化、促进民族学术发展。而大学使命实现的前提条件就是大学自治与学术自由，这是大学的生命力所在，是大学发展力量的源泉。"目前，学术自由在我国还只是停留在大学诉求层面，还只是学术工作者的呼吁，我们的社会还没有发育和形成学术自由的社会文化共识。"[1] 因此，应在社会主义核心价值观中树立民主与自由的旗帜，让自由、民主、平等的理念成为社会大众的价值信念，为大学自治与学术自由营造良好的社会环境。

（三）构建中国特色的现代大学制度，完善大学内部治理体制

大学自治与学术自由的理念追求，需要刚性制度为保障。中国特色现代大学制度之"特色"在某种意义上是默认为行政化，因而行政化成为中国现代大学制度与世界一流大学制度相区别的主要特征。那么，构建独具中国特色的现代大学制度，完善大学的内部治理体制，保障大学自治与学术自由，关键在于政府与大学的关系应该如何确定。怎么才能解决政府对大学"一统就死，一放就乱"的老大难问题？"强政府与大学之间的边界需要法律来明确，大学办学自主权的落实需要法律来保障，基层民主和学术民主的实现也需要法律来保证，所以，在强政府、民主和法治这三者的关系上，法治是第一位的。"[2]

在今天的法治社会中，一切行为均要有法理依据，大学去行政化亦是如此。对大学去行政化而言，需要建立"外法"和完善"内法"，其中以"外法"为基础，以"内法"为保障，二者结合共同捍卫大学自治权，保障学术自由的目的才能得以实现。首先，建立"外法"。所谓"外法"是指在国家层面建立法律、法规，为

① 张应强、蒋华林：《关于中国特色现代大学制度的理论认识》，《教育研究》2013 年第 11 期。

② 胡娟：《强政府、民主、法治——中国大学制度建设的关键》，《清华大学教育研究》2015 年第 5 期。

大学去行政化提供法律保障，以法的形式规定大学与政府的关系，厘清大学与政府的边界，防止政府越界或越权行为的发生，以刚性制度保障大学的自治权，同时贯彻落实大学校长独立法人地位，实现校长依法治校。其次，完善"内法"。所谓"内法"是指大学章程。大学章程被誉为大学的"宪法"，是大学内部活动（学术和行政）的法理依据，以大学章程规定行政权与学术权的主从关系（行政权与学术权并不是平等的关系，而是主从关系即学术权为主导，行政权服务于学术权），厘清行政权与学术权的边界，保障大学学术权的主导地位。就如阿什比所言："大学的兴旺与否取决于其内部由谁控制。"①

（四）以教育家型的大学校长来领导大学去行政化

有一句著名的话："城堡修建的再好，如果没有高素质的士兵把守，也是一座空城。"这对于大学去行政化来讲也是符合的。因为，无论制度多么完善、多么严谨，如果缺少真正执行的人，制度就会沦为一纸空文。制度既在于其形式更在于其实质。所以，大学去行政化不仅需要在法律等制度方面进行完善，同样重要的是要有教育家型的大学校长来领导实行。大学校长对大学的重要性不言而喻，比如梅贻琦成就了清华大学和西南联大，蔡元培成就了北京大学，将官僚习气严重的北京大学改变为思想自由、追求自由科学民主的大学，并且成为我国新文化运动的发源地，奠定了北大在我国高等教育中不可动摇的龙头地位。

教育家型的大学校长是指大学校长要深谙教育规律，能够按照教育的规律办大学，尊重人才，崇尚科学，具备现代大学的办学理念。如同克拉克·克尔所描述的那样："19 世纪中叶纽曼所赞许的大学，充其量是'一群僧侣居住的村庄'；20 世纪 30 年代亚伯拉

---

① ［英］阿什比：《科技发达时代的大学教育》，滕大春、滕大生译，人民教育出版社 1983 年版，第 59 页。

罕·弗莱克斯纳的'现代大学',也不过是'一座由知识分子垄断的城镇',它们都难以与加州大学这样'充满无穷变化的大都市'——'多元化巨型大学'相匹敌。"① 大学的巨型多元化,对大学校长提出更高的要求。不仅需要大学校长具有专业的管理才能,还需要有教育家的情怀。大学校长要以高等教育的特殊规律来办学,以大学学术发展为宗旨,以人才培养为核心,才能在大学行政化、功利化、市场化的浪潮下保证大学学术的本色,不至于迷失大学发展的方向。

---

① 克拉克·克尔:《大学的功用》,陈学飞等译,江西教育出版社1993年版,第7页。

第 三 章

学科建设与一流大学

这部分共收录了关于高等教育学科建设和一流大学建设方面的论文四篇。

第一节　学科何以学科①

从人类发展史来看，学科的发展与知识的精细化即知识的分类关系密切。从学科的起源来看，古今中外的学科无不源于对知识分类的不同看法。从大学发展史来说，学科与大学的关系更加紧密。

一　学科的概念和内涵

（一）学科的起源

1. 我国古代学科起源

我国古代关于学术分科的观念早已有之。最早可追溯到先秦时期，在当时我国是世界上最早具有鲜明特色学术分科观念的国家。《周易·系辞上》曰："形而上者谓之道，形而下者谓之器。"在此语中，以"形上"和"形下"作为分类标准，以"道"和"器"作为知识的两大类别，简单地说，"道"即理论知识，"器"即具

---

① 该文原载《西北成人教育学院学报》2015 年第 4 期。

体实践。随着社会的发展进步。科学知识的增多，原有的"道"和"器"已经不能满足知识发展的需要。后来形成了我国独具特色的以"六艺"为核心，以"四部"为框架的学科分类体系。此"六艺"是指经孔子删改后的《诗》《书》《礼》《易》《乐》《春秋》，是从殷周时代的礼、乐、射、御、书、数演变而来，并形成独立的六门知识体系。"四部"是四部分类法，即经、史、子、集，是对古代典籍的分类方法，古代知识的传承、保存主要是以典籍为载体，所以对典籍的分类也就是对知识的分类，即我国古代学术分科。四部分类法起源于魏晋时期，至唐人编《隋书·经籍志》时才正式确定为"经、史、子、集"的名称。经是关于古代社会中的纲常伦理、道德规范的教条，如《诗》《礼》等；史是历史典籍，如《史记》《汉书》等；子是诸子百家学说，如《孟子》《庄子》等；集是个体或群体诗集辞赋文章，如《乐府诗集》《全唐诗》等。

2. 西方学科起源

西方学科最早来源于七艺，七艺的起源最早可追溯到古希腊时期。大约在公元前5世纪的雅典出现了智者派与前三艺（文法、修辞、辩证法）。后来古希腊哲学家柏拉图新增了后四艺（算数、几何、天文、音乐），并且柏拉图按照"以体操锻炼身体，以音乐陶冶心灵"的原则，把学科划分为初级和高级两类。这可以说是西方学科的一大进步。大约在公元5、6世纪，神学逐渐兴起并强大起来，逐渐位居于世俗政权之上，七艺就被基督教加以改造，从而为神学教育服务。西班牙塞维利亚主教伊西多在《词源学》一书中，把七艺的前三科定名为"三学"，后四科定名为"四学"，七艺至此被固定为学校的课程并一直延续到文艺复兴。

（二）新学科的兴起与大学的发展

1. 七艺的消失与新学科的出现

文艺复兴时期，欧洲开始由封建社会向资本主义社会过渡。在政治上，世俗政权与神权矛盾突出，二者激烈角逐国家的控制权；在经济上，资本主义萌芽，产生新的社会生产领域；在思想上，人文主义盛行，提倡人性，反对神学的禁锢与压迫；在科学领域，近代科学萌芽并发展，自然科学突飞猛进，新的研究领域逐步开拓。伴随社会的进步，新的科学知识激增，七艺已不能满足科学发展需要，因此学科开始分化，如：文法分为文法、文学、历史等；几何学分为几何学和地理学；天文学分为天文学和力学等。到了17、18世纪，学科进一步分化：辩证法分为逻辑学和伦理学；算术分为算术和代数；几何学分为三角法和几何学；地理学分为地理学、植物学和动物学；力学分为力学、物理学和化学，等等。在学科的发展史上，中世纪的七艺处于承上启下的重要地位。正如华勒斯坦所言："'学科'一词持久使用，亦标示知识的组织和生产的历史特殊性。知识的分门以至'一门知识'的含义自古典时代伊始已有根本改变。"

2. 学科与大学相互促进共同发展

现代意义上的大学起源于欧洲的中世纪大学，从中世纪大学的学科构成来看，最初大多是单科性质的。如，萨勒诺大学是医学，博洛尼亚大学是法学，巴黎大学是神学（虽然巴黎大学拥有神、法、医、文四科，但是神学居于绝对主导地位）。中世纪大学之所以多为单科性质的大学，决定因素是这时的科学知识从量和质来看还未超出"神、法、医、文"四科的范围，社会政治、经济、文化、科技等方面的需求还不足以迫使原有学科瓦解，产生新的学科。有学者指出："历史上，作为知识分支的学科是中世纪大学得以产生的基础，现代意义上的制度化学科则大致形成于19世纪的近代大学，学科制度化既是近代大学复兴的动因也是其重要的成果。"可以说大学是建立在学科基础上的，学科是隶属于大学的。大学是由学者（老师和学生）组成的共同体，目的都是为了获得知识而投身于某一学科下。大学亦以学科划分专业，传授不同类别的知识，培养专业人才。如同纽曼所说："如果大学不教一些特定的学科，那么它还能教什么呢？它是通过教授所有的知识分支来达到传授所有知识的目的。除此之外，别无他法。"既然，大学是以学科为基础的学术组织，以专门知识吸引学者和学习者聚集在一起，"高等教育必须以学科为中心。大学是一个由学科和事业单位组成的庞大矩阵，学科也是一种知识劳动的组织方式，是有形的结构。当我们把目光投向高等教育的'生产车间'时，我们所看到的是一群群研究一门门知识的专业学者。这种一门门的知识被称作'学科'，而组织正是围绕这些学科确立起来的"。

（三）学科的构成要素

学科是知识的类别，是相对独立的知识体系，科学知识是学科的核心构成要素。从知识的横向联系看，不同学科的知识是相对独立的，如人文学科、自然学科、社会学科，在它们分支下各有一级、二级学科或者学科方向，每个学科所代表的是不同类别的知识。从知识的纵向联系看，是指同一学科内部不同水平的知识。学科知识的发展也经历了一个"从简单到复杂，从综合到分化，再从分化到综合"的循环往复过程。如教育学知识，从最初的传授生产经验性知识，后来发展培养人的道德和能力的知识，并且借鉴心理学和自然科学的研究方法使教育学知识科学化。教育学学科知识逐渐综合化、复杂化、层次化，今天形成了初等教育、中等教育、高等教育等层次多样、学科齐全的教育学学科知识系统。同时也形成了诸如教育管理学、教育社会学、教育经济学等跨学科的综合化了的交叉学科。这就是学科形成的外部力量。

学科的外部构成要素是指知识与社会的关系。社会即由人组成的社会，社会各方面的需要归根结底是人的需要，人的需要是学科发展的外部动因，人的发展需要什么知识，学科就会朝这个方向发展。学科知识的发展是由学者根据社会的需要，加工已有知识信息，创造新的知识和发展新的领域。社会因素对学科发展的影响主要是通过专业人才的需要实现。今天社会的发展对人才的要求不仅需要有专业才能，而且要有综合能力。这对学科培养人才的影响就是，在学科建设中，既要沿着传统的学科发展路径进行发展，还要通过跨学科、交叉学科等方法培养学生的综合能力，以适应社会发展的需要。

二　当前学科建设存在的问题

(一) 学科建设理论的滞后性

理论作为实践的先导，应该发挥其指导实践的作用，但是"目前在我国的大学里，19 世纪以来的学科制度化思潮仍然在主导着大学的学科建设，甚至可以说，今天我国许多大学里的学科建设仍在沿着 19 世纪以来学科制度化的轨迹在运行"。在学科建设中，由于传统学科发展理论的影响，导致学科建设理论的落后，致使学科在大学中发展缓慢，其应有的作用没有完全发挥出来。今天的科学知识发展可以说"日新月异"，这必然导致学科的分化或综合。如果把学科比喻为一个容器，学科知识就是水，当水超出容器的容量时，就需要一个新的容器来承担，即创建新的学科。迪尔凯姆曾指出："大学并没有在明确的界限内画地为牢，正相反，它受到了鼓励，把眼光尽量放得更远。所以，自此以后，就有了一种根深蒂固的情感，觉得如果大学不包含人的学问的多种分支甚至是所有分支，那么，它将永远不会完成它真正的使命，永远不会实现它真正的特性。它固然只是一种很少能实现的理念，但也是大学努力追求、也被期望去追求的理念。"①

---

① 方光宝：《中世纪的大学精神：基于哈斯金斯与涂尔干的比较研究》，《黑龙江教育（高教研究与评估）》2011 年第 6 期。

制约新学科发展的主要因素是传统学科的标准。当新的学科从原来的学科分化出来，总会面临质疑：它是否符合学科的标准？应该作为原来学科的一个研究领域还是成立一个新的学科？面对质疑，首先要明确的问题是学科的标准是什么。赫斯特指出，能称得上学科的知识体系应该具有如下特征："一是具有在性质上属于该学科特有的某些中心概念；二是具有蕴含逻辑结构的有关概念关系网；三是具有一些隶属于该学的独特的表达方式；四是具有用来探讨经验和考验其独特的表达方式的技术和技巧。"另一个问题是，传统学科标准是否依然适用今天的学科，或者在多大程度上适应今天的学科需要。其实，学科与大学是历史范畴，具有显明的历史性，是人类历史发展的结果。在其历史发展过程中，学科的标准和内涵不是一成不变的，而是随着科学知识和社会的发展而变化。那么，用传统学科标准来看待今天的新学科是否合适呢，是否有必要建立新的学科标准，这即是我们今天讨论学科构建的现实意义所在。

（二）学科建设方法混乱

大学在学科建设中，由于受社会因素的影响，学科建设方法上出现了混乱。主要问题是，在学科建设中，要么是把学科当作领域来建设，要么是把领域当作学科来建设。这种做法反映了当前学科建设理论的模糊性，把学科与领域混为一谈。已有的学科观点认为，学科往往有不可渗透的边界，而领域则是具有可渗透的边界。华勒斯坦认为："不可渗透的边界一般说来是紧密扣连汇聚的学科规训社群的要素，也是那个知识范围的稳定性和整合的指标。可渗透的边界伴随而来的是松散、分布广泛的学术群，亦标志更分散的较不稳定的和相对开放的知识结构。"这种认识是从学科理论的系统性、严谨性角度来说明学科与领域的区别。学科是完整系统的知识体系，在其体系之下，各类知识之间是紧密联系、不可分割、环环相扣的，而新知识的产生亦沿着原有的体系分化出来。学科知识的完整性、独立性，还表现在："学科的边界、它的语言和它特有的概念将使该学科孤立于其他的学科和跨学科的问题。超级的学科性的精神将变成地主的精神，禁止任何外人对他的小块知识领地的侵入。"

从学科的历史发展来看，学科在一定的历史时期内，可以作为独立、完整的知识系统。但是，这并不意味着学科知识的系统是永恒不变的，否则学科就会仅仅停留在哲学门下的"七艺"，就不会有今天众多的学科门类。学科是随着知识和社会的演进而不断变化发展的："在 20 世纪的进程中，学科分化并重组成新的专业，是知识增长的主要形式，这种现象导致了大分化和大汇流。"

（三）学科建设方向不明

学科建设的方向应该以人才队伍建设为核心，学科一切要素的建设始终以人才的成长、发展需要作为出发点和落脚点。但是一些大学在学科建设中，偏离了以人为本的发展方向：简单地认为学科发展就是招聘学术带头人或者著名专家，以为学术带头人的水平就可以代表学科的水平；认为国家重点学科就可以代表本学科发展的高水平；以一级学科博士点、硕士点数量来作为人才培养的主要依据。这种片面的认识，不是个别现象，而是普遍存在于许多高校的办学理念中。其原因有多方面的，其中也有对学科本质概念认识不清的原因。

学科与大学的关系是内容与形式的关系。今天我国的重点大学特别是"985"高校，将大学的发展目标定位成"世界一流大学"或"世界高水平大学"，但是大学在目标定位上没有明确学科的核心地位和作用，而是根据国家政治的需要制定出来的理想中的目标。纵观世界一流大学可以得出这样一种认识：一流大学之所以成为是一流，是因为它拥有一流的学科，而一流的学科汇集了一流的人才队伍，一流的人才队伍对社会作出杰出贡献。因此，大学要想实现其目标，必须以学科建设为核心，而学科建设必须以人才队伍建设为核心。只有始终围绕人才队伍的建设、发展，才能建设一流的学科，利用一流的学科培养一流的人才，最终才能发挥大学为社会培养人才的功能。

三　学科如何回归其本色

（一）理论建设应作为学科建设的先导

1. 跨学科研究

在传统的学科制度下，各学科之间泾渭分明，互不干涉。"学科明显是一种联结化学家与化学家、心理学家与心理学家、历史学家与历史学家的专门化组织方式。它按学科，即通过知识领域实现专门化。"今天，这种专门化的学科制度却严重阻碍了不同学科之间知识的流动与融合，妨碍了知识的创新。我们要大胆跨越原有的学科框架，寻找知识新的增长点，才能更好地促进科学知识的发展。"学科跨越曾经只是众多选项之一。如今它却已成为贯穿各个方面，或者说社会和知识领域的主流，势在必行；而不仅仅只是一种流行或时尚。学科跨越已成为一种重要的思想和行动模式。"沃勒斯坦阐明了他对于跨学科研究的立场："第一，我认为 19 世纪所形成的作为学术领域的各学科的社会建构已经衰退无用了，如今成了严谨的学术研究工作的一大障碍；第二，我认为学科的组织结构依然相当稳固，然而我也认为在知识的整体结构中存在着重要的裂隙，并且只有那些刻意寻找的人才能发现这些裂隙，而这些裂隙对结构的稳定性所产生的破坏作用远比大多数学者想象的要大得多；最后，我认为每种学科文化都能结出丰硕的果实，我们应该取其精华，使其融会（或至少被采用）到社会科学的重建中。"

2. 建立开放的、包容的学科制度

今天我们倡导建设开放的、包容性的社会，那么在学科领域，更需要建立开放的、包容性的学科制度。因为"偏狭的学科分类，一方面框限着知识朝向专业化和日益分割的方向发展，另一方面也可能促使接受这些学科训练的人，日益以学科内部的严格训练为借口，树立不必要的界限，以谋求巩固学科的专业地位。学科制度的优点是能够建立完整而融贯的理论传统和严格的方法学训练，但同时也有使学术体制成为偏见的生产地，以服务自己的利益为尚，建立虚假的权威之虞"①。既然已有的学科制度阻碍了学科知识之间的自由流动与融合，阻碍了知识的创新与发展，那么是否有必要废除学科制度呢？"学科的有效性已在科学史上得到证明：一方面，它为一个技能的领域划定了边界，而没有这个边界认识将变得捉摸不定；另一方面，它为科学研究揭示、提取或建构了特别的对象。"这就需要建立一个既能满足学科互涉又能满足学科专业性的学科制度。

（二）回归以人为本的学科理念

对于学科来说，人才要素是第一位的，也是最核心的。"大学是一个由学者与学生组成的、致力于寻求真理之事业的共同体。"在大学的三项基本职能——传播真理、科学研究、社会服务，无一不是以人为核心，通过人才发挥其作用。伯顿·克拉克认为："主宰学者工作生活的力量是学科而不是所在院校。强调学科的首要性是要改变我们对院校和学术系统的认识：我们把大学或学院看作是国家和国际学科的地方分部的汇集，这些分部更大领域里知识进展、规范准则和习俗惯例输入当地并使它们在当地生根发芽。"既然学者是在学科的制度下从事学术研究，促进科学知识的发展，那

---

① 王建华：《学科制度及其改造》，《高校教育管理》2014 年第 5 期。

么构建以人为本的学科应当成为我们坚守的理念，而只有坚守以人为本的学科理念，学科构建才有可能真正实现。

1. 学科队伍建设

人才队伍是学科建设的核心，只有建设了一支高水平的学科人才队伍，才有可能建设一个高水平的学科。在学科队伍建设中，是以高水平学术带头人作为领头羊，形成一支富有战斗力的学科队伍。学术带头人不仅是作为一块招牌来吸引学者和学生聚集，而且还要发挥学科带头人的引领作用：学科带头人具有深厚的知识功底、敏锐的眼光，能够站在学术最前沿，为学科的发展指明方向；学科带头人自身的修养，往往形成一股向心力，使学科队伍齐心协力，众志成城，富有战斗力；学科带头人本身就是标杆，能够激励团队成员向他看齐，以他为榜样。

2. 学科环境的营造

学科环境的营造必须始终围绕有利于学者的研究来进行，因为学者必须生活在一定的学科环境中，学科环境的好坏、优劣对学者的成长发展起很大的作用。学科环境包括硬环境和软环境。硬环境是指学科的基础设施，如实验仪器、图书资料、实验室等；软环境是指学科的学术氛围，如学术自由、民主、平等等。随着国家经济的迅速发展和对教育的重视进一步增强，硬环境对于国内高水平大学来说，没有太大问题，基本上都能满足学科发展的需要。关键是软环境的建设很难办，因为牵涉的问题太多。如大学行政管理层应该是更好地为学术服务，为师生做好后勤保障，让学者们潜心学问，让学生们安心学习。然而，事实却并非如此，行政权凌驾于学术之上，甚至干涉学术自由，利用职称、薪资等左右学术的发展。这里体现出来的是根深蒂固的传承了几千年的官僚主义思想，这种情况在我国大学是较为普遍的。要想在一夜之间彻底改变绝非易事，只能通过渐进式的一步步改善，逐步营造良好的学术环境，促进学者的发展和进步，进而提高学科的水平和质量。

第二节 论潘懋元的高等教育学科思想①

从理论上讲，作为知识分类的学科，在中西方历史的起源是不同的，这种不同的学科起源与知识观密切相关。从人类发展史来看，学科的发展与知识的精细化即知识的分类关系密切。从学科的起源来看，古今中外的学科无不源于对知识分类的不同看法。从大学发展史来说，学科与大学的关系更加紧密。而在我国，高等教育学作为一门独立学科的出现，既是源于知识分类，又是基于高等教育实践的迫切需要。20世纪五六十年代，潘懋元先生在其丰富的教育教学实践基础上，首倡建立独立的高等教育学科。经过几十年的努力，到20世纪70年代末80年代初，潘懋元先生主编并出版了我国第一部《高等教育学》，系统建构了高等教育学科体系，奠定了高等教育学科发展的理论基础，为高等教育学科发展指明了方向。作为我国高等教育学科的创始人，潘懋元先生在长期的高等教育实践与理论研究基础上，形成了自己的高等教育学科思想，对中国高等教育的实践产生了重要推动和引领作用。先生既注重对高等教育宏观问题的研究，也注重对高等教育微观问题的探讨，很好地将高等教育理论与高等教育实践结合起来，始终坚持理论联系实际。

一 高等教育学科的初创阶段——以建设独立的高等教育学科为目标

随着社会的不断发展与进步，现代高等教育首先在西方国家产

---

① 该文原载《山东高等教育》2015年第8期。

生。"二战"以后，随着西方国家经济的复苏、繁荣，大量退伍军人需要重新就业、新兴产业的迅速发展、新技术革命对人才观念的革新等因素，促使西方高等教育迅速进入大众化、终身化发展阶段。高等教育的经济、政治、文化等功能和对个人、社会、民族、国家的发展与进步的作用也逐渐凸显，因而高等教育成为社会关注的焦点，乃至纷纷上升到国家战略层面。高等教育也由社会的边缘逐步走向社会的中心，其越来越重要的功能和作用，使其成为与社会和谐稳定、民族兴衰、国家强弱息息相关的事业。虽然西方国家最早开始高等教育研究，但西方国家至今并没有把高等教育学作为一门独立的学科来对待，只看作是多学科视角下的一个研究领域。而我国高等教育学科自建立之始即以独立的学科为目标，这是我国高等教育研究与西方高等教育研究最显著的区别，也是我国高等教育学最显著的特色。虽然我国高等教育学科经过 30 多年的大发展、大繁荣，已建设成为以高等教育学为主干，其他数十支分支学科共同发展的学科群，但是，高等教育作为一个学科至今依然面临合法身份的争议。

　　针对高等教育学的学科定位、学科还是领域的争论，潘先生旗帜鲜明地指出："高等教育学由于有它独特的不可替代的研究对象，更由于它有其特殊的不同于普通教育的规律，因而可以构成一门独立的学科。至于理论体系、专门术语、方法论体系等，只有在它的发展过程中不断完善，不断成熟。确切地说，它既是一个研究领域，也是一门正在走向成熟的学科。"① 潘先生为什么坚持在高等教育学初创阶段就以独立学科为目标呢？当时我国高等教育学还不具备成立独立学科的条件，既没有内在的学科理论知识体系为支撑，也没有外在的学科制度为保障。在这种情况下，先生以其敏锐的洞

---

① 潘懋元：《潘懋元文集》卷二，广东高等教育出版社 2010 年版，第 426 页。

察力看到，改革开放后，我国高等教育必将进入大发展、大繁荣阶段。因此，研究高等教育成为理论工作者的必然要求。不以领域而以学科为目标，更是体现出先生目光如炬，见解独特。以独立学科为目标，必然要建立内在的学科理论知识体系和外在的学科制度体系，有章有法，可循可做，理论研究与问题研究并行且交叉发展，相互促进，共同发展，这才是学科发展的正确道路。若单以领域为目标，则其他学科都可以涉足高等教育，提出真、假问题，非但不会解决问题，反而会增加问题。

在整个社会大众、学者还都未认识到高等教育对民族、国家重要性的时候，潘懋元以其理论工作者的责任和担当、勇气和魄力，自觉扛起建设独立学科的大旗。要建立独立的学科，首先要开展学科理论知识的研究与探索，构建学科内在的理论知识体系。1957年，潘懋元主持编写《高等学校教育学讲义》，此书被誉为我国第一本高等教育学著作，具有开创高等教育学历史先河之意义。然而，由于各种原因，此书未引起较大反响。直到1984年，《高等教育学》出版，这本书称得上是高等教育学科意义上的首部力作，它的重要意义在于系统地建构高等教育学科知识体系，为建设独立的学科奠定了理论基础。其次，学科的发展离不开外在的学科组织为保障。在潘懋元积极倡导下，在1992年召开的高等教育学年会上举办了第一次"全国高等教育学学科建设研讨会"，集中讨论高等教育学学科性质、学科体系、理论与实践等问题；1993年召开第二次年会，成立"中国高等教育学会高等教育学研究会"，并以"建设有中国特色的社会主义高等教育理论体系"为主题，讨论学科理论体系建构、高等教育学研究对象、高等教育基本规律、高等学校基本职能；1995年召开第三次年会，以"在当前形势下，需要重新认识的高等教育基本理论问题"为主题，重新认识高等教育的基本理论问题。① 最后，要想实现建设独立的学科这一目标，必然要走理论研究与问题研究并行且相互交叉、相互促进、共同发展之路。1997 年召开全国高等教育学第四次年会，以"高等教育理论研究如何更好地为高等教育改革与发展实践服务"为主题，从此，高等教育研究开始关注现实中的重大问题，不再就学科而论学科，开始关注理论与实践的结合，走上了一条独具中国特色的高等教育学科发展之路。

可以看出，潘懋元在我国高等教育学科还处于初创阶段时，就以独立学科为目标，沿着理论研究与问题研究两条道路齐头并进：一方面是理论研究逐步向纵深发展，在核心概念界定、研究对象、研究方法等学科的关键要素方面取得重大进展，为高等教育学逐步走向成熟的、独立的学科奠定了坚实的理论基础；另一方面是关注高等教育中的重大现实问题，并在解决问题的过程中，促进理论的丰富与发展。正是因为潘懋元开创性的深谋远虑，才有今天欣欣向荣、生机勃勃的高等教育学。

二　高等教育学科基本形成——以人才培养为核心理念

专业人才是高等教育学科发展的核心动力。无论是对于高等教育学还是其他任一学科来说，专业人才始终是学科发展的核心动力，离开了专业人才，学科的发展就会是无源之水、无本之木。因此，高等教育学科建设必以人才培养为核心。按照经典学科范式，构成学科的核心要素是：学科知识体系或理论的逻辑起点、独特的研究对象、独立的研究方法、公认的学术术语和具有代表性的学术著作。但是，经典学科理论的最大缺陷是忽略了专业人才在学科发展中的核心地位和作用，离开了专业人才，学科建设就是一句

---

① 潘懋元：《潘懋元文集》卷二，广东高等教育出版社 2010 年版，第 439—445 页。

空话。

潘懋元以其博大精深的理论知识和多年丰富的实践经验，深刻洞悉现代学科发展之道，认识到经典学科范式的缺陷，独辟蹊径，率先从学科的外在制度建设入手，即建立高等教育学科人才培养制度。以培养高等教育学硕士、博士研究生为起点，逐渐壮大学科研究群体，使高等教育学逐渐发展成为庞大的学科群。潘先生未雨绸缪、高瞻远瞩，从学科发展的长远发展与规划出发，高度重视高等教育学科人才的培养，并成为我国第一个高等教育学硕士、博士生导师。在其精心指导下，先生桃李遍天下，其门下弟子遍布全国高校和研究机构，成为研究高等教育学的主力军。潘先生多次强调，高等教育学科发展离不开专业人才队伍，"高等教育理论工作队伍，不论外国或中国，大量的是来自各门学科的专家，不一定非要'科班出身'不可。但是，一批'科班出身'的人才加进这个队伍，成为专职的教学、科研与管理人员，对于队伍的稳定和发展，对于理论研究的加深与提高，毕竟是强劲的生力军。"[1] 潘懋元以"英雄各有见，何必问出处"的胸襟和气魄，摒弃狭隘的观念（科班情怀），无论是科班出身还是跨学科的学子，无论是从事教学还是管理的学者，只要是以高等教育学为志业，潘懋元均一视同仁，毫无偏见，均悉心指导。先生身上体现的不仅是一代大师的高深学问，更是其人格的独特魅力。

一门学科基本形成的重要条件之一就是以一支专业的人才队伍为支撑。潘懋元以其毕生精力倾注在学科建设和人才培养上。首先，先生作为一名教师，把培养人才视为其天职，经久坚守，从无二心。如今潘先生已然是 95 岁高龄，本应颐养天年，但是潘懋元"老骥伏枥，志在千里"，依然奋斗在高等教育教学、研究的第一

---

[1]　潘懋元：《潘懋元文集》卷二，广东高等教育出版社 2010 年版，第 169 页。

线。潘懋元从教 80 余年，始终站在高等教育前沿，秉承"学而不厌，诲人不倦"的精神，为国家培养了一大批专业人才。其次，潘懋元作为一位前沿理论家，始终走在学术前沿，认识到高等教育人才培养的重要性和特殊性：重要性是指人才是学科发展的动力和源泉，一门学科的建设不是朝夕就可以做到，需要一代代人的不懈努力；特殊性在于人才培养的过程也是培养教师的过程，这种育师于生的做法卓有成效，既培养了一批批的研究生，也培养了一批批的专家学者和教师。

人才培养的过程就是学科组织的形成、发展过程。首先，培养人才需要一个平台，对于高等教育学科来说，就是学位点的设立。在潘懋元积极倡导下，1981 年高等教育学专业首招研究生，1984 年正式列为教育学的二级学科，并批准成立第一个硕士授予点（当时的规定是先招生培养，后报批学位授予点），1986 年才有第一个博士点。① 此后，高等教育学科的硕士、博士点如雨后春笋般迅速成长，成为人才培养的基地和摇篮。其次，人才队伍的发展需要自己的专业组织来凝聚智慧和力量，指导人才的成长，促进学科的发展。中国高等教育学会作为高等教育学的全国性组织，在关键时刻为高等教育学科发展指明了方向：比如第一次年会讨论高等教育学科的成立，第二次年会讨论高等教育学科体系的建构，第四次年会讨论理论如何为实践服务的问题，等等。最后，人才培养需要学术成果展示的舞台——高等教育学学术期刊。目前，高等教育学学术期刊发展迅速，数量大，种类多，为人才学术成果的展示提供了广阔的空间，促进了人才之间相互交流、相互学习，并且相应地提高了高等教育学科的威信和影响力。

伴随在人才培养的过程中，高等教育学科的内在知识体系：高

① 潘懋元：《潘懋元文集》卷二，广东高等教育出版社 2010 年版，第 166—167 页。

等教育学科理论的逻辑起点、核心概念的界定、独特研究方法等学科关键要素的认识不断深化。外在的学科制度：研究组织、研究平台、学科点建设等方面不断成熟与完善，作为一门学科的高等教育学已基本形成。

三　高等教育学科的成熟与完善——以多学科研究为方法

作为一门应用性很强的理论学科，高等教育学的研究必须要通过多学科研究方法进行。

首先，高等教育与社会政治、经济、文化等有着密切的关系，在社会大系统中不断地互动。因此，在先生看来，研究这种复杂的社会现象的高等教育学，必须具有宽广的视野和多种方法。如果只"从某一门学科的观点考察高等教育，只能看到高等教育的一个侧面。在研究高等教育的过程中，对某些问题可以而且必须着重就一个适当的学科观点进行深入探讨，不能眉毛胡子一把抓，但不要忘记同其他学科观点的联系。只有把多门学科观点的研究成果综合起来，比较分析，才能获得比较全面的认识"[1]。进而，他提出了高等教育学的独特的研究方法可能就是多学科研究方法[2]。虽然理论界对这种观点有争议，但是争议并不代表错误，真理越辩越明，有争议反而会增加认识的深度和广度。实践是检验真理的唯一标准，高等教育学30多年的大发展、大繁荣证明了多学科研究的必要性和正确性，正是多学科研究方法为高等教育研究提供了多种研究范式，开辟了新的研究领域，拓展了学者的眼界，促进高等教育学成为体系庞大的学科群。因此，我们要以发展的、长远的眼光来看高等教育学，"高等教育学是正在走向成熟的一门学科，目前没有独特的研究方法并不表示它不存在独特的研究方法，不表示它作为一

---

[1]　潘懋元：《潘懋元文集》卷二，广东高等教育出版社2010年版，第214—215页。

[2]　同上书，第215页。

门学科的不成立"①。

其次，由于高等教育学是一门正在走向成熟的学科，其自身理论的不成熟、不完善是客观存在的，这种缺陷会影响到对问题的认识与解决。因此，多学科研究方法成为高等教育学走向成熟与完善的捷径。今天的高等教育早已走出"象牙塔"，与社会的联系日益紧密，相互作用也愈加明显。显然，高等教育的问题已不再仅仅是高等教育的问题，而是"牵一发而动全身"，与社会、民族、国家紧密相关的问题。比如，研究高等教育的结构问题，不仅关系到高等教育的内部结构，而且还会与社会的产业结构、国家经济结构转型等问题密切相关。对此问题的认识，不仅需要运用高等教育学的理论，而且还需要运用经济学、社会学等学科的理论。我们对一个问题的认识，如果只有一个角度、一种方法就会陷入"只见树木，不见森林"的狭隘境地。而运用多学科研究方法，就会达到"横看成岭侧成峰，远近高低各不同"的效果，必然会对问题的认识更加全面、深刻。

既然高等教育在理论研究上与现实问题解决上都需要运用多学科研究方法，那么就有必要对多学科研究方法进行系统的梳理与总结，使其上升为科学的研究方法。潘懋元受伯顿·克拉克《高等教育的观点：八个学科的比较观念》的启发，于 2001 年主持编写了《多学科观点的高等教育研究》，从历史学、哲学、心理学、文化学、科学学、经济学、社会学、政治学、管理学、系统科学、比较教育学的观点和方法对高等教育进行系统的研究。此书不但解决了高等教育学科没有独特研究方法的问题，而且还确立了多学科研究方法在高等教育研究中的身份和地位，开启了运用多学科研究方法研究高等教育的潮流，引领众多学者从各个不同的学科视角与运用

---

① 刘小强：《走出一条学科建设的新路子——潘懋元高等教育学学科建设思想评析》，《高等教育研究》2011 年第 8 期。

多学科研究方法研究高等教育，加深了高等教育研究的深度与广度。

有学者在评论先生的多学科研究方法时指出："他没有坚持传统学科单一独特的研究方法，而是根据大科学时代学科交叉融合的发展趋势，强调了多学科方法对于高等教育学的适用性，在高等教育学学科建设上打开了研究方法多元化的大门。他还从高等教育本身的特点出发，论证普适性的多学科研究方法对高等教育学不同于其他学科的特殊意义。将'多'与'一'结合起来，尝试将多学科方法作为高等教育学的独特方法，从而走出专门方法的窘境。"[1]

潘懋元开创的多学科研究方法的意义与作用，不仅在于促进了高等教育学科逐步走向成熟与完善，而且还促进了大科学时代学科之间的交叉与融合，推动了大科学时代学科交叉融合发展的趋势，也为其他新兴学科的发展提供了借鉴。

四　高等教育学科建设的深化——高等教育理论与实践的紧密结合

理论与实践相结合，是马克思主义辩证唯物主义的方法论。这是一条既浅显易懂又放之四海而皆准的法则。但是，在现实中高等教育研究面临的主要问题有两个：一是理论脱离实际，内容贫乏，理论空乏，教条味重；一是实际脱离理论，铺叙事实，就事论事，发表局部经验或个人感想，以偏概全，不能上升到一般理论上来。[2]

如何才能避免理论与实践的脱节，在理论与实践之间找到契合点，是高等教育研究始终不能回避的问题。潘懋元在大量的实践经

---

[1]　刘小强：《走出一条学科建设的新路子——潘懋元高等教育学学科建设思想评析》，《高等教育研究》2011年第8期。

[2]　潘懋元：《潘懋元文集》卷二，广东高等教育出版社2010年版，第118页。

验和深厚的理论功底基础上得出了结论："在求真与求用的问题上，我认为，总的原则应该是在求真的前提下求用。既要坚持真理，又要心中有个实际，把科学性与可行性结合起来，用科学的理论解释、说明或论证实际现象或问题，并根据主客观实际条件，探讨解决问题的可能途径或方案。"①

理论是实践的基础，实践是理论的生命之源。研究理论的出发点在于指导实践，实践的过程又是理论发展的新动力，二者相互促进、相互发展，最终是以实践为出发点和归宿点。因此，潘懋元多次强调理论要为实践服务，努力在高等教育研究中，形成鲜明的问题意识，倡导理论研究要建立在中国高等教育现实存在的重大问题、热点问题上，力求避免理论研究中的"大、空、洋"："大"就是题目大、口气大，认为别人的研究一无是处，只有自己的理论是"填补空白"的；"空"即空对空，研究的结论纯粹是理论推导出来，空话连篇；"洋"就是喜欢搬洋人的话，以壮大自己的声势。② 理论研究者最容易陷入"坐而论道"的窘境，针对理论研究脱离实际的情况，有学者鲜明指出理论与实践结合的重要性："理论研究虽然重要，但最终却要回到实践中去，离开实践，这样的理论是苍白的，是没有说服力的，是空想，是脱离实际的，是不被人们所认可的。因此，关注并解决实际问题，也是理论工作者的重要任务。"③

子曰："君子欲讷于言而敏于行。"潘懋元非但不讷于言，而且既敏于言又敏于行，最好的例证就是高等教育外部关系规律的提出。从高等教育学与普通教育学的关系来讲，高等教育学与普通教

---

① 潘懋元：《潘懋元文集》卷二，广东高等教育出版社 2010 年版，第 180—181 页。

② 潘懋元：《深入浅出　由博返约——潘懋元教授谈高等教育研究》，《教育研究》2001 年第 11 期。

③ 车如山：《论潘懋元先生高等教育思想的实践品格——兼论理论工作者的社会责任》，《中国高教研究》2010 年第 10 期。

育学存在着内在的、本质的联系，二者同属于教育科学，且高等教育学是教育学的下位学科。因此，高等教育研究最开始是按照普通教育学的理论来展开，是在模仿普通教育学的概念、范畴、教材、理论体系的基础上建立高等教育学科理论体系。这在当时是合理的，因为任何事物都不会凭空产生，都是历史发展的结果，高等教育学需要在萌芽阶段借鉴普通教育学的成果。当时理论界普遍认为，高等教育学与普通教育学的区别不过是在"教育学"前面加上"高等"二字，这也是为什么先生的第一本高等教育学著作是《高等学校教育学讲义》，而第二本高等教育学著作却成了《高等教育学》。其中变化的不仅仅是名称，更重要的是对高等教育的特殊性认识更深刻、更准确。转变的原因在于，随着社会的变革与发展，高等教育由精英教育向大众教育转变，原有的普通教育学理论已不能解释高等教育学特有的现象与问题。潘先生以深厚的理论功底并结合多年的实践经验，准确把握高等教育与社会的政治、经济、文化等方面存在的内在的、本质的必然联系，将其总结上升为高等教育的外部关系规律：教育必须受一定社会的经济、政治、文化所制约，并为一定社会的经济、政治、文化的发展服务。高等教育外部关系规律的提出，促进高等教育向纵深发展，这正是先生坚持理论与实践结合的成果。

五　高等教育学科的飞跃——中国化与国际化相结合（独立与依附的关系）

在全球化大背景下，世界各国的经济、政治、文化等领域交流频繁，在对外交往中，最终目的都是为了在相互学习、借鉴的过程中为国家发展服务。高等教育作为社会的重要部分，且位于社会系统的中心位置，当然不能在全球化浪潮中置身事外。进行高等教育学科建设，非但不能闭门造车，反而需要以更加开放、包容的姿态加强与国外的交流，充分认识到自身的不足，认真向国外学习，既是必要的，又是正确的。

但是，随着西方经济学领域的"依附理论"的兴起并逐渐渗入到高等教育学领域，其中以美国学者阿特巴赫为代表，其观点认为：西方发达国家与第三世界国家之间在教育上存在控制与被控制的不平等关系，并指出广大第三世界国家在世界学术系统中处于边缘地位，发展中国家对发达国家在教育和学术领域存在不可避免的依附甚至是依赖，这样一种文化和学术领域的"国际格局"短时间内不可逆转，第三世界国家发展教育只能走依附性发展的道路。[①]这种站在"西方中心主义"立场的观点出现在西方社会无可厚非，奇怪的是国内一些学者自觉、不自觉地被"西方中心主义"所同化，非但不能自觉抵制"文化殖民主义"，反而为"西方中心主义"摇旗呐喊。这种不顾我国实际，不加批判地、盲目地向西方学习，以西方标准为标准的做法，必然会给我国高等教育的发展带来极大的阻碍，甚至会危害到民族文化的独立与自主。面对"依附理论"带来的问题，潘懋元在关键时刻又一次站在时代的前沿，呐喊出我国高等教育学最强音，为我国高等教育学的发展指出一条独具中国特色的道路："中国高等教育学理论，要立足社会主义的中国，也要面向世界，面向未来，要使中国的高等教育学，能够在世界高等教育领域以其特色而形成有影响的学派，与西方某些高等教育理论比高低、争长短，能为世界高等教育理论的发展作出我们的贡献。"[②]这充分体现了潘懋元作为一名中国知识分子的骨气与志气，作为一代大师的胸怀与魄力。

潘懋元以学者的责任和担当，自觉捍卫民族学术的独立，一针

---

① 潘懋元、陈兴德：《依附、借鉴、创新？——中国高等教育学科建设之路》，《北京大学教育评论》2005 年第 1 期。

② 潘懋元：《潘懋元文集》卷二，广东高等教育出版社 2010 年版，第 445 页。

见血地指出："依附理论的一个重要缺陷，就是将学习作片面的理解，认为只要是后来者对先行者的学习就是依附，只要是发展中国家向发达国家学习就是依附，混淆了主动借鉴和被动依附的本质区别。依附，讲的是丧失自我意识，被动地学习；而借鉴，则是主动地学习。所以，主动学习是借鉴，被动学习是依附，这是一个基本的判断标准。"[①] 要想认清高等教育学的中国化与国际化，独立与依附的关系，必定要始终站在民族、国家的立场才能看清问题。因为我国高等教育学的根在中国、理在中国、学在中国、用在中国，在独立与依附的关系上，在学习与借鉴的关系上，必定要坚持"以我为主，为我所用"的观点，坚信"只有民族的，才是世界的"，必定要坚持辩证的观点、批判的眼光来看问题，切不可盲目、自卑，用一句话来总结就是："亦步亦趋，终为奴仆；借鉴超越，方成主家。"[②]

今天，我国高等教育学科的内在知识体系与外在制度均已基本形成，并逐渐完善，正在走向成熟的独立的学科。但是，要想实现高等教育学科质的飞越，必须走中国化与国际化相结合的道路。我国是名副其实的高等教育大国：拥有世界上规模最大的高等教育群体，丰富的研究成果与庞大的研究机构。但是，高等教育整体质量不强，我国高等教育只占数量优势，没有质量优势。因此，我们只能称之为高等教育大国，而不是高等教育强国。要想实现高等教育的强国梦，实现高等教育质的飞跃，走国际化道路是必不可少的。

走国际化道路，首先，必须分清"国际化"与"西方化"的区别："国际化"不仅包括西方发达国家，而且还包括广大发展中国家与相对落后的国家，而"西方化"则单指西方发达国家。因

---

① 潘懋元、陈兴德：《依附、借鉴、创新？——中国高等教育学科建设之路》，《北京大学教育评论》2005 年第 1 期。

② 杜祖贻：《借鉴超越：香港学术发展的正途》，《比较教育研究》2000 年第 5 期。

此，在高等教育走出国门，走向世界时，目光不应只盯着欧美发达国家，也应该向发展中国家甚至落后国家取长补短。其次，在价值取向上：既不能过分自信、孤芳自赏——"民族本位主义"；也不能过分自卑而抬不起头——"民族虚无主义"。这两者的价值取向都不可取，因为没有根据我国高等教育学科的实际情况，忽略了我国高等教育学的优点与缺点。最后，立场要坚定。必须明确，开展国际交流的目的是为了促进我国高等教育学的发展。必须不断在增强民族文化自信的过程中，虚心学习别国成功经验，弥补自身不足。只有真正走中国化与国际化相结合的道路，正确认识独立与依附的关系，才能真正实现高等教育学科质的飞越。

按照马克思主义唯物史观，人民群众才是历史的真正创造者，但是，我们不能否定一些关键人物在历史的关键时刻，对社会、民族、国家的发展作出了巨大的贡献，产生历史性的影响。改革开放后，我国进入一个新的历史发展时期，潘懋元正是在社会新的发展时期，以"敢为天下先"的勇气和魄力，以学者的使命和担当，率先扛起建设高等教育学科的大旗。潘懋元对我国高等教育学科发展贡献了不可磨灭的贡献，诚如学者张应强教授所言："世界教育学界不乏声名远播、学术思想影响深远的教育学家，但以一个学者的身份，而能领导一个国家的一门学科从无到有、从小到大、从弱到强而欣欣向荣的，除了潘懋元先生之外，恐怕找不出第二个。"① 为此，潘懋元一生孜孜以求，以学术为志业，上下求索，永不止步，带领中国高等教育学走出一条独具中国特色的高等教育发展之路，为我国高等教育的大发展、大繁荣作出杰出贡献，从某种程度上说，没有潘懋元的辛勤耕耘，就没有中国高等教育学科的今天。

① 张应强：《像潘懋元先生那样做高等教育学大学问》，《高等教育研究》2010 年第 8 期。

第三节　西南联大对我国当前建设世界一流大学的启示①

诞生于战火硝烟中的西南联大，在最艰苦的条件下创办了最好的大学。正如约翰·依色雷尔说："西南联大是中国历史上最有意思的一所大学，在最艰苦的条件下，保存了最完好的教育方式，培养了最优秀的人才，最值得人们研究。"② 在其办学的九年时间里，弦歌不已，笔耕不辍，治学不止，成就斐然，培养了一大批杰出人才，取得了我国乃至世界一流的学术成果。笔者探究了西南联大取得成就的原因，对于当今我国创办世界一流大学有重要启示和借鉴意义。

一　先进的大学理念为引导

大学理念就是大学的灵魂．是关于大学本质理性的思考，它引领大学的前进方向。世界一流大学都有自己独特、先进的大学理念。如"哈佛大学的校训是：'Let Plato be your friend, and Aristotle, but more let your friend be truth.' 它的中文则译为：'与柏拉图为友，与亚里士多德为友，更要与真理为友。'"③ 正是在先进、独特的大学理念引导下，哈佛大学才能一直长盛不衰，位居世界一流大学前列。西南联大作为我国高等教育史上的一颗璀璨明珠，是在其先进独特的大学理念引导下，创造了我国高等教育史上的辉煌成就。

1. 通识教育理念

通识教育理念是指：要学生具备宽泛的不同学科知识，能够融

---

① 该文原载《文教资料》2015 年第 9 期。

② 转引自洪德铭《西南联大的精神与办学特色（上）》，《高等教育研究》1997 年第 1 期。

③ 刘道玉：《论世界一流大学的建设——从创造性与大学精神谈起》，《高教探索》2004 年第 2 期。

会贯通，最终达到完人的目的。通识教育理念贵在"通"，即学生所学知识不应局限于本学科本专业，还要广泛涉猎其他学科知识，并且以本学科知识迁移运用到其他学科。梅贻琦在《大学一解》中对通识教育理念作了阐释，他认为："通识，一般生活之准备也，专识，特种事业之准备也，通识之用，不止润身而已，亦所以自通于人也，信如此论，则通识为本，而专识为末；社会所需要者，通才为大，而专家次之。以无通才为基础之专家临民，其结果不为新民，而为扰民。此通专并重未为恰当之说也。"① 在此，梅贻琦关于"通""专"的观点是：通识为本，专识为末。通识教育理念，核心在"通"，以"一道贯之之道"，强调运用知识的能力。

对于今天的大学来说，过于重视专业教育，忽视通识教育，造成学生"专"有余而"通"不足，通不足则后发力不足，故联大的通识教育理念对我国创建世界一流大学依然具有启示意义。

2. 大师理念

什么是大学？用梅贻琦的话说："所谓大学者，非谓有大楼之谓也，有大师之谓也。"②

正是在大师理念的指引下，联大对大师一直孜孜以求，想方设法聘请国内外学术大师。人文学科有朱自清、闻一多、刘文典等；社会学科有费孝通、潘光旦、陈达等；自然学科有王竹溪、吴有训、华罗庚等。梅贻琦曾说："吾人应努力奔赴第一事，盖为师资之充实；大学之良窳，几乎全系于师资与设备充实与否，而师资为尤要。"③ 正是联大始终把大师放在第一等重要地位，求贤若渴，使联大成为"囤积教授"的地方。

大师，是一所大学的精神旗帜，只要有大师在，大学的精神就

① 刘述礼、黄延复编：《梅贻琦教育论著选》，人民教育出版社1993年版，第10、105、132页。

② 同上书，第10、105、132页。

③ 黄延复：《梅贻琦教育思想研究》，辽宁教育出版社1999年版，第137页。

在。在联大，每个学科都有我国乃至世界级的领军人物。如数学系的陈景润，其学术成果《堆垒素数论》已达世界先进水平；闻一多的《楚辞校补》使当时国内楚辞研究达到最高水平；钱穆的《国史大纲》更是史学界的大作，是抗战时期发行最广、影响最大的国史著作。联大的大师以一流的学术成果奠定了联大在国内和国外的地位，对于今天我国的大学来说，大师理念不仅没有过时，反而更重要。

3. 坚持思想自由、学术独立的办学理念

冯友兰在《国立西南联合大学纪念碑碑文》中说道："西南联大以兼容并包之精神，转移社会一时之风气，内树学术自由之规模，外来民主堡垒之称号，唯千夫之诺诺，作一士之谔谔。"[①] 学术独立、思想自由是大学的命脉所在，大学的本质在于追求高深学问，没有独立的学术、自由的思想，大学就成了无源之水，无本之木。自蔡元培任北大校长，秉承"循思想自由之原则，取兼容并包之主义"，对北大进行大刀阔斧的改革，使思想自由、学术独立的种子在我国高校生根发芽，一直延续到西南联大。联大校长梅贻琦表示："对于校局则以为应追随蔡孑民先生兼容并包之态度。以恪尽学术自由之使命。昔之所谓新旧，今之所谓左右，其在学校均应予以自由探讨之机会。此昔日北大之所以为北大，而将来清华之为清华。正应于此主义也。"[②] 正是联大的自由、活泼的学术氛围使得联大师生无所不思、无所不想，敢于发出不同的声音，表达自己独特的观点。在联大，才是真正实现了学术上的"百花齐放，百家争鸣"。

---

① 西南联合大学北京校友会：《国立西南联合大学校史》，北京大学出版社 2006 年版，第 73 页。

② 刘述礼、黄延复编：《梅贻琦教育论著选》，人民教育出版社 1993 年版，第 10、105、132 页。

二 高水平的师资队伍为基础

1. 学贯中西的大师

何谓大师？必是博通古今、学贯中西、德才兼备之人。在联大，大师云集，人才辈出。如联大陈寅恪先生，被誉为"教授中的教授""史学界泰斗"，之所以有如此崇高的地位，是因为先生不仅精通国内外史学、文学、通晓十几种语言文字，而且先生以其对学术严谨的态度赢得称赞。在联大，不仅是大师学贯中西，普通教授也是。据统计，在"1945 年，在联大的 179 位教授中，曾留美的有 97 位，留欧陆的有 38 位，18 位留英，3 位留日，23 位未留学"①。这就奠定了联大高水平的师资队伍基础，为联大培养高水平人才提供了先决条件。

2. 不拘一格降人才

在联大，无论是老师还是学生，唯才是举，不计出身，不论学历，不比资格。只要有才华，有能力，就会有机会施展才能，就能受到重用。"联大的教师中既有留学欧美，获得博士、硕士学位的教授。又有不少学历不高，但才华出众的学者，如国学大师陈寅恪、钱穆没有大学学历，数学家华罗庚只有初中学历，文学家沈从文只上过小学，但他们大都有出国深造的经历，此丝毫不影响他们当联大的教授。"②

联大关于教授职称的评定是灵活的，不像今天死守教条，而是尊重人才的发展特点，制定出符合实际的措施，激励教师认真教学、踏实研究，恪守教师之本，使得教师安心教育，而踏实能干者亦获得应得的奖励。"凡是在教学中有突出成绩被全院或全系师生

---

① 王喜旺：《学术与教育互动：西南联大历史时空的观照》，山西教育出版社 2008 年版，第 73 页。

② 丁群安、黄亲国：《西南联大的办学实践及其启示》，《南昌航空工业学院学报》（社会科学版）2005 年第 4 期。

公认，并在科研方面有学术专著或创造发明的讲师，均可提升为副教授；凡教学有特殊成绩为全院或全系师生所公认，并在科研方面有重要学术贡献或重要发明的副教授，可提升为教授。"① 正因为联大不拘一格降人才，才使得联大能够人才辈出，取得丰硕的成果。

三　自强不息的民族精神为支撑

《孟子·滕文公下》载："富贵不能淫，贫贱不能移，威武不能屈，此之谓大丈夫。"这种自强不息的民族精神和气节一直支撑着中华民族的延续和发展。每当面临民族危机、国家危亡的时刻，吾国"大丈夫"便以此精神挺起民族的脊梁，力挽狂澜于大厦将倾。

联大的师生在民族危亡时刻，自觉扛起了自强不息的民族精神旗帜。联大师生冒着生命危险，冲破敌人封锁，历尽千辛万苦，从华北转移到华中再到西南。联大师生之所以甘愿吃苦受罪，是因为他们不屈服于侵略者的武力，不甘于民族文化中断。联大师生怀抱"中兴业，需人杰"理想，坚信"楚虽三户，亡秦必楚"之抗战必胜的信心。虽然，当时我国山河破碎、烽烟四起，但是，联大的师生始终保持昂扬的斗志，坚信最终的胜利属于中华民族。联大师生的精神风貌，张曼菱概括道："西南联大师生们有一个总体情结，也可以说是'南渡情结'。他们'万里长征，辞却五朝宫阙'含着深重的国恨家仇，为国教书和读书于昆明。他们有保存民族文化之命脉，有寻求现代化科技以强国力，有倡呼民主以促社会进步，还有直接投军去筑血肉长城的种种不同，那段在昆明的生活成为一代知识分子共分国忧的大人生。"②

"坚毅卓绝"的校训，塑造了联大师生自强不息的人格。短短

---

① 姚成福：《西南联大办学理念辨析》，《社科纵横》2006 年第 1 期。
② 转引自韩小蕙《读人记》，文化艺术出版社 2001 年版，第 279 页。

四个字的校训，饱含联大师生的辛酸与泪水。首先，联大师生没有安全的环境学习和研究。昆明常常遭到日军的轰炸，因而"跑警报"成为联大的一道特色的风景。即使在这样危险的情况下，联大师生依然进行正常的教学和研究。其次，联大的师生没有基本的物质保障。在战时昆明，物价越来越高，物资匮乏，师生都面临吃不饱、穿不暖的境地。闻一多先生挂牌刻印，朱自清先生没有过冬棉衣而穿赶马人的蓑衣，许多老师沦落到典卖书籍度日的境地。最后，联大的师生面临政治迫害。抗战中，联大作为国内最高学府。影响力甚大，自然成为国民政府的重点监视对象。国民政府加紧对高校师生的思想控制，企图以国民党的信仰控制高校，进而对进步青年和教师进行政治迫害。

我国建设世界一流大学，不缺物质条件，缺的是现代大学理念和自强不息的民族精神。联大的办学经验可以提供有益的借鉴。

第四节　我国建设一流大学的历史回顾与展望

教育是民族振兴、社会进步的基石，以科学研究、人才培养、社会服务和文化传承为主要职能的高等教育的发展水平更是一个国家科学文化水平和综合国力的重要体现。纵观西方主要发达国家的兴衰史，我们不难发现，其发展的历史与高等教育中心的几次转移不无关系，国家的命运走向都与其一流大学紧密联系在一起，一流大学在民族复兴、社会进步、文化繁荣和国家崛起中都肩负了重大使命，担当了重要角色。经济社会的持续发展和日益激烈的国际竞争使得建设世界一流大学业已成为我国国家发展战略的必然选择：1995年，国家着手实施"211工程"建设，尝试探索建设世界一流大学；1998年，又在"211工程"的基础上启动"985工程"，加速建设世界一流大学的进程；2011 年，推出了"2011 计划"，进一步加快建设世界一流大学的进程；2015 年，国务院正式出台《统筹推进世界一流大学和一流学科建设总体方案》，使得我国世界一流大学建设进入冲刺阶段。本文通过对这几次高等教育重大战略举措的分析，回顾我国建设一流大学的历程，对我国建设一流大学过程中的路径选择和路径转变尝试作出一些概括、分析和总结，并在此基础上，展望我国建设世界一流大学的前景。

一　"211 工程"——建设世界一流大学的"试金石"

"211 工程"即面向 21 世纪、重点建设 100 所左右的高等学校和一批重点学科的工程。该项工程是面向 21 世纪的头号教育工程，是新中国成立以来由国家立项，在高等教育领域首次进行的规模最大、层次最高的重点建设工程[①]，其目标直接指向世界一流大学，可称为我国建设一流大学的"试金石"。

（一）"211 工程"的诞生

"211 工程"是国家在世纪之交综合分析国内外形势之后贡献的重大战略举措。一方面，20 世纪 90 年代末期，改革开放的深入、市场经济的确立以及国民经济的迅速发展在给我国高等教育带来了难得的发展机遇的同时，也对高等教育水平提出了更高的要求，我国高等教育急需在原有发展水平的基础上作出更大变革。另一方面，随着知识经济时代的来临和全球化的深入发展，国际竞争的实质越来越成为教育、科技和人才等方面的竞争，科学技术成为第一生产力，科教兴国战略被提出，而这一战略必然要求高等教育更多地承担起科学研究与人才培养的重大责任和历史使命，建设一流大学、培养一流人才、产出一流研究成果也成为科

[①]　中华人民共和国教育部：《211 工程简介》，http://www.moe.edu.cn/s78/A22/xwb_left/moe_843/moe_846/tnull_33122.html，2008 - 04 - 07/2016 - 06 - 19。

教兴国的应有之义。①

"211 工程"自 1990 年开始酝酿，直到 1995 年，经国务院批准，原国家教委、原国家计划委员会和财政部联合发布了《"211工程"总体建设规划》。这一指导性文件的下发标志着"211 工程"正式拉开帷幕。

（二）"211 工程"的实施和成效

在《总体建设规划》的指导下，"211 工程"配合第九个五年计划开始正式实施，前后共有 112 所大学入选"211 工程"高校名单，它们成为国家集中各方力量重点开展一流大学建设工作的平台，该项工程大体上经历了"九五"期间"打基础"、"十五"期间"上质量、上水平"和"十一五"期间"求突破"这样一个循序渐进的过程。②"211 工程"由国家统筹规划和领导，工程三期建设资金共约 383.58 亿元，其中，国家专项资金约 184.05 亿元，其他资金分别来源于部门和地方投入以及学校自筹。在整个"211 工程"建设中，国家始终引导 211 高校以重点学科建设为核心、以改善和提升学校整体条件为基础、以构建和不断完善高等教育公共服务体系为依托开展重点建设工作。

经过三期建设之后，"211 工程"在学科建设上取得了显著成就。在基础性学科、应用性学科以及交叉学科等学科领域共确立了1073 个重点建设的学科项目。学科建设取得的重大突破：（1）重点建设的学科项目研究成果显著。基础学科如中国科学技术大学的物理学科发展迅猛，在国际上第一次成功进行了量子博弈实验；又如复旦大学的历史地理学，研究人员成功开发了可以覆盖中国两千多年来疆域政区变化的所有地图的历史地理信息系统；一批应用学

---

① 袁贵仁、郭新立：《中国高水平大学建设之路——从 211 工程到 2011 计划》，高等教育出版社 2012 年版，第 7—10、16、49—54、5 页。

② 同上。

科如中南大学的材料学，在高性能炭航空制动材料的制备技术方面取得重要研究成果；一批新兴交叉学科获得发展机会，在实现国家发展战略、解决国民问题等方面发挥重要作用。（2）部分高校的学科模式得到创新，形成特色学科群。南京大学受我国建设经济特区的启发，率先在国内开展"学科特区"建设，对先后成立的5个学科特区给予特殊的政策和资金支持以促进重点学科的发展，为之后其他高校学科建设提供了可借鉴的经验和模式。（3）部分学科已达到或接近国际先进水平，到2005年，我国已有21所"211工程"高校的75个学科进入了ESI数据库的前1%，如清华大学的材料学学科、北京大学的化学学科以及同济大学的桥梁工程学科等。①

　　1995年是世界互联网规模进入高速扩张阶段的起始时间，也是"211工程"开始正式实施的一年，"211工程"依托互联网建成了高效快捷、与世界同步的高等教育公共服务体系，工程期间建成的中国教育和科研计算机网、中国高等教育文献保障体系以及高等学校现代化仪器设备共享系统等在促进高校之间的信息沟通、资源共享和推进高校教育内容、教学方法以及手段改革等方面起到了不可替代的作用，大学校园迈入信息化时代。同时，"211工程"建设使得重点高校的整体条件得到极大改善，在政策的支持和资金的扶持下，211高校的教学和科研基础设施得以完善，为学校开展一流的教学和科研活动提供了良好的硬件条件；国家实施的大规模人才引进计划（如"长江学者奖励计划"）以及相应的体制机制改革充实并稳定了高校教师队伍、提高了教师素质，一流师资队伍的建成又为高校的发展提供了良好的人力条件，在硬件设施日益完备、教师队伍日渐壮大、体制机制日益完善的基础上，随着1999年高校大扩招的开始，211高校的本科生、研究生和留学生数量大幅增

---

　　① 《教育部介绍"211工程"建设成就及三期工程情况》，http：//www.gov.cn/xwfb/2008 - 03/26/content_928987.htm，2006 - 03 - 26/2016 - 06 - 19。

加，高校规模不断扩大。

"211 工程"的实施为重点大学和重点学科的快速发展创造了机会和条件，该项工程确立的以学科建设为核心的指导思想成为我国建设一流大学一以贯之的准则，"211 工程"是我国建设一流大学卓有成效的探索。

二 "985 工程"——建设世界一流大学的"加速器"

"985 工程"即建设世界一流大学和高水平研究型大学，也被称为"世界一流大学"工程，是在"211 工程"基础上进行的改革力度更大的高等教育系统工程，工程的实施使得一批高校的教育水平和国际地位迅速得到提升，可看作我国建设一流大学的"加速器"。

（一）"985 工程"的诞生

"985 工程"是国家在世纪之交，在"211 工程"已经正式实施的背景下贡献的又一重大战略举措。一方面，"211 工程"实施所取得的成就唤醒了已经获得较大发展的高校提升自身办学质量和水平、参与国际竞争、建设世界一流大学的意识。但与此同时，我国重点建设的高校无论是在设备条件、师资队伍、学术水平、人才培养、体制机制方面，还是在国际影响力等诸多方面都与世界一流大学存在很大差距，我国的一流大学之路才刚刚开始，国家需要在"211 工程"实施的基础上"加大马力"，开展一项力量更为集中的、改革力度更大的、改革成效更显著的建设，并使之与"211 工程"相互配合、发挥合力，加速世界一流大学的建设。另一方面，伴随着 21 世纪知识经济社会的到来，国际竞争日益激烈，通过建设世界一流大学提高我国的国际地位，成为我国高等教育在新时代的重要发展目标，而这一目标的实现需要国家层面更多的实质性支持。

1998 年 5 月 4 日，时任国家主席江泽民在北京大学建校 100 周年大会上发表重要讲话，指出："为了实现现代化，我国要有若干所具有世界先进水平的一流大学。"1999 年，国务院批准教育部《面向 21 世纪教育振兴行动计划》，"985 工程"正式启动。[①]

（二）"985 工程"的实施和成效

"985 工程"从 1999 年开始正式实施，国家前后在 211 高校的基础上进一步遴选了 39 所发展势头强劲的高校列为 985 高校，对这 39 所高校的建设成为国家建设世界一流大学的重中之重。工程采取国家、部门（主要指有关主管部委或地方政府）和高等学校三级管理模式，经历三期建设，投资巨大。仅在第一期建设中，国家就投入专项资金 145 亿元用于支持当时 34 所高校的重点建设，足见"985 工程"在国家发展中举足轻重的战略地位。各 985 高校在国家战略的指引下，积极开展体制机制创新、建设一流的教师队伍、管理队伍和技术支撑队伍、推进平台建设、强化条件支撑、提高参与国际交流与合作的能力。[②] 在"985 工程"的带动下，重点高校一流大学建设取得了巨大成效。

在体制机制创新方面，985 高校积极推进多种形式的共建，在提升地方经济社会发展能力的同时，更增强了共建高校的服务意识，使高校发展方向更明确、优势更显著；985 高校逐步形成的政府宏观管理和学校依法自主办学相结合的管理模式，激发了高校的办学活力，各高校逐步走上特色化发展道路。

在学科建设方面，各重点高校积极探索建立创新型学科和科研管理体制，使重点建设的学科得到了跨越式发展。在队伍建设方面，教育部实施"高层次创造性人才计划""高等学校学科创新引

---

① 教育部：《985 工程简介》，http：//www. moe. gov. cn/s78/A22/xwb_left/moe_843/s6183/201112/t20111230_128828. html，2011 – 12 – 30/2016 – 06 – 19。

② 教育部：《高等教育：从"211 工程"到"2011 计划"》，http：//www. moe. gov. cn/jyb_xwfb/moe_2082/s6236/s6688/201210/t20121026_143677. html，2012 – 10 – 26/2016 – 06 – 19。

智计划"（简称"111计划"）和"基础学科拔尖学生培养试验计划"（简称"珠峰计划"）等一系列人才战略，引领重点建设高校走上了人才强校道路。

在平台建设（其实质同样为学科建设）方面，"985工程"建立的科技创新平台在提高高校创新能力的同时，也提升了其承担国家重大任务、开展高水平国际合作的实力，此外，国家于2006年启动"985工程优秀学科创新平台"建设作为"985工程"的配套工程，提升了行业特色型大学全国顶尖优势学科的水平，推动了世界一流学科群的形成；"985工程"哲学社会科学创新基地的建立使得受"冷落"的人文社会科学获得了较为广阔的发展空间，39所高校聚集了全国70%以上的人文社科类国家重点学科和2/3的人文社科研究基地，产出一批具有一定影响力的哲学社会科学创新成果，提供了一批高质量的咨询报告和政策建议，在中国社会、政治、经济、文化等方面的重大政策和法律法规制定过程中发挥了一定的作用。

在条件支撑方面，985高校利用充足的资金建设了配置合理、设施完备的教学科研用房，提高了教学科研的信息化和数字化程度。最后，在国际交流合作方面，各高校积极培养国际化人才、接受国际留学生，聘请世界著名学者来校讲学、开展合作研究，与世界各国开展国际合作项目等，这一系列举措有力地推动着中国高等教育的国际化进程。①

"985工程"的实施给重点高校注入了前所未有的生机和活力，有力地推动了重点高校整体实力的提升和跨越，而这种提升和跨越又成为985高校进军世界一流大学行列的资本。"985工程"给重点高校带来的巨大变革加快了我国建设一流大学的进程，是我国建

---

① 教育部：《"985工程"十年建设成效》，http://www.moe.gov.cn/s78/A22/xwb_left/moe_843/s6183/201112/t20111230_128827.html，2011-12-30/2016-06-19。

设一流大学的"加速器"。

三　"2011 计划"——建设世界一流大学的"助推器"

"2011 计划"亦即"高等学校创新能力提升计划",旨在通过转变高等学校的创新方式(建立协同创新中心),大力提升高等学校的创新能力。该计划是中国高等教育领域继"211 工程""985 工程"之后又一项体现国家意志的重大战略举措,虽然计划并未直接采取选择一批重点高校开展重点建设的方式,但因其实施而带来的原有重点高校创新方式的巨大改变、创新能力的大幅提升以及在此基础上学校整体实力的增强无疑又有利于一流大学的建设,"2011 计划"成为我国建设世界一流大学的"助推器"。

（一）"2011 计划"的诞生

在经济全球化日益加速的背景下,国与国之间的竞争在很大程度上就是创新能力的竞争。对于中国来说,创新能力不足一直制约着经济社会的发展,是我国在各方面落后于发达国家的重要原因,因此建设创新型国家,形成日益强大的竞争优势成为事关社会主义现代化建设全局的一项重大决策。而创新能力的培养主要依靠教育,特别是高等教育,从"211 工程"工程到"985 工程",包括创新型体制机制的建立、创新型人才的培养、创新型学科平台的建设和创造性研究成果的产出等在内的学校创新能力的提升引起国家和整个高等教育界的重视,在我国高等教育进入到以质量为核心的内涵式发展的新阶段,国家层面采取措施全面提升高等学校创新能力成为必然趋势。

2011 年 4 月 24 日,时任国家主席胡锦涛在清华大学百年校庆大会上发表重要讲话,提出了"积极推进协同创新"的理念和要求。为落实胡锦涛同志的重要讲话精神,经过反复研讨和广泛征求意见,2012 年 5 月 7 日,教育部、财政部联合召开工作会议,正式启动实施"2011 计划"。①

（二）"2011 计划"的实施和成效

为了顺利推进"2011 计划"的实施，教育部、财政部成立了项目领导小组负责重大事项的决策，成立专家咨询委员会提供有效咨询，并建立第三方评审机构进行客观严格的审定。"2011 计划"面向所有高校，以"国家急需、世界一流"为根本出发点，以人才、学科、科研三位一体创新能力的提升为核心任务，由具有明显优势的高校牵头，协同其他高校、科研院所、行业企业、地方政府以及国际机构等，紧密围绕国家急需的战略性问题、科学技术尖端领域的前瞻性问题以及涉及国计民生的重大公益性问题，构建面向科学前沿、面向文化传承创新、面向行业产业以及区域发展重大需求的四类协同创新模式。②

与"211 工程""985 工程"不同，在"2011 计划"中，国家扶持的不再是某一批重点高校而是一批跨界的新型主体——协同创新中心，故"2011 计划"实施的成效也主要通过这些协同创新中心得以展现。全国共计培育协同创新中心 167 个，经过三轮严格认定，最终只有 14 个在 2013 年成为"2011 计划"首批国家级协同创新中心，2014 年又有 24 个协同创新中心得到国家认定。③ 协同创新中心突破了高校内部和外部之间的体制机制壁垒，改变了高校"分散、封闭、低效"的状态④，高校内部资源和外部创新力量实现了有机融合，产、学、研被更加深入地结合起来，优秀的头脑被集中起来，

---

① 教育部：《实施"2011 计划"提升高校创新能力》，http：//www. moe. gov. cn/jyb_xwfb/moe_2082/s7081/s7244/201303/t20130311_148418. html，2013 - 03 - 11/2016 - 06 - 19。

② 袁贵仁、郭新立：《中国高水平大学建设之路——从 211 工程到 2011 计划》，高等教育出版社 2012 年版，第 7—10、16、49—54、5 页。

③ 中国高等教育学生信息网：《"2011 计划"——体现国家意志的重大战略举措》，http：//www. chsi. com. cn/z/gxcxnl，2011 - 06 - 11/2016 - 06 - 19。

④ 教育部：《"2011 计划"让创新要素活起来》，http：//www. moe. gov. cn/jyb_xwfb/s5147/201304/t20130412_150473. html，2014 - 04 - 12/2016 - 06 - 19。

优秀人才的创造力被激发出来，优秀的成果也必然会被生产研发出来。以首批国家协同创新中心的量子物质科学协同创新中心为例，该协同创新中心由北京大学、清华大学和中国科学院物理研究所联合启动创建，瞄准世界物理学前沿，立足国家在信息技术、能源技术等领域的战略需要，力争利用八年时间将中心建设发展成为国际一流的物理学学术创新高地，为建设创新型国家作出贡献。对于大学本身来说，无论其是作为协同创新中心的牵头高校还是合作高校，无论其作为牵头高校或者合作高校的协同创新中心是高校自主还是得到国家认定，"2011 计划"的实施无疑加速了高等学校整体创新能力的提升，各高校积极构建多方参与的新型组织管理体系，形成以创新质量和贡献为导向的评价机制，不断健全拔尖创新人才培养模式，促进学科间的交叉与融合，建立新型的国际交流与合作模式，形成了开放包容、自由创新的学术氛围和校园文化环境。

若论一流大学的建设，"2011 计划"可以看作"211 工程"和"985 工程"的发展和延续，两个"工程"一个"计划"在建设一流大学的过程中发挥整体合力。"2011 计划"的实施使得已经得到国家重点支持的重点高校建立起了冲击世界一流的新优势和新实力，对重点建设高校整体创新能力和整体办学实力的提升有重要作用，可视为我国建设世界一流大学的"助推器"。

四 "双一流"建设——建设世界一流大学的"冲锋号"

"双一流"建设，即世界一流大学和一流学科的建设，这是国家在新的历史时期贡献的又一重大战略举措。至此，原有的重点建设项目被统筹在了"双一流"建设的旗帜下而不再单独实施，这也标志着我国进入了建设一流大学的冲刺阶段，统筹推进"双一流"建设成为我国建设一流大学的"冲锋号"。

（一）统筹推进"双一流"建设方案的诞生

"211 工程""985 工程"以及"2011 计划"使得世界一流大学

的建设不断推进，我国高等教育整体实力水平也因此不断提升，2016 年 4 月发布的《中国高等教育质量报告》显示，到 2015 年，我国高等教育规模已跃居世界第一，高等教育毛入学率达到 40%，高等教育顺利进入普及化阶段，中国高等教育已跃居世界中上水平。因此，在高等教育强劲发展的关键时期，乘胜追击，加快建成世界一流大学自然而然成为我国由高等教育大国向高等教育强国转变的重要任务，成为加快社会主义现代化建设、实现中华民族伟大复兴的中国梦的重要内容，成为我国在国际上谋求发展空间和国家利益的重要途径。而两个工程一个计划在实施过程中日渐显现出来的身份固化、竞争缺失、重复交叉等弊端①曾使重点高校处于失去公信力的边缘，关于废除 211、985 高校的言论在短时间内甚嚣尘上，教育部及时作出否定回应的同时，也开始重新思考加快建设世界一流大学的有效方式，这并不是要否定和抛弃之前的重点建设以及重点建设所取得的成就，而是在新时期、在已有成就的基础上对建设世界一流大学路径的新思考和探索。

2015 年 11 月 5 日，国务院公布《统筹推进世界一流大学和一流学科建设总体方案》（以下简称《方案》），"双一流"建设正式启动。

（二）《方案》的主要内容和影响

《方案》明确提出："双一流"建设按照"四个全面"战略布局，坚持以中国特色、世界一流为核心，坚持以一流为目标、以学科为基础、以绩效为杠杆、以改革为动力，完成规定的建设任务和改革任务，分三步统筹推进，争取到 21 世纪中叶，中国一流大学和一流学科的数量和实力进入世界前列，基本建成高等教育强国，

---

①　中国高等教育学会：《统筹推进世界一流大学和一流学科建设总体方案》，http://www.hie.edu.cn/policies_12581/20160304/t20160304_993323.shtml，2016 - 03 - 04/2016 - 06 - 19。

"双一流"建设每五年一个周期，从 2016 年开始与国家五年规划同步实施。①

《方案》一经出台就得到了高校的积极响应，前期已经获得较好发展基础的大学相继表明了冲击"双一流"的决心并着手采取相关措施开展建设：复旦大学校长许宁生在讲话中表明复旦将牢记国家使命，扎实建设一流大学，迈向世界一流育人学术文化重镇的前列，复旦将以世界一流为目标，通过营造尊重学术、追求卓越的大学文化，吸引和集聚一大批具有国际学术影响力的学者和科学家；通过加强优势学科领域的组织谋划，产出国内外公认的一流成果；通过发挥集成效应，在人文社会科学领域持续产生精品力作，传承和创新中华文明。而四川大学则把走国际化发展道路——积极邀请国际知名专家学者讲学、引进高端外籍教师、面向全球招收一流留学生、设置国际化专业、开设国际化课程、培养拥有全球视野的国际化人才作为自身冲击世界一流大学的突破口和战略重点。② 哈尔滨工业大学校长周玉指出，《方案》的出台为哈工大的发展提供了难得的机遇，哈工大将继续发挥国防、航天特色鲜明、工程能力强的优势，为国家创新驱动发展作出更大贡献。同时，哈工大也将遵循教育发展规律、勇于改革，优化学科结构，凝练学科发展方向，突出学科建设重点，激发学校内生动力和活力，努力提高学校治理水平，在国家的支持和指导下，早日实现建设中国特色、世界一流大学的建设目标。③

---

① 中国高等教育学会：《统筹推进世界一流大学和一流学科建设总体方案》，http://www.hie.edu.cn/policies_12581/20160304/t20160304_993323.shtml，2016-03-04/2016-06-19。

② 光明网：《高校"双一流"建设校长谈》，http://edu.gmw.cn/node_79647.htm，2015-11-17/2016-06-19。

③ 教育部：《对〈统筹推进世界一流大学和一流学科建设总体方案〉的认识》，http://www.moe.gov.cn/jyb_xwfb/moe_2082/zl_2015n/2015_zl53/201511/t20151104_217652.html，2015-11-05/2016-06-19。

《方案》对高校锐意改革、争创世界一流的信心和决心的激发、对之前单项实施的国家重点建设工程的统筹使其成为我国建设世界一流大学的"冲锋号"。《方案》为一批有实力的高水平大学全力冲击世界一流指明了方向，而其他更多的"一般院校"则根据《方案》，努力在不同层次、不同类型上办出特色、办出质量，争创"国内一流"。"双一流"建设给整个高等教育界的深入改革和发展带来一股清新空气，带动着中国高等教育整体实力水平的提升。

五　我国建设一流大学的路径选择与转变

我国建设一流大学已有二十多个年头，基于国情，在建设世界一流大学之初，我们就选择了在国家战略引导下，以重点建设求突破、以学科建设为核心、以资金投入为主要支持方式、以质量提升为内涵的基本建设思路，这一思路成为我国建设一流大学的有益探索而得以延续。与此同时，这一路径中包含的部分子内容也在建设过程中逐渐暴露缺陷。因此，建设世界一流大学在延续之前基本思路的基础上，作出了适当且及时的调整，这些调整始于"2011 计划"并在"双一流"建设中得到充分展现。

（一）我国建设一流大学的基本路径选择

1. 以国家战略为引导

我国一流大学的建设是在国家高等教育重大战略举措的引导下展开和不断推进的，但这并不意味着大学本身没有意识，而是国家层面的号召和推动更有利于各方积极性的调动和力量的集中。从"211 工程"到"双一流"建设，高等教育界乃至全国上下建设一流大学的意识被不断激发和强化，高校得到来自中央政府、地方政府和社会各界的大力支持，使得一流大学建设举措不断强化。

2. 以重点建设求突破

不是发达国家所有的大学都可以建成世界一流，也不是发展中国家就不可能有世界一流大学，对于任何一个国家（特别是发展中国家）来说，建设世界一流大学都是基于自身国情的"有所为，有所不为"。处于并将长期处于经济文化水平相对较低的社会主义初级阶段是我国的基本国情，高等教育起步较晚，且规模庞大、发展程度参差不齐。因此，党和政府从建设一流大学伊始就充分发挥社会主义制度集中力量办大事的优越性，走重点建设之路，以重点高校为突破口，聚集有限的建设资源，推动部分高校率先走上一流大学之路，以此实现在一个不太长的时间内建成世界一流大学、缩小与发达国家高等教育的差距的目标。虽然在之后的建设过程中，重点建设在内容以及对象的选择等方面发生了变化，但其本身作为一种建设思路却并未改变。

3. 以资金投入为主要支持方式

在国家战略规划中，包括中央专项资金、部门和地方配套资金以及学校自筹资金在内的多种资金投入成为重点高校建设世界一流大学获得的最直接、最主要的支持方式，仅以中央安排的专项资金为例，整个"211 工程"中，中央共投入资金 180 多亿元，而国家在"985 工程"中投入的专项资金则将近 600 亿元，强大的资金支持为重点高校全心全力建设世界一流大学提供了资本、创造了条件。

4. 以学科建设为核心

大学是以学科为基础构建起来的学术组织[1]，学科的发展水平从根本上体现了大学的发展水平，一流大学不能没有一流学科，学科建设也因此成为一流大学建设的重中之重。"211 工程"确立的

---

[1]　罗云：《论大学学科建设》，《高等教育研究》2005 年第 26 卷第 7 期。

以学科建设为核心的指导思想在之后我国一流大学建设的过程中得到延续和强化，一流大学的建设始终和一流学科的建设紧密联系在一起，"双一流"建设则更加直接地指明了一流学科对于建设一流大学的重要意义。以学科建设为核心，通过打造世界一流学科推动世界一流大学的形成已经成为我国一流大学之路的一条基本原则。

5. 以质量提升为内涵

经过多年实践与理论探索，学界已基本形成共识，认为以提高质量为核心的内涵式发展是高等教育发展到大众化阶段的必然选择，作为高等教育发展的生命线，不管在哪个发展阶段，提高质量都是高等教育和高等学校发展的根本诉求。我国建设一流大学的过程实质上就是一个不断提升高等学校办学质量的过程，从"211工程"到"双一流"建设，国家在学科建设、人才培养、师资队伍建设、体制机制创新等各方面采取的各种措施，都从不同程度上提高了重点建设高校的质量水平，质量的不断提高一直都是建设世界一流大学的应有内涵。

（二）我国建设一流大学的路径转变

1. 建设程序从"先确定资格再建设"向"先建设再确定资格"转变

世界一流大学建设走"重点建设"之路，不仅是我国在建设一流大学之初的选择，也是今后我国建设和冲击世界一流大学的有效路径。这种政府主导的重点建设的方式毋庸置疑，然而开展重点建设的程序却在一流大学建设的过程中显露出一定问题，其中涉及最主要的问题就是高校重点建设身份的确定和重点建设工作开展的先后顺序。"211工程"和"985工程"中高校的一流大学建设工作都是在其被选定为重点高校之后才展开的。这一确定身份在前、开展建设在后的方式，在很大程度上减少了重点高校的后顾之忧，也有利于重点高校建设一流大学的目标的明确和工作重点的集中。但另一方面，身份的固化也使部分重点高校难免产生自满情绪，专注于享受国家政策和财政的支持却忘记了自己的使命。"2011 计划"和"双一流"建设方案则实现了建设程序从"先确定资格再建设"向"先建设再确定资格"的转变。国家并没有在实施计划之前就确定哪几所协同创新中心或者哪几个高等学校作为重点建设的对象，而是先在全国范围内号召所有有能力的高校都行动起来开展建设，然后再根据建设的实际情况和成效，择优支持。此外，"2011 计划"和"双一流"建设还将市场竞争机制引入到了重点建设对象的选择上，公平竞争可以使得实力真正强大、前景真正广阔的高校获得进一步发展的机会。总之，"建设—确定身份—再建设"的建设程序使得有限的资源得到最大程度的利用，同时，这一路径的转变也赋予高校在建设过程中更多的自主权，在很大程度上兼顾了一流大学建设过程中的效率与公平问题，其对于建设一流大学的意义不言而喻。

2. 建设内容从"注重高校内部建设"向"注重高校内外部融合发展"转变

随着高等教育的不断发展，大学开始走向社会的中心，与社会各界开展广泛而深层次的交流与互动，提高自身服务社会的能力对于高校实现持续发展具有重要意义。因此，我国一流大学建设的着眼点也逐渐从学校内部转向外部，日益注重高校内外部的融合发展，这一转变始于"2011 计划"，与"211 工程""985 工程"注重高校在学科、学校整体条件（包括人才、师资等）、基本公共服务体系以及科技创新平台、创新基地等方面的内部建设不同，"2011 计划"重在以体制机制的改革来推动高校内部与外部创新力量之间创新要素的融合发展，通过建立高校之间或者高校与其他社会机构之间的协同创新中心来激发创新活力、提高高等学校整体创新能力。[①] "双一流"建设也把着力推进成果转化作为重要任务之一，充分体现了其对高校内外部融合发展的重视。一流大学要有一流的社会服务能力，高校内外部融合发展正是充分发挥其服务社会职能的重要前提条件。

3. 建设标准从"偏重发达国家指标"向"彰显中国特色"转变

建设世界一流大学，当然要以世界公认的一流大学的标准来引领高校的发展，要有世界眼光[②]，但一流大学却又不是一流指标的简单堆砌，各个国家的发展历史以及国情也都存在很大差异，我们在借鉴发达国家建设一流大学的成功经验和指标的同时，更重要的是建立起中国特色的发展模式，开辟中国特色的建设路径。建设标准向彰显中国特色转变的理念在"双一流"建设方案中体现出来，中国特色、世界一流将成为开展一流大学建设工作的核心和标准。立足中国特色建设世界一流大学，使得建设一流大学的目标更加鲜明、更加接地气。

4. 建设效应从"局限于部分高校"向"力求辐射整个高等教育"转变

"211 工程"和"985 工程"长期偏重一方的建设在身份固化的重点高校与其他一般院校之间形成了一道"屏障"，"宠儿"似的重点大学因国家上下各种支持措施的倾斜而在短时间内获得快速发展，但其他受到"冷落"的一般院校却因国家的不重视以及随之带来的政策、资金的不到位，逐渐失去了谋求发展的信心和动力。建设一流大学所产生的效应仅仅局限于重点高校而并没有真正辐射到其他普通高等院校。换言之，一流大学建设并未使整个中国高等

---

① 袁贵仁、郭新立：《中国高水平大学建设之路——从 211 工程到 2011 计划》，高等教育出版社 2012 年版，第 7—10、16、49—54、5 页。

② 闵维方：《关于一流大学建设的几个问题》，《北京大学教育评论》2003 年第 1 卷第 3 期。

教育焕发活力，而真正带来转变的是"2011 计划"的实施以及"双一流"建设方案的出台，两大战略举措激发了除重点高校以外，其他更多的有一定实力的普通院校在不同程度上开展建设的积极性，各普通院校开始力求办出特色、办出水平，在创立高校自主协同创新中心以及建设国内一流大学和一流学科等方面不断努力、不断突破。这样一来，一流大学建设的效应就真正辐射到了整个高等教育领域，一流大学建设的战略性意义更加凸显，高等教育强国指日可待。

六　道阻且长，行则将至——对我国建设一流大学的展望

建设世界一流大学"道阻且长"。一流大学建设是一项系统的改革工程，改革对象除了高等学校本身，还涉及政府以及其他社会机构，改革内容包括基础设施建设、学科建设、人才培养、师资队伍建设、管理制度建设以及体制机制建设等多个方面。改革对象的多样性、改革内容的复杂性决定了一流大学建设任务的艰巨性。"211 工程""985 工程""2011 计划"等重大战略举措虽然在上述各方面取得了显著的成就，但在统筹推进"双一流"建设的新时期，我们更应该认识到我国在一流大学建设过程中存在的不足和瓶颈。例如：学科优势和优良学术传统的丧失、原创性重大理论和重大哲学社会科学研究成果的不足、已有研究成果与经济社会发展结合的不密切、重研究轻教学使得教育教学内在动力的缺失、人事制度改革与人才引进的不同步、相关职能部门权责的不清晰以及对大学校园精神文化建设的忽视[①]等，这些问题如若得不到解决，必将成为我国日后冲击世界一流大学的阻碍。一流大学的建设不是一朝一夕的事

---

① 《世界一流大学，中国还缺什么？》，新华网，http：//news. xinhuanet. com/ttgg/2015 - 11/ 05/c_1117054394. htm，2015 - 11 - 05/2016 - 06 - 19。

情，未来更长的道路上不能有任何懈怠，需要我们披荆斩棘，不断探索，努力前行。

建设世界一流大学"行则将至"。从"211 工程"开始，我国一直在为建设一流大学不懈努力，国家一系列重大战略举措的实施使得一批重点高校和重点学科建设取得了重大进展，部分高校实现了跨越式发展，与世界一流大学的差距显著缩短①，开始跻身世界知名大学排行榜。此外，我国建设一流大学的重大战略举措引起了世界上许多国家和地区政府的关注，在"985 工程"的启发下，日本制定了"21 世纪卓越研究中心计划"，德国制定了"精英大学"计划。这些足以证明，国家在建设一流大学过程中的每项重大战略举措在一定程度上都是值得肯定的，我们并不能因为至今尚未建成国际公认的一流大学就简单否定多年建设所取得的成果，更不能丧失进一步冲击世界一流大学的勇气。正所谓"路虽弥，不行不至"，建设一流大学，既要有决心与信心，也要有恒心与耐心，我们在建设道路上踏出的每一步都是为了更加接近一流大学这个目标，在国家日益明确的战略号召和引导下，政府部门、社会机构以及高校齐心协力，攻克难题、克服困难，我们终究会实现建成世界一流大学这一国家理想。

20 多年以来，我们以"长风破浪会有时，直挂云帆济沧海"之势在建设一流大学的道路上摸索前进，虽有不足，但国家层面一个又一个重大战略举措的出台和实施，使得一流大学之路越来越清晰，多年建设所取得的成就也使得建成世界一流大学的目标越来越接近。建设一流大学"道阻且长"，但"行则将至"，如今的"双一流"建设把之前单项实施的重点工程统筹起来，一齐发力，必将引发整个高等教育界更深层次的变

---

① 《中国吹响建设世界一流大学冲锋号》，新华网，http：//news. xinhuanet. com/mrdx/2015 - 11/06/c_134790395. htm，2015 - 11 - 06/2016 - 06 - 19。

革，我们有理由相信，在国家前瞻性战略的引导下，在政府、社会各界以及学校自身的共同努力之下，建成世界一流大学的目标终会实现。

第四章

学位与研究生教育

第一节　论我国高等教育学学位
点布局的不均衡性[①]

随着我国高等教育学学位点建设的快速发展，高等教育学学位点布局结构成为教育学术界关注的热点话题。从现实的布局结构看，各地所拥有的学位点差异很大。因此，有学者认为，我国高等教育学学位点布局表现出的这种"不均衡"性，影响了高等教育的均衡发展，客观上给高等教育学学科的发展造成了不良影响。这是应该承认的客观事实，但却忽视了另一面，即在承认我国高等教育学学位点布局的"不均衡"现象客观性的基础上，要搞清是什么导致这种"不均衡"现象的存在。

一　概念辨析

概念既是人们对客观事物认识的总结，又是组成判断的基本单位。明确概念，是人们正确思维的必要条件，也是人们讨论问题、交流思想的基础和前提。因此，要研究高等教育学学位点布局结构问题，同样必须从明确概念入手。

---

① 该文原载《国家教育行政学院院报》2009 年第 3 期。

1. "均衡"与"不均衡"的词源解释

《辞海》中将"均衡"（即平衡）解释为："哲学名词，指矛盾的暂时的相对统一。平衡是和运动分不开的。在绝对的、永恒的物质运动过程中存在着相对的、暂时的静止和平衡。"均衡是相对的、暂时的、运动变化的，不是绝对的、长远的、静止不变的。"均衡"不等于"平均"。《汉语大词典》将"平均"解释为"齐一、均匀"。二者属于不同的语境和不同的性质，不能同日而语。"均衡"是一种理想，是人们所追求的目标，是一种应然状态。由此可见，均衡并不等同于平均。与此相对应的"不均衡"是一种实然状态，是现实中存在的事实。"不均衡"不等于"不平均"，它们也属于不同的话语范畴，因此不能将二者混淆。"不均衡"也是相对的，也是发展变化的，此时的"不均衡"不同于彼时的"不均衡"。它是事物发展过程中一种长期存在的现象，是一个量变过程。当事物发展到一种程度，便达到了"均衡"状态。但是，事物总是呈螺旋状向前发展的，总是由"均衡"转向"不均衡"再到新的"均衡"，循环往复，不断发展。

2. 对高等教育学学位点布局"均衡性"与"不均衡性"的应然分析

高等教育学学位点布局的"均衡性"，寻求的是区域间高等教育学学位点在数量和质量上达到统一的水平。包括在人力结构、管理结构、层次结构、师资队伍结构、学科结构等方面都达到均衡，使区域间高校高等教育学学位点建设的内部及它们之间的矛盾达到统一。

高等教育学学位点布局的"不均衡性"，是指区域间高等教育学学位点建设在数量和质量之间所存在的差距，包括人力结构、管理结构、师资队伍结构、学科结构之间都存在一定的水平差异。这种差异性的存在，不是高等教育决策和政策导致的，而是高等教育所赖以生存和发展的其他社会客观因素实际影响的结果。目前，我国高等教育学学位点的布局由西向东呈阶梯状分布，主要是由高等教育内外部诸要素在数量和质量上存在差异所致的。

二 对高等教育学学位点布局的现状分析

我国高等教育学学位点布局的不均衡是我国高等教育区域发展不均衡的真实反映。也就是说，高等教育学学位点的区域间的不均衡是建立在它赖以存在的高等教育实践基础上的。因此，这种表面上或者数字上的不均衡，恰恰说明是人们尊重高等教育规律办事的结果。既然它反映的是高等教育的自身规律，就不可人为地去改变。作为高等教育的研究者，我们应该有客观的立场、依据客观规律去分析和看待问题，而不能有任何的倾向和偏见；要辩证地、一分为二地分析问题，不能只看现象不看本质，以致就事论事。

我国现有高等教育学的硕士点和博士点的分布如表 1 所示。根据表 1 分析如下：

表1　　高等教育学硕士学位、博士学位点布局（截至 2006 年）（单位：%）

	高等教育学学位点个数及所占全国比例			
	硕士		博士	
华北	16	17.8	4	22.2
东北	9	10	1	5.6
华东	26	28.9	7	38.9
华中	16	17.8	3	16.7
华南	7	7.8	1	5.6
西南	7	7.8	1	5.6
西北	9	10	1	5.6
总数	90	100	18	100

注：①硕士点、博士点在各个地区的个数是包含教育学一级学科授予点下的高等教育学学位点和以高等教育学为二级学科设立的学位点。②华北地区区域内，北京地区硕士点 10 个、博士点 4 个；华东地区区域内，江苏省硕士点 8 个、博士点 3 个，上海地区内硕士点 6 个、博士点 2 个；华中地区区域内，湖北省硕士点 10 个、博士点 2 个。③东北、华南、西南、西北 4 个地区的高等教育学博士点都是按一级学科博士点设立的。

1. 高等教育学学位点大部分集中在华北、华东、华中地区

从表 1 可以得出，这三个区域的高等教育学硕士学位点占全国的 64.5%、博士学位点占全国的 77.8%，已经明显多于其他四个地区的总和。造成这种情况的原因在于，华北、华东、华中三个地区的高等教育的总体规模和高校数量较大。地处这三个地区的高校能够很好地满足高等教育学学位点的实际需要，高等教育学学科建设凭借华北、华中、华东地区的先进高等教育实践而得到了快速发展。这可从国家对高等教育学博士学位点和硕士学位点设立的基本条件得到进一步印证：（1）学术队伍；（2）科学研究；（3）教学与人才培养；（4）工作条件；（5）相关学科条件；（6）管理工作。① 这说明，只有某所大学具备相当条件时，才有可能被授予高等教育学硕士或博士学位点。华北、华中、华东三地区高校云集且办学水平高，因此，这里的学位点一定多于其他地区。这一现象也可能会出现在一个区域之内。如在华北地区，北京市最多。

2. 高等教育学学位点集中在经济比较发达的省市

在华北地区，仅北京市就有硕士点 10 个、博士点 4 个，分别占该地区高等教育学学位点的 62.5% 和 100%。在华东地区，上海和江苏省两地就占有了该地区高等教育学学位点的 53.8%（硕士点 10 个）和 71.4%（博士点 5 个）。在华中地区，湖北一个省就占有了该地区硕士点的 62.5%（10 个）、博士点（2 个）的 66.7%。相对发达的经济为高等教育学学科的发展提供了良好的外部环境，尤其是良好的政策环境支持。

3. 经济欠发达地区的高等教育学学位点数量相对较少

东北、华南、西南、西北四个地区的高等教育学学位点数量相对较少。从表 1 中可以看出，这四个地区的高等教育学硕士学位点

---

① 谢桂华：《高等教育学学位点的建设与研究生培养》，《中国高教研究》2002 年第 7 期。

和博士学位点分别只占全国的 35.5％ 和 22.2％。这四个地区由于受高等教育自身发展以及历史、政治、经济、自然条件、人口等多个方面因素的影响，导致高等教育学学位点布局的规模较小，而且大多集中在西安、兰州、昆明等大城市。

三　高等教育学学位点布局不可能绝对均衡

高等教育学学位点建设自身发展要考虑多种因素，不能片面追求数量上的平衡，而要遵循"合理布局，突出特色"[1] 的原则。这里的"合理"就是指要合"规律"这个"理"。如果不顾这个原则，片面追求高等教育学学位点建设布局在数量上的区域"均衡"，就会违背高等教育自身的发展规律。

高等教育学学位点的建设是高等教育发展到一定程度的产物，它也是在社会经济发展对高等教育高度需求的情况下产生的。"坚持把社会需求放在第一位，同时加强建设、创造条件，努力使每个学位点在导师队伍、研究方向、课题及成果、实验仪器设备等方面能够达到培养社会所需人才和出高质量研究成果的要求。"[2] 我国区域间经济发展的不平衡，决定了高等教育发展的不均衡，也导致了高等教育学学位点布局的不均衡。高等教育学学位点的建设受社会经济发展水平的高度制约。没有良好的社会经济基础，便不能够为高等教育学学位点建设提供基本条件。因此，在现有条件下，要实现我国高等教育学学位点建设的绝对"均衡"发展，只能是一种理想。由于历史的原因，我国的高等教育布局结构明显呈现一种西、中、东阶梯状的分布形态。由于西、中、东部地区高等教育发展背景和条件的差异，导致了高等教育学学位点布局结构的差异性。因

---

① 刘宏林、刘华：《重视学位点建设促进高校学科发展》，《东北大学学报》（社会科学版）2003 年第 2 期。

② 问青松：《进行学位点立项建设的几点启示》，《学位与研究生教育》2002 年第 4 期。

此，如果不考虑高等教育的基础性作用，一味片面追求区域间高等教育学学位点在数量上的均衡，既脱离事实，也缺乏理论依据。

我国地域辽阔，各地的自然条件、人口状况等差异很大，导致各地对高等教育的需求各不相同。单从数量上看，我国各区域的高等教育结构和布局存在明显差异。故不能简单地从某些地区的高等教育学学位点的绝对数量来判断其布局结构是否合理，而只能从相对数量去考察。我国高等教育学学位点布局结构的"不均衡"，并不是人为因素所导致的，而是考虑客观条件和人口分布状况的结果，况且，高等教育学学位点的均衡发展也只能是一种理论构想。

四 结论与建议

要分析我国高等教育学学位点布局结构问题，我们必须认真回答三个问题：一是要回答是谁要设立高等教育学学位点；二是要回答为什么要设立高等教育学学位点；三是要回答设立高等教育学学位点的基础是什么。把这三个问题一一回答以后，高等教育学学位点布局结构均衡与否的答案自然就会得出。

我国中西部地区高等教育自身发展水平相对较低。因此，该地区高等教育要寻求发展出路，就只能通过大力加强高等教育改革来不断提升自身素质。中西部地区只有把本区域高等教育的整体水平提高到一定程度，才能改变其高等教育学学位点数量偏少的局面。政府应通过宏观调控来影响高等教育学学位点的布局结构，在一定程度上缩小区域差异。首先，应通过相关政策的制定，使中西部地区在经济、政治、科技和文化等方面得到一定的倾斜和支持，逐步缩小与东部地区的差异。其次，应加大对中西部地区教育的投入以改善中西部地区高等教育的办学条件。最后，在中西部地区的高等教育发展到一定程度时，再寻求与东部地区的交流与合作，从而有效促进东部与中西部地区的"学术对话"。

我国高等教育学学位点布局结构的现状，实际上反映的是我国高等教育的布局结构。也就是说，凡是高等教育比较发达的地区，高等教育学学位点就多且层次较高，反之亦然。因此，要改变高等教育学学位点布局结构的不均衡，首要的任务是改变高等教育布局结构的不均衡。

第二节　和谐视野中的研究生招生考试改革①

随着我国高等教育规模的逐步扩大和大学生就业难问题的加剧以及金融危机的影响，参加硕士研究生招生考试的学生数量在继续增加，2009 年共有约 125 万人参加考试，比 2008 年增长了 4 万多人；研究生招生考试的影响也在不断扩大，不仅受到考生、高校、家长的重视，也影响着社会生活的方方面面。为了有效解决研究生招生考试中的公平与效率问题，促进社会的和谐发展，教育部要求，研究生招生工作要积极适应建设人力资源强国和建设创新型国家的战略需要，深入贯彻落实科学发展观，以全面提高研究生选拔培养质量为核心，在初试、复试、推免生、单独考试等方面继续推进改革，以选拔拔尖创新人才为重点，以优化调整招生学科专业结构为导向，推进研究生招生制度改革，强化招生管理，提高服务质量。② 为此，需要厘清研究生招生考试改革中的各种关系，如统一考试与自主招生的关系、考查知识与考查能力的关系、初试与复试的关系、公平与效率的关系等。

一　统一考试与自主招生的关系

研究生招生考试统一还是多样，须依据研究生招生考试的特点

---

① 该文原载《教育与现代化》2010 年第 2 期。

② 车如山：《研究生招生改革要满足创新型人才需要》，《中国教育报》2008 年 11 月 13 日。

以及研究生培养目标来确定，而不是某个领导和组织拍脑袋来决定的。目前，我国硕士研究生的招生考试主要由两部分组成：一是初试，包括全国统一考试科目和招生学校指定的专业课笔试；二是复试，主要指由国家教育行政部门统一组织的考试以及由各高等学校单独组织的以复试为主的考试。2009 年硕士研究生招生在继续实行教育学、历史学、医学三大学科统一命题、统一考试的基础上，新增农学统一命题、统一考试，并在初试时对计算机科学与技术学科进行科目调整、改革命题形式，按一级学科（群）设置考试科目，科学确定初试内容，提高命题水平和质量。① 这些改革举措一方面说明国家十分重视基础知识和综合知识的掌握程度，因为扎实的基础知识和宽广的知识面是把研究生培养成为专业研究人员的基本要求，离开学科基础知识，高质量的研究生培养将会落空；另一方面也揭示了高等教育大众化后，大学本科教育可能存在的问题。学生应该在本科阶段学习的知识，由于各种原因并没有很好掌握，只能在研究生阶段进行一定的弥补。综观古今中外，大凡已经在各个领域取得了重大成就、作出重要贡献的人，并非仅仅因为其专业精通，而是因为其综合知识和基础知识扎实、宽厚。

各个高校按照自身学科专业特色和人才培养需要，进行研究生的选拔与培养。选拔具有学术潜力的研究生，是体现高校招生自主权、落实大学自治的重要形式。我国研究生招生考试权力下放有一个逐步发展的过程，体现出权力逐渐从政府向高等学校再向院系与导师转移的基本思路。当前，高校研究生招生考试的自主权主要体现在五个方面：一是院校拥有对专业科目考试的命题与批改权；二是部分高校拥有确定复试分数线的自主权；三是组织复试的权力；四是推荐免试制度；五是有些特殊学科专业，招生单位可以单独考

① 覃红霞：《研究生招生考试改革中的两难问题》，《高教探索》2008 年第 2 期。

试。关于扩大研究生招生考试的自主权问题，往往是仁者见仁，智者见智。支持者认为，导师应该是选拔、培养研究生的主体，应具有决定是否招收某个考生的权力。但当前导师的权力受限过多，而招生主管部门的权力过大，不能真正实现不拘一格选拔人才。熊丙奇认为："国家与其给高校研究生招考一部分自主权，还不如放手给予完全自主权。完全放手的风险并不比目前部分放权的风险高，至少能保证招生权和培养权的结合，保证一些优秀人才的脱颖而出。"反对者则认为，在中国这样一个重视人情与关系的社会中，如果没有硬性的指标，往往会受到权力与金钱因素的影响，容易产生权钱交易、暗箱操作等行为。[1]

二 考查知识与考查能力的关系

研究生作为高水平的专业人才，应该掌握扎实的学科基础知识。学科基础知识是研究生学习的首要内容，只有熟练地掌握了学科基础知识，才能更好地与其他学科知识结合，更好地解决实际问题；只有打好了学科基础知识，才能对本学科的知识进行有机整合，进一步达到与相关学科知识的综合。如果学科基础知识不完整、不扎实、不宽厚，就会直接影响本学科专业知识的深入学习。因此，学科基础知识掌握得如何，直接影响到更高层次学习的质量，并影响到对完整的学科知识体系的掌握。重视基础知识的要求，正是出于对研究生创新能力培养的考虑，创新是建立在一定基础上的，离开了基础，创新就无从谈起。[2]

为了更好地解决研究生创新能力的培养问题，教育部要求，在2009年研究生招生工作中继续加大推免生工作力度，重点是进行推免生工作机制创新，逐步建立注重质量、鼓励创新、突出特色、扩

---

① 徐震：《浅析研究生创新能力的培养》，《中国轻工教育》2007年第S1期。
② 张亚群：《如何提高研招复试的规范性科学性》，《中国教育报》2008年11月26日。

大交流的推免生工作激励机制。在推免生名额分配和推免政策的制定上，要向拔尖创新人才、高水平学科以及特色专业倾斜。推荐和接收过程中要加强对考生创新精神、实践能力和学术专长等方面的考查，避免单纯强调学业成绩的做法。要不断深化复试改革，加强对考生专业能力、创新精神和综合素质的深度考查，充分发挥复试在创新人才选拔中的作用。要根据学科特点和生源情况，科学制定复试内容、办法，适当确定招生比例，生源充足的招生单位，可以适度扩大差额复试比例。要引进教育评价和心理测量等手段，探索科学的多元评价考核体系，提高复试工作的专业化程度，着力解决复试有效性问题。[①]

重视对研究生创新能力和实践能力的考查，从一个侧面说明创新能力的培养必须建立在坚实的基础之上。那么，如何培养研究生的创新能力呢？首先应培养研究生的创新意识。创新意识是创新能力培养的前提，当前研究生缺乏创新意识和创新的热情，其原因是多方面的：（1）我国传统的教育思想和教学模式不重视学生创新能力和创新意识的培养，束缚了人们的创新思维；（2）学生的知识结构和能力结构制约了创新意识的萌发，研究生知识面窄，动手能力、科研能力差；（3）缺乏有效激励创新的机制，不能很好地调动学生的创新积极性。在研究生培养的各个环节上，强化研究生的创新意识，建立有效激励创新的机制，鼓励创新，并通过严格的竞争和淘汰机制，调动研究生创新的主动性。[②]

研究生整体质量下降已成国家创新人才培养的瓶颈，究其原因，与研究生招生规模扩张过快、选拔方式不尽合理及培养机制缺乏活力密切相关。多年来，由于研究生招生考试的初试只在划定

---

① 梁大战：《我国研究生招生考试制度中的问题与改革策略》，《教书育人》2008 年第 24 期。

② 刘海峰：《高考改革中的公平与效率问题》，《教育研究》2002 年第 12 期。

的参考书范围内考查知识，忽视学术性和科研能力的检测，使被录取者的研究兴趣、专业水平有所下降，加之初试专业科目成绩区分度不够，过分强调外语尤其是英语的选拔功能，导致一些综合素质较好、具有科研潜能的考生被拒之门外，这不利于选拔创新型人才。

为了提高选拔效度，改善生源质量，必须改革研究生招生选拔方式，制定适合创新型人才培养所需要的录取标准。研究生教育的性质与目标，决定其招生选拔应以综合能力为根本标准。具体而言，包括创新思维与综合素质、专业素质与学术研究能力、论文写作和语言表达能力等方面。创新思维作为科学研究的灵魂，既是研究生教育的基本品质，也是研究生招生选拔的首要标准，而扎实的相关学科知识、必要的研究方法以及熟练的语言技能，作为学术研究的重要基础，则是研究生招生不容忽视的选拔标准。[①]

三 初试与复试的关系

初试与复试的关系，实际上反映的是考生书面表达能力与口头表达能力的关系，不同的学生，其口头表达能力与书面表达能力并不一致，有相当一部分考生口头表达能力与书面表达能力相差很大。一些在初试中表现较好的学生，在复试中却表现一般；一些在初试中表现一般的学生，在复试时表现出色。复试成为硕士研究生招生工作的重要一环，是保证招生质量的一项必要措施，是进一步考察学生的专业知识、综合素质及能力的手段，而不仅仅是初试的辅助手段。

然而，目前研究生招生选拔以初试成绩为主，复试成绩为辅，

---

① 袁贵仁：《序》，万光侠《效率与公平》，人民出版社 2000 年版，第 1—5 页。

且复试所占比重较低，不能很好地发挥检测功能。但近年来，各招生单位积极采取措施提高复试在研究生选拔中的权重，使得复试发挥越来越重要的作用，有的院校甚至采用复试成绩一票否决权，这是值得予以肯定的，如兰州大学、厦门大学等高校均实行这一政策。

由于研究生招生复试既有检测、选拔的功能，也具有重要的教育导向功能，对大学本科教育与大学生学习方式产生潜在的影响。因此，应加强研究生招生复试工作的规范性，减少研究生招生复试的随意性，切实保障公平竞争。第一，必须明确复试测量的学术范围与能力层次，保证复试的信度与效度。科学选择考试内容，提高考试信度。第二，严格考试管理，制定合理评分标准。第三，合理确定初试成绩、复试成绩的比重。第四，加强复试过程的监督与管理，杜绝各类不公正现象的发生，增强复试的公平性。通过扩大初试上线学生数量，增加复试难度，来解决初试的偶然性、复试的片面性问题，使具有真才实学和创新能力的考生脱颖而出。建议国家适当放宽初试分数线，扩大初试上线考生的比例，使各招生单位能有足够的上线生源可供选择。相反，如果没有足够的生源可供选择，复试只能是流于形式，差额复试也就成了一句空话。因为数量是质量的基础和保障，没有一定的数量就不可能有很高的质量，只有有了充足的数量，才有可能选拔出高质量的合格人才。这样，就可打破研究生招生中只重初试不重复试的现象。从另一个角度讲，实际上也就是降低了初试的权重，而增加了导师在差额复试中的影响力。[①]

四　公平与效率的关系

虽然，公平与效率不是一对矛盾，但二者的关系却十分密切，

---

① 刘海峰：《高考改革中的公平与效率问题》，《教育研究》2002 年第 12 期。

不可随意割裂。因为，效率必须考虑公平因素，公平一定要讲效率，否则，效率是没有社会基础的，公平也是低水平的。故此，在日常工作中，人们往往会遇到公平优先还是效率优先的两难选择。在研究生招生考试的公平与效率之间，主考者较注重效率，应试者较关心公平。考试制度的设计者最初一般都是注重考试的效率，考虑的是如何更有效地选才，而应试者关心的则是考试竞争的公平性和录取程序的公正性。在考试实际中，当效率与公平产生矛盾时，基本上是效率让位于公平，也就是公平优先。实际上，效率和公平是统一的。效率的提高有助于公平的实现，社会的公平也有助于提高效率。然而情况又是复杂的，在现实生活中，效率和公平也有不一致的时候，有时为了提高效率影响了公平，有时为了维护公平影响了效率。在效率和公平之间，效率优先、兼顾公平具有普遍的意义，效率是矛盾的主要方面和在现实中必须优先考虑的问题。但这并不意味着公平无足轻重，公平是影响效率诸因素中的一个重要的因素。其实，不同利益主体，对公平与效率关系的观点与态度各不相同。就高等学校而言，他们更关注效率，关注如何选拔出优秀的人才；就考生而言，他们更关注公平，关注如何实现程序与运行环境的公平，从而最大限度地实现自身的受教育权。中国社会一直具有强烈的公平意识，伴随着研究生招生考试越来越成为个人实现自身价值的基本选择，如何在公平与选才之间寻找平衡点构成了研究生招生考试实践的基本动力，也成了社会关注的焦点问题。

刘海峰教授认为："与在许多领域'效率优先，兼顾公平'有所不同，在考试选才方面，通常的情况是，选拔性考试最初虽也是效率优先，兼顾公平，可是在长期实行之后，往往会演变为公平优先，兼顾效率。"这一方面反映出公平与效率之间的关系无处不在。由于招生考试涉及的利益群体非常复杂而广泛，这一群落往往在公平与效率产生矛盾时，代表公平的力量推动改革的方向；另一方面，这也启示我们，需要在不同的时期不断反思研究生招生考试制度的发展与改进。研究生招生考试其目标无疑是指向优秀人才、创新型人才的选拔。就研究生招生考试而言，有效选拔人才是第一位的，在推动多样化改革以及扩大招生自主权的过程中，应始终坚持鉴别与选拔人才为旨归，也应在加强自身监督的同时，把监督权向考生与社会倾斜。实践证明，考生不仅是整个招生考试过程中的参与者，也是招生考试进程的监督者。考生是推动研究生招生考试改革不可或缺的内在驱动力。而新闻媒体的宣传与监督也已构成促进考生与高校沟通、推动研究生制度发展的重要平台。

不可否认，我国研究生教育已经取得了举世瞩目的成就，但是在当前又处在一个新的历史起点上，面临着新的机遇与挑战，肩负着建设创新型国家的重任。

为了进一步落实科学发展观，逐步解决研究生招生考试中的不和谐因素，建议教育部做好宏观指导和调控工作，改变过去管得过紧、统得过死的管理模式，扩大各招生单位的自主权，调动他们的积极性，合理下放招生权。同时要求招生单位根据自身的办学条件和能力以及社会需求，制定招生政策和方案。从 2009 年起，我国将适度调减单独考试招生数量并调整招生专业，确保单独考试招生的质量。单独考试招生将主要用于国家急需人才的专业，面向艰苦行业和边远地区招收优秀的在职人员，特别是有丰富实践经验的优秀工程技术人员。这既是培养创新人才的现实需要，也是构建和谐社会、实践科学发展观的重要途径。另外，还要求调整招生的专业结构，扩大应用性强的学科招生比例。这在一定程度上表明，在过去一段时间，我国培养的研究生大多是偏理论的学术研究型人才，缺少有技能的专业应用型人才。在建设高等教育强国的新形势下，对应用型和复合型人才的需求日益增加，要求研究生教育在人才培养模式上进行调整和改革，不能走学术型人才培养的单一路子，而应当体现多样性，发展到以专业学位为主的研究生招生培养模式。大力推进应用型人才的培养，为社会经济的全面、和谐、可持续发展储备大量实用性人才已成为高等教育的重要任务，也预示着高等教育未来发展的方向。

第三节　对我国专业学位硕士研究生
教育研究之反思①

——基于《学位与研究生教育》2002—2011 年发表论文的统计

专业学位硕士研究生教育是我国研究生教育体系的重要组成部分。1991 年，我国设立了第一个专业学位——工商管理硕士（MBA）。经过 20 多年的发展，专业学位硕士研究生教育发展成绩显著。近几年，随着社会主义工业化建设到了关键期，专业学位硕士研究生由于兼具扎实的专业理论知识、较强的实践能力和创新能力，成为促进工业化发展，加快建设高等教育强国的重要力量。本文采用文献计量法和内容分析法对近 10 年刊登在《学位与研究生教育》期刊上的以专业学位硕士研究生教育为主要内容的论文目录进行数量统计和分析，得出我国专业学位硕士研究生教育研究的一般规律，明确当前我国专业学位硕士研究生教育的研究现状，并归纳出基本特征，为更好地发展专业学位硕士研究生教育提供理论指导和对策建议。

---

① 该文原载《职业技术教育》2013 年第 16 期。

一 基本情况

(一) 样本选择

对《学位与研究生教育》2002—2011 年 10 年间的目录进行检索，且对每篇论文进行查阅，以确保数据统计结果的准确性。剔除资料、培养单位介绍、信息窗等非学术文章，最终检索出有效样本302 篇。

(二) 文献基本情况

由表 1、图 1 可以看出，近 10 年来我国专业学位硕士研究生教育研究成果在数量上呈现出不断增大的态势。2003—2007 年，论文数量总体呈现出第一次上升。与 2003 年相比，2007 年论文的增长率为 100%，也就是说论文数量翻了一番，说明社会发展对复合型、应用型人才的强烈需求，使人们逐渐认识到专业学位硕士研究生教育在整个高等教育体系及经济建设中的重要战略作用。2009—2011年出现论文数量的第二次上升。到 2010 年，论文数量明显上升，比 2009 年增长了 22.58%，而 2011 年论文数量比 2010 年又增长了 13.15%。

2009 年和 2010 年是我国专业学位硕士研究生教育发展史上的两个标志性年份。2009 年 3 月，教育部下发《关于做好全日制专业学位硕士研究生培养工作的若干意见》，提出自 2009 年起，扩大招收以应届本科毕业生为主的全日制硕士专业学位研究生范围。2010 年，我国开始招收全日制专业学位硕士研究生，研究生数量大幅增加。同年，国务院学位委员会第 27 次、28 次会议召开。27次会议上审议通过了新增金融硕士等 19 种专业硕士学位类别。刘延东在会上强调要大力发展专业学位教育，而这次会议是历史上历届会议中颁发文件数量最多的一次，对于专业学位硕士研究生教育的发展具有重要意义。2011 年 2 月 13 日，国务院学位委员会第 28 次会议审议通过我国第 39 种专业硕士——审计硕士。我国专业学位硕士研究生教育实现了加速发展，跨上了一个新的历史台阶。

表1　　　　　　　　2002—2011 年论文数量统计表　　　　（单位：篇）

年份	2002	2003	2004	2005	2006	2007	2008	2009	2010	2011
数量	30	19	20	22	23	38	34	31	38	43

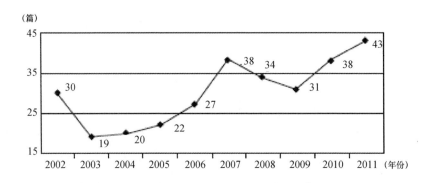

图 1　2002—2011 年论文数量变化趋势图

二　统计分析

将 302 篇论文根据期刊目录按照内容分析法进行归类，可分为11 个大类：专业学位硕士研究生的培养研究、专业学位硕士研究生的质量保障与评价机制研究、专业学位硕士研究生的教学与课程体系研究、专业学位硕士研究生毕业论文写作等相关研究、专业学位硕士研究生师资队伍建设研究、专业学位硕士研究生教育发展问题与对策研究、专业学位硕士研究生的招生与就业研究、专业学位硕士研究生的实践与实训研究、专业学位硕士研究生学科设置可行性分析研究、发展专业学位硕士研究生教育与社会关系研究、专业学位硕士研究生教育的学科建设相关研究等，详见表2。

表 2　　　　　《学位与研究生教育》专业学位硕士研究生教育
论文研究内容分类　　　　　（单位:%）

培养研究	30.13
问题与对策研究	16.00
教学与课程体系研究	13.24
实践与实训研究	12.25
质量保障与评价机制研究	10.92
毕业论文写作研究	6.95
学科建设研究	3.64
教育与社会关系研究	3.31
招生与就业研究	1.32
师资队伍建设研究	1.32
学科设置可行性分析研究	1.00

如表 2 所示，关于专业学位硕士研究生培养研究的论文共有 91 篇，占总数的 30.13%，所占比例最高，说明专业学位硕士研究生的培养研究是当前研究的热点和焦点。这一研究主要是从专业学位硕士研究生培养模式探析、培养与实践的关系、实践能力培养的重要性分析等方面进行探讨。仅次于培养研究的是教育发展研究，论文共 48 篇，占总数的 16%。研究专业学位硕士研究生教学与课程体系的论文共 40 篇，占总数的 13.24%，讨论了课程与教学改革中存在的问题及解决方法等；关于专业学位硕士研究生教育实践性研究的论文共 37 篇，占总数的 12.25%。关于专业学位硕士研究生教育质量保障与评价机制研究的论文占 10.92%。关于专业学位硕士研究生毕业论文写作等相关研究的论文共有 21 篇，占总数的 6.95%；关于学科建设及专业学位硕士研究生教育与社会关系研究的论文分别是 11 篇和 10 篇，分别占总数的 3.64% 和 3.31%；关于招生与就业和师资队伍建设的论文数量相同，共 4 篇，分别占总数的 1.32%；关于学科设置可行性分析的论文有 3 篇，约占总数

的 1%。

　　经过短短 10 年的发展历程，我国初步建成了具有中国特色的专业学位硕士研究生教育体系，取得了一定成绩，但是也存在不少问题。其中最重要的一点是我国学术型和专业型研究生培养模式趋同，专业学位硕士研究生的培养模式缺乏创新性和实践性，培养的高层次专门人才的专业性和职业性特征不强。如何跳出传统的学术性培养模式，构建独具特色的专业学位硕士研究生教育模式是学者关注的焦点问题。通过对 91 篇专业学位硕士研究生培养研究论文进行进一步研究发现，这些论文主要探讨了校企联合培养、创新和构建培养新体系等问题，相同点是都将培养与实践联系在了一起，途径主要是通过加强学校与企业之间的联系，构建专业学位硕士研究生实践与实训基地，以提高专业学位硕士研究生的应用与创新能力，突出专业学位硕士研究生的职业特点，将实践性贯彻在专业学位硕士研究生培养的各个方面，提高专业学位硕士研究生人才的实践能力，为社会输送高层次专门人才。

　　在对十一大类进行归类时发现，总体来看，目前的研究多是从宏观立场来看待专业学位硕士研究生教育中的各种问题，少有从专业学位硕士研究生招生的生源质量方面进行的微观研究，我国专业学位硕士研究生教育的研究主要存在以下六方面问题：第一，在专业学位教育领域较少有著名学者和研究者出现。论文的作者多为高校教师和在校学生，著名学者论文出现的概率偏低。通过查阅相关著作，以专业学位硕士研究生教育为题的著作几乎没有。第二，在论述人才培养模式构建中，没有涉及专业学位硕士研究生身心发展状况的论文。第三，在课程设置和教学改革相关论文中，没有一篇是涉及专业学位硕士研究生德育工作的论文。第四，涉及专业学位硕士研究生教育管理模式研究的论文很少。第五，在对课程设置和教学改革的研究中，较少涉及教材和案例的编写研究。第六，缺少对专业学位硕士研究生教育的奖助学金体制的研究。全日制专业学位硕士研究生数量的增加改变了以往非全日制专业学位硕士占主体的现状，全日制专硕的经济来源较之以前的在职硕士大大缩小，大部分靠家庭支持和兼职，这无形中增加了学生的经济压力。因此，应当完善专业学位硕士研究生奖助金制度，提高学生学习的积极性。

三 我国专业学位硕士研究生教育研究的基本特征

第一，从研究论文的数量上看，我国专业学位硕士研究生教育的文献总体呈现逐年增长的趋势，这与我国专业学位硕士研究生教育发展的规模息息相关。我国专业学位硕士研究生教育的发展是一个从无到有、从少到多的过程，经历 20 多年的发展之后，专业学位硕士研究生教育的发展已初具规模。教育部高教司统计的数据显示，截至 2010 年，我国共设置了金融硕士等 39 种专业硕士学位。专业硕士学位授权点数达 2679 个，专业硕士学位授权单位数 509 个，具有专业学位授予权的院校达到 476 所，累计招生 85 万人，初步建立了具有中国特色的专业学位硕士研究生教育制度，为社会主义现代化建设培养了一批高层次应用型人才。专业学位硕士研究生因为具有较强的实践性，而且是集高层次、复合型、应用型和创新型于一身的人才，受到社会各部门的欢迎，其发展规模进一步扩大，将取代以往注重理论和科研的学术型硕士研究生，成为我国高等教育硕士阶段研究生教育发展的主流。

第二，从研究队伍来看，研究专业学位硕士研究生教育的学者有从事研究生教育管理的人员，也有理论工作者；有专职研究人员，也有其他领域研究人员；有研究生教育研究的资深学者，也有以硕士生、博士生为代表的年轻学者。北京大学原校长周其凤的《总结经验继续努力把我国专业学位教育工作推向一个新的发展阶段》一文，从 10 年专业学位教育发展历程、10 年专业学位教育发展经验和今后工作方向三个方面阐述了我国专业学位教育的发展。①教育部学位管理与研究生教育司副司长黄宝印的《我国专业学位教育发展的回顾与思考》对我国专业学位教育的发展进行了历史回顾，并对其进一步发展进行了思考与展望。② 李霞的《对完善专业学位硕士研究生培养主体的思考》一文，通过将实践性纳入培养主体中作为补充和完善，对我国专业学位硕士研究生的培养主体进行了理性思考，以有效提高专业学位硕士研究生的实践能力和水平。③从以上整体情况来看，专业学位硕士研究生教育的研究队伍和研究群体在不断壮大。但是，这些研究多是以期刊论文或领导讲话的形式发表，专著较少。

第三，从研究视角来看，既有宏观性的专题研究，也有比较具体的微观研究；既有理论性较强的研究，也有比较偏重实践的问题研究。通过对《学位与研究生教育》关于专业学位硕士研究生教育发展问题与对策的论文进行进一步梳理统计后发现，从问题入手的研究少，局部研究较少，整体研究多。从问题出发提出对策和建议的仅有 6 篇，1 篇是从军事人才体能训练的角度来论述的，有 9 篇是从当前我国专业学位硕士研究生教育整体出发来阐述的。

第四，从研究范围上看，关于国外和国内的研究都有涉及；对全国性的探讨既有东部发达地区的，也有西部地区的；区域性的调查研究既有重点院校的，也有一般院校的。但总体来说，表现出一定的不均衡性：普遍性探讨多，个性化研究少；重点高校多，一般

---

① 周其凤：《总结经验继续努力把我国专业学位教育工作推向一个新的发展阶段》，《学位与研究生教育》2002 年第 1 期。

② 黄宝印：《我国专业学位教育发展的回顾与思考（上、下）》，《学位与研究生教育》2007 年第 6 期；2007 年第 7 期。

③ 李霞：《对完善专业学位硕士研究生培养主体的思考》，《学位与研究生教育》2008 年第 5 期。

院校少；东部地区多，西部地区少。

第五，从研究的效应和重视程度上看，大多数研究基本停留在对现有政策的解读上，缺乏创新的观点和理论，也缺乏具有操作性的建议和对策研究，一般都是比较宽泛的论述。另外，当前我国对于专业学位硕士研究生教育的重视程度不高，尤其是"985"和"211"工程院校。在各大学建设方案的论文中缺少对专业学位教育建设情况的阐述。

第六，从研究方法上看，与国际社会相比，国内对于这个方向的研究多是从定性的角度来分析。例如，从招生考试制度、招生生源、人才培养目标和模式、质量保障与评价机制等方面进行探讨，或者从专业学位硕士研究生教育的发展对促进经济建设和社会发展重要性的角度进行论述，理论论述多，很少有实践方面的具体阐述。而国外对于专业学位硕士研究生教育的发展研究多是定量研究，且多是从劳动力市场的需求出发，将劳动力市场需求视为分析专业学位硕士研究生教育发展规模、结构的重要变量。

四　几点思考

（一）发展我国专业学位硕士研究生教育的重要意义

专业学位硕士研究生教育是专业学位教育的重要组成部分，是我国为适应社会发展对人才多样化需求而设置的一种新的学位制度。我国在社会主义工业化建设的关键时期，对专业技术人才巨大需求的机遇下，发展专业学位硕士研究生教育有着重要意义。

首先，发展专业学位硕士研究生教育促进了人才的多样化，为社会提供了复合型、应用型人才，对经济社会发展起到了积极的促进作用。社会发展使得我国对应用型、复合型高层次专门人才的需求大大增加，传统高等教育所培养的研究型、教学型人才已经不能满足社会发展对多样化人才的需求，社会迫切需要高层次专门人才。

其次，发展专业学位硕士研究生教育促进了高等教育大众化的步伐。专业学位硕士研究生教育的发展扩大了接受高等教育的人数和规模，丰富了我国人才结构和规格，使高等教育从单纯的培养科研人才和高校教师，转向为社会各领域培养多样化的复合型、应用型高级专门人才。

最后，发展专业学位硕士研究生教育促进了我国学位与研究生结构的调整和完善。在我国学位与研究生教育体系中，一直都是学术研究占主导地位，专业学位教育尤其是专业学位硕士研究生教育的发展完善了我国学位与研究生教育体系。

（二）发展专业学位硕士研究生教育的途径

为发展专业学位硕士研究生教育，培养大批高素质、高层次的应用型、复合型人才，可以从以下七方面着手：第一，明确专业学位硕士研究生教育的重要地位。改变传统上人们对专业学位的偏见，明确其在建设创新国家、促进经济社会发展中的重要战略作用。第二，理顺专业学位硕士研究生教育的管理体制。专业学位硕士研究生教育应当由高校自主办学，政府宏观调控，法律法规指引，其中，高校自主办学是实施专业学位硕士研究生教育的基础。第三，优化专业学位硕士研究生的生源。专业学位硕士研究生自2009年扩招以来，人数大大增加，学生质量随之下降，可以通过规范入学考试办法等措施来提高专业学位硕士研究生教育的质量。第四，强化专业学位硕士研究生培养的质量保障和评价指标体系。包括创新专业学位硕士研究生人才培养模式，加强教师队伍建设，完善专业学位硕士研究生奖助学金制度，完善评价指标等方面。第五，强化专业硕士学位与职业资格证书的衔接。专业学位教育应当加强同社会职业部门的联系，主动适应社会和劳动力市场的需求。第六，实施专业学位硕士研究生教育毕业学历、学位证书一体化。

改革与学位、学历制度不相符的各种劳动人事政策和制度，转变传统用人单位只重视学历证书，轻视学位证书的做法，加强和完善社会用人单位制度。第七，充分发挥地方政府、专业学位指导委员会的作用，促进专业学位硕士研究生教育持续健康、有序的发展。

第 五 章

招生就业

第一节　浅析特色型大学的招生与就业①

2007 年年底，20 多所具有鲜明行业特色的大学在北京邮电大学举办了我国首届高水平特色型大学论坛，共商我国高等教育的发展大计。同时，为了更好、更快地建设高等教育强国，中国高等教育学会和全国教育科学规划领导小组办公室分别以规划课题立项，研究高等教育强国的实践与理论问题，其中专门设立研究板块，专题研究特色化办学的问题。这在一定程度上说明，研究特色化办学，有助于解决我国大学的生存与发展问题。

一　特色型大学概念解析

所谓特色型大学，是指以行业为依托，围绕行业需求、针对行业特点、为特定行业培养高素质专门人才的大学或学院。特色型大学是与市场、产业、行业和岗位群密切联系的大学，它们依据普通院校本科办学的基本规律，围绕学科建设，针对行业、岗位与技能需要设置专业，以培养专业性高级人才。特色型大学的基本特征主要表现在其富有特色的学科专业设置、理论密切联系实际的教学、

①　该文原载《江苏教育研究》2009 年第 4 期。

学生有明确的就业去向、教师的知识结构与行业对应、相对稳定的科研领域以及善于经营的学校管理等方面。特色型大学面向国民经济发展的需要，根据行业特点设置应用性学科专业；以就业为导向，构建学术、技术和职业相结合的人才培养模式，因材施教，强化实践实训教学，提高学生的应用能力；重视应用研究，依托行业实现产学研的结合，培养具有适应生产、建设、管理及服务需要的应用性人才。建设特色型大学，必须突出行业性特点，培养高素质应用型人才，打造应用性学科专业，开发应用性课程，建设应用型师资队伍，重视应用性研究。

二　特色型大学的招生

特色型大学在人才培养方面有别于综合性大学的主要特点是要培养具有行业应用背景的高级专门人才。作为以本科教育为主的特色型大学，既不能像综合性大学那样完全按照传统大学的模式培养学术型人才，也不能像职业技术学校那样突出职业技能，培养纯粹的、务实的技能型人才，而应当结合精英教育和大众化教育两方面的特点，走特色发展的道路，使学生的基础知识宽于高职院校，实践能力强于传统大学。

招生作为高等学校人才培养的起点，在一定程度上直接影响人才培养的过程与质量。质量和特色是每一所大学生存、发展的关键。招生的目的是为大学招进适合人才培养目标的学生，为此就要制定招生的条件、标准。大学是知识创新的地方，因此，首先必须选择那些具备相应文化知识素养的人。其次，所选择的学生应该具有正确的道德观、价值观。此外，身心健康状况也是招生的重要条件之一。从个别性来看，大学有许多类型，具有各自的办学宗旨和培养目标，因而，不同的学校又有其不尽相同的招生要求。特色型大学的招生应该考虑自身人才培养的特点、目标、规格、专业与教学特点以及行业需求。特色型大学所培养的人才一般为应用型人才，因此，在招生过程中应更加关注考生的全面综合素质和实际动手能力，把既具有一定基础知识又具有很强动手能力的学生选拔进来。这既是特色型大学的培养目标的要求，更是其注重产学研相结合的教育教学模式所决定的；如果按其他综合性大学的条件和要求进行招生，将难以充分而有效地实现其教学目标。

特色型大学一般都是面向行业的，其毕业生的行业背景明显，因此，实施订单招生、定向就业是解决特色型大学招生的有效办法。"合格加特色"的毕业生和畅通的就业渠道，既是用人单位的需求和学生的要求，也是特色型大学办学的目标，更是我国社会发展的急切需要。在面临大量毕业生失业，而用人单位缺乏用得上的人才的背景下，实施特色化招生，将有助于进一步解决就业难问题。

实施订单招生、定向就业，建立和完善有效机制，对于特色型大学也是十分必要的。首先应给予特色型大学优惠的招生政策与就业政策。国家应针对特色型大学制定一些专项优惠政策，并积极采取切实有效的措施，增强特色型大学的吸引力，以吸引优秀生源报考特色型大学，如对一部分国家紧缺、行业发展急需的学生实行免费教育，如同师范生免费教育一样。也可加大特色型大学学费减免力度，吸引学生报考特色型大学。应针对特色型大学毕业生到行业对应部门就业的实际，制定优惠政策和激励措施，鼓励特色型大学毕业生到基层企业就业。其次，应赋予特色型大学招生自主权。招生本应是大学自己的事，政府不应该过多包办。然而，当前的情况是从考试内容到考试方式，从录取名额到录取办法，基本上都由政府（考试院或招生办）统管，大学与考生表达、实现自身意志的空间有限。《高等教育法》明确规定，高等学校享有招生自主权。招生自主权包括自主制定招生计划、评价标准、招生政策、招生办法等内容。以评价标准为例，一方面创新人才的培养要求评价考生的综合素质，这种素质不仅仅表现为知识和技术的学习、应用和创造，更表现为理想盼求、责任意识、品德操守、心智潜能；另一方面，高等教育大众化的推进，带来高等教育的结构调整、体制变通、类型多样、规模扩充，不同层级、不同类型的学校对生源的素质要求也不尽相同，这就使得高等学校必然实行多元招生。如果高等学校不具有自主招生权，这种变化将很难适应。最近，笔者通过调研发现，招生已成为制约学校分类发展的主要原因。虽然国家已经在一些学校推行自主招生，但由于其范围有限、限制较多，仍然不能适应创新人才培养的需要。而且，拥有自主招生的学校大都是综合性的研究型大学，很少有特色型大学。毋庸讳言，如果不能实行真正的自主招生，我国大学的分类发展将会是一句空话，适应社会需求的应用型创新人才的培养也只能是纸上谈兵。

三 特色型大学的学生就业

目前，日益严重的大学生就业难的问题主要是结构性的：学生所学的专业知识与社会实践的要求有较大距离，甚至出现所学非所用的情况，造成学生自身就业取向模糊，就业过程中困难重重。而特色型大学由于其办学面向特定行业，人才培养注重与行业的实际发展相结合，学生在入学时就基本上有较为明确的职业定向。因此，学生就业时，依靠其专门的行业知识和实践经验，较容易实现社会需求和个人愿望的最佳结合。从用人单位的情况反馈来看，特色型大学培养的人才也是较为受欢迎的。北京联合大学应用文理学院从招生开始就考虑学生将来的就业问题。因此，无论是教学计划的制定、教学内容的选择，还是教学方法的采用、教师的培训，学校都紧紧围绕"应用"大做文章，特别是探索出了应用文科的发展之路。目前该校培养的学生已经遍布整个北京地区的各个行业，并取得了一定的业绩。

现阶段，我国的大学人才培养规格和标准单一，人才的知识结构和能力结构相近，不能很好地适应社会的不同需求。而特色型大学在人才培养、专业设置、科学研究等方面能够满足不同行业的特殊需要。如果我们保留其特色，扬长避短，将有利于我国高等教育结构体系的建立与完善，有利于满足广大人民群众不断增长的对高等教育的需求，并使之成为我国不断完善、走向专业化、多样化的高等教育体系的重要组成部分。

信息社会对人们的职业素质提出了新的要求，新的职业不断出现，新的要求不断增加，不只是需要高层次的学术型、研究型人才，更需要大批既懂理论又能动手的高级专业应用型人才、技术专家和管理专家。从实际情况看，特色型大学所培养的学生大都能够在生产一线从事技术开发、技术应用和生产管理工作，因为他们既了解本行业的实际需要，也具有相应的知识储备，他们对岗位的适应性较强。这说明特色型大学更有利于应用型人才的培养，其人才培养目标以就业为导向，以本、专科学生为主体，以能力为重点，以行业为依托，以理论联系实际为着力点。

特色型大学有条件实施实践教学，以实验、实训为主要教学形式的课程设置与教学环节，可以更好地促使学生将理论与实践结合起来，在实验、实训中，锻炼学生的动手能力。将实验、实训与教师的科研开发工作相结合，在实验、实训的基础上，成立相应的研究机构，既可为教师的科学研究工作服务，也可为学生提供实际锻炼的机会，从而有效地提高特色型大学人才培养的质量和规格。

特色型大学在人才培养上的独特性充分表明自身在高等教育体

系中的不可替代性。因此，认真研究特色型大学的人才培养问题，进一步探讨特色型大学在建设和发展中的理论问题，认清特色型大学在我国高等教育发展中的地位与作用，对于建设高等教育强国具有重要意义。

第二节　艺考招生中的基本公平应得到足够重视①

年末岁初，全国各高校迎来了一年一次的艺术类考试的招考工作，成千上万的艺术考生在各大艺术类高校的门前徘徊，形成了独具中国特色的考试现象。然而，浏览各家媒体报纸、网络新闻等可发现大多数高校几乎都在一两天之内完成了近万人报考的艺术考试，其中包括各专业的初试、复试和三试。这样一来，考试的公平性与招生质量就不言而喻了。如在有些专业初试中，教师只问学生一个问题或者只让学生说几句话，就作出是否进入复试的决定。更有甚者，一些多年苦心学习艺术专业，且具有较好功底的考生则一败涂地；相反，一些临阵磨刀，临时改辙易弦者却大获全胜。没有比较就没有辨别，没有调查就没有发言权。作为一名高等教育研究者，笔者认为：提高我国高等教育的质量，建设高等教育强国不仅需要高校自身作出努力，作为人才来源的主渠道，艺术类招生把好生源质量关，实现招生公平，选拔出更加优秀的考生才是重中之重。

一　艺考问题面面观

（一）考生人数庞大。1999 年，我国开始了高校扩招，更多的

---

① 该文原载《教育与考试》2013 年第 2 期。

学生有机会进入到大学学习，而艺术类院校与开设艺术类专业的院校较之扩招以前的数量和规模都出现猛增现象。一方面由于艺考的录取率较高，越来越多的考生想通过"曲线上学"来实现大学梦。另一方面，随着我国进入 WTO，知识经济迅速发展，而以往高校培养的人才不能满足社会发展的需要，社会迫切需要具有艺术才能的专门人才来促进社会持续健康发展。所以，艺考的人数规模逐年增加。让我们看下面一组最新的数据：2013 年，北京电影学院最热门的表演专业报考人数是 4392 人，招生 30 人，录取率是 146：1；北京邮电大学的招录比例为 60：1；中国传媒大学仅表演专业的招录比例则达到了 177：1。通过数据可以看出，庞大的报考人数，尤其是知名艺术院校的报考人数达到了如此之高，堪比中国最难考的考试——公务员考试。由此也可以看出艺考热在持续升温中，艺考是全国各大艺术类院校对艺术类考生举行的一次专业考试，包括舞蹈、美术、音乐、导演、播音主持等专业。艺考建立的初衷是选拔出具有艺术才能的考生，也是对在传统高考的影响下，人才类型单一的补充和完善。但是，由于艺术类考试文化课录取分数较低，导致了一些考生打起了擦边球，想以此为捷径进入大学。这也是近几年艺考持续回温的主要原因。如此大规模的报考，不仅给考生自己带来了竞争压力，也给招生院校增加了很多工作，在一定程度上，给有效选拔人才和高校公平录取造成了客观影响，但问题的根本原因尚不在此。

（二）阅卷难度大。阅卷是选拔人才过程中至关重要的一环，有时候一分的优势可能决定一个考生的命运。然而在新华网上刊登的一则网络新闻——山东艺考阅卷工作开始，考卷铺满地，从这篇新闻中的照片上可以很直观地看到山东工艺美术学院的老师正在批阅考卷。考生的美术作品被密密麻麻、整齐地平铺在地上，足见数量之多。笔者认为艺术作品只有在仔细审阅对比的基础上才能判断出优与劣，而这些考卷要求阅卷老师要在有限的时间内批阅出来，这对阅卷老师的能力和耐力也是一个挑战。另据相关数据显示，中央戏剧学院本科招生网上报名人数超过了14000人，比2010年多了3000多人。山东省2013年有近9万人报名参加艺考，较2012年增加了近2020人。艺术类院校盲目地进行招生，增设艺术类专业也给自身的招生工作带来了不必要的麻烦。众所周知，艺考从报名到参加完复试、三试历经时间不到一个月，平均每个考试环节在不到一周的时间内完成。要想在短时间内进行艺考的同时还要批阅出成千上万份考卷，阅卷难度之大，可想而知。

（三）考试时间短，等待时间长。我国传统的教育最忽视的就是对学生进行心理健康教育。根据心理学认知发展理论对人类认知发展阶段的划分，高中生的认识还处在发展和完善中，也就是说身心是不成熟的。加之，艺考的竞争程度与高考不相上下，很多考生在经过这一关时候都会出现不同程度的紧张、昏厥、身体不适等现象，影响考试的正常发挥。由于报考人数的增加，但是录取人数却没有增加。为了节约考生等待时间，加快考试进度，在考试的面试过程中有的只是考官简单地问一个问题，说几句话就结束了，但是考生在排队的过程中却等了数小时。在人民网教育频道刊登了一则"穿泳衣排队几小时艺考生考试冻得直发抖"的新闻，报道称由于考生众多，参加考试的等待时间占了大部分的考试时间，有的考生因为心酸当场哭了起来。在长时间睡眠不足和高度紧张的状态下，长时间的等待过程不仅仅是对考生体力的一种锻炼，也是对考生抗压能力的一种考验。

（四）专业差异性难以把握。随着社会不断发展进步，社会产业分化程度越来越细，对知识的专业要求越来越高，高校为适应社会产业结构的优化升级对专门人才的需求设置了很多新专业，很多是边缘学科和跨学科专业，而专家评委老师以前所学习的大多是旧的专业知识，很难及时准确把握最新的专业差异性。因此，对于评委老师熟悉的专业领域可以很好给予判断，而对自己不熟悉的专业领域则只能是照葫芦画瓢。因此，除了艺考的大规模性制约了艺考的公平性，专业差异性也是制约艺考公平性的重要因素。评委老师们的自身专业不同，则欣赏习惯就不同。但是，在考生面试的时候，评委大都是担任同一大专业之下各个方向的评审工作，况且在不同的时段，人的注意力和判断力有很大的差异性，加之考生众多，又不得不分考场进行，这样一来，各个考场间评分标准和平衡性就很难把握。这种考试组织方式在客观上会造成对考生的不客观、不公平，而考官则有充分的理由解释其评判工作是真实的、公正的。

（五）考试分组进行，宽严尺度不好平衡。庞大的报考人数，有限的考试时间，院校要想在短时间内完成巨大的招生工程，需要高效率地进行，最有效的方法就是分组进行面试。据了解，几乎所有的高校艺术类专业的招生考试的面试工作都是分数个考场进行的。这样一来，排除评委老师由于自身的主观因素，包括专业差异性、审美疲劳等，面试现场整体的宽严尺度是最受人质疑的客观因素。因此，不同考场的评分标准以及宽严尺度把握就相当重要了。有的考场老师受到集群效应的影响，整场考试下来，打分普遍较高，而有的考场老师打分则相对偏低，导致考生考试结果的不公平。

二 对艺考招生公平性的思考

艺考招生有没有标准，标准是什么？是谁制定的标准，又由谁来执行？对于这些问题的不同回答体现出不同的教育观，随之产生不同的考试观，也注定会导致不同的考试结果。艺术是最具有个性的专业，也是最具创造性的专业，那么如何判断其创造力的水平就成为艺考公平性体现的关键所在。而且不同学校的专业特长并不完全相同。

另外，艺考的目标究竟是什么？从院校招生方面来说，是为了选拔出具有潜力的生源还是为了选拔出已经表现出了一定水平的人才？是为了培养有艺术天赋和艺术才能但基础素质一般的学生呢？还是选拔基础素质较好但专业水平一般的学生呢？是选拔大学生还是在选拔歌唱家、画家等呢？

诚然，艺考作为高考的有机组成部分，也是一个教育利益的集中地带，艺考的全过程也是一次各方利益竞争和博弈的过程，对艺考理解的差异性导致了各方利益团体观点的对立。因此，《国家教育考试法》的建立和进一步完善就显得尤为重要。从法律的角度规范艺考的各项标准，确定艺考的各项目标，加大其公示力度和社会公信力。

厦门大学教授张亚群在"自主招生改革的价值取向"中说道："公平竞争与公正取才是选拔性考试的基本要求，也是衡量招生考试制度完善与否的重要标准。"而面对艺考的种种不公平、不透明的现象，应如何完善和改进，是值得我们认真思考的问题。

（一）改革现行考试制度，强化各省艺术联考监管与监督

我国《2010年普通高等学校艺术类专业招生办法》（以下简称《办法》）中规定：艺术类专业考试分为省级招办统一组织的专业考试（以下简称"统考"）和招生学校组织的专业考试（以下简称校考）两种形式。各省统考的实施方法，由省招办依据《办法》制定，而统一进行招考的院校则是由省招办指定，这种方式应该引起我们的思考。每年都由同一所高校组织，会不会在客观上造成某些不公平的现象？若连续几年由一所高校组织，会不会出现考生与考官之间的暗箱操作，出现腐败呢？在《艺考"高烧不退"助长艺术教育腐败》一文中，全国人大代表、山东省聊城大学原校长宋

益桥认为，千军万马挤艺考独木桥，说明"教育制度出了问题。目前这种招生制度为招考玩猫腻儿提供了可能。几个评委就能决定一个孩子的一生吗"？另外，实行统考会弱化考生的多样性，降低考生的专业素质，应试性特征明显加强。

（二）注重考试组织方式及过程的设计公平

每年都有人在质疑艺考的考试方式、方法及考试过程缺乏公平性和有效性，由于校方在组织考试的过程中会在准备考试道具的过程中造成泄题，造成集中考试的考试公平性严重下降。因此，可以改变考试组织方式，包括变集中考试为分散考试。可以将艺考的三个环节分在不同时间段进行。另外，由于艺术类考生的来源多样，有的是高中艺术特长生，而有的则是毕业后想通过艺考升大学的社会人员。所以，可将艺术考试的时间提前进行。这样，不仅可以避免一些考生由于文化课基础较弱，想通过艺考来走捷径，等到了高二才转学艺术的投机行为，还可以分散生源数量，减少校方招生压力。此外，集中考试也给招生方的阅卷、评分工作带来极大不便，就如网上流传的美术试卷，整个体育馆都铺满了，老师如何有效作出判断，如何有效给出分数？

（三）选拔专业对口、责任心强的专家担任评委，建立评委信誉库

在考试过程中，若招考的学校保密措施不当，很容易造成泄题事故。而有的高校甚至为了吸收生源，故意出卖考试题目的现象也时有发生。另外，每年让同一个高校组织招生考试工作，考试内容和考试形式大同小异、日趋简单，使很多考生和家长很快掌握考试规律，考试腐败现象更加扩大化。另外，单纯地注重考察学生的专业技能，而忽视对理论知识的学习，让很多考生在备考的过程中只注重技能训练而忽略理论知识，导致很多艺术类学生极度缺乏基本的艺术常识。所以教育部应根据实际情况要求各个招生学校依据各

个艺术专业尤其是专业方向建立艺考专家库，并实行考试保密制度，避免本校教师担任评委。近年来，不乏经过本校教师指导而后又经过本校教师面试，并最终被录取的情况发生，这也是社会反响强烈的问题之一。教师收取高价课时费指导校外、省外艺考学生的问题也应规范。

（四）切实重视考生及家长的申诉和意见，认真查实，而不是敷衍了事

庞大冗繁的招生工作不免会出现疏漏之处，一旦有考生和家长提出异议，应认真组织人员核查。此外，还应将同一专业方向的不同考场考生的评分结果加以对比。另外，建立专门的意见处理小组，认真登记家长意见，并及时反映，对包括招考各个关键环节的初试、复试、成绩汇总等工作都要做到严格的监督和登记，以便核查。建立严格的责任追究制度，发现问题，及时纠错，减少甚至杜绝人为因素造成的不公平现象，以提高艺考的透明度和公信度，做到公平、公正、透明。

第三节　社会化考试：招考分离的有益尝试①

探索招生和考试相对分离的办法，旨在深化考试内容和形式改革的基础上，着重考查综合素质和能力。但是如果简单类比或者照搬现行的其他社会化考试的做法，势必会导致高考选拔性的降低，影响社会公平和教育公平，不利于和谐社会建设。

高考改革是一个复杂的系统工程，往往会牵一发而动全身。因此，高考改革既要充分考虑科学性，也要认真分析可行性；既要考虑长远目标，也要充分关注现实。正因为如此，在《国家中长期教

---

① 该文原载《中国教育报》2010 年 12 月 8 日第 6 版。

育改革与发展规划纲要（2010—2020 年）》中，对高考改革作出了方向性的规定，提出要进一步深化考试内容与考试形式改革，探索部分科目实行社会化考试和多次考试。这种提法试图通过实行社会化考试及多次考试来缓解高考带来的巨大压力，切实为素质教育的实施和创新人才的培养创设宽松的制度环境，以期实现高等教育对于人才选拔的有效性以及国家对高等教育资源的合理配置，进而达到提升高等教育质量、实现高等教育现代化的理想。

一　深化考试内容和形式改革

按照有利于科学选拔人才、促进学生健康发展、维护社会公平的原则，探索招生与考试相对分离的办法，政府宏观管理，专业机构组织实施，学校依法自主招生，学生多次选择，逐步形成分类考试、综合评价、多元录取的考试招生制度。《教育规划纲要》第十二章三十六条规定：完善高等学校考试招生制度。深化考试内容和形式改革，着重考查综合素质和能力。以高等学校人才选拔要求和国家课程标准为依据，完善国家考试科目试题库，保证国家考试的科学性、导向性和规范性。探索有的科目一年多次考试的办法，探索实行社会化考试。

逐步实施高等学校分类入学考试。普通高等学校本科入学考试由全国统一组织；高等职业教育入学考试由各省、自治区、直辖市组织。成人高等教育招生办法由各省、自治区、直辖市确定。深入推进研究生入学考试制度改革，加强创新能力考查，发挥和规范导师在选拔录取中的作用。建立健全有利于专门人才、创新人才选拔的多元录取机制。高等学校普通本科招生以统一入学考试为基本方式，结合学业水平考试和综合素质评价，择优录取。对特长显著、符合学校培养要求的，依据面试或者测试结果自主录取；高中阶段全面发展、表现优异的，推荐录取；符合条件、自愿到国家需要的行业、地区就业的签订协议实行定向录取；对在实践岗位作出突出贡献或具有特殊才能的人才，建立专门程序，破格录取。

《教育规划纲要》提出的择优、自主、推荐、定向、破格 5 种录取办法，在一定程度上明确了高考改革与招生录取制度改革的紧密关系，折射出未来高校招生考试改革的价值取向。尽管这些录取方式有的地方已经在做尝试，但仍没有作为改革的试点方向，在这次出台的《教育规划纲要》中明确提出来是对高考制度改革的一大推进。概括起来看，这 5 种录取方式都不是唯分数论，是在选拔考试的基础上综合考虑学生整体素质和学业水平的灵活录取机制。《教育规划纲要》提出要探索招生和考试相对分离的办法，旨在深化考试内容和形式改革的基础上，着重考查综合素质和能力。以高等学校人才选拔要求和国家课程标准为依据，完善国家考试科目试题库，完善统一命题和分省命题方式。探索有的科目一年多次考试的办法，探索实行社会化考试。关于社会化考试，是指由独立于政府的第三方机构进行考试命题和组织考试的形式，这个机构必须依据考试性质与要求，按照高等教育规律，依法独立运行，而不受其他任何组织与机构的干扰与影响。也可理解为授权给社会考试机构来组织考试，为面向全社会、任何人都可以报名参加的考试。比如现行的各种英语水平考试，可能一个月或两个月考一次，考完以后达到一定的等级后，就自动地认可为招生录取的参照。

二 对统一高考制度的丰富和补充

关于以上规定，笔者认为，深化考试内容改革是必需的，也是可行的。在以往的考试中，往往过分注重对知识掌握程度的考查，重点考查学生记忆能力与知识识记的多寡，主要受知识导向型教育观的影响，而对于学生理解能力、创新能力以及运用知识解决问题的能力关注不够。因此，在这方面可以进行进一步的改革，但考试内容的改革则与考试目标、考试形式等密切相关。关于有的科目实行社会化考试这一点，笔者认为在理论上是可行的，但在操作上存在一定的难度。因为，高考在现阶段作为选拔性考试的功能仍然是其主要功能或者是唯一功能，它是一项事关千家万户的高利害考试，不具有像英语、计算机等水平考试的性质与功能。如果简单类比或者照搬现行的其他社会化考试的做法，势必导致高考选拔性的降低，影响社会公平，不利于和谐社会建设。同时，一年实行多次考试，也会造成人力、物力、财力的浪费，加之社会诚信欠缺，监督机制上不健全等因素，更会滋生新的腐败。

当然，随着高等教育的进一步发展和社会法治水平的不断提升以及高考利害性的减弱等，探索一年实行多次考试与社会化考试是可行的，也是有理论依据的。一次性选拔考试总是存在诸多的缺陷与不足，不能充分地考查出考生的全面知识与能力结构，从这一点上来说，实行多次考试与社会化考试可以起到一定的补充作用。

三　现阶段高考只能作渐进性改革

统一高考制度有其合理性，在人才选拔等方面发挥了重要的作用，短时间内不可能被取消。经过几十年的改革与实践，我们探索出了一些有益的经验，取得了丰富的成果，特别是在考试公平方面探索出了许多有益做法。成为调节教育资源、提升教育质量和公正选拔人才的重要环节，关系到国家的长远发展与社会的持续稳定。目前对高考的批评与指责较多，其中一些说法有一定的合理性，如统一高考会导致唯分数论，不利于人的全面素质考查；考试形式单一，不利于学生的个性化发展；题海战术盛行，不利于学生创新思维。但目前尚未探索出比其更公平的选拔人才方法。因此，高考是公平选拔人才的保证，成为人们改变命运，实现人生价值的重要途径。

虽然一考定终身存在自身的不足，也会造成有限教育资源的重复和一定程度的浪费。但在目前形势下，我们只能对现有考试制度进行修补性、渐进性改革，不能采取推倒重来式的改革，这既符合我国的社会实际，又能在很大程度上适应人们的心理需要，可使高考改革的利益最大化，进而发挥对社会和谐发展的协调与促进作用。

作为高等学校选拔学生的考试形式，高考既是联结基础教育与高等教育的桥梁与纽带，也对基础教育产生重要的导向作用，对于高等教育则起着基础性保障作用。同时，高考又是一项具有鲜明中国特色的教育考试制度，其不仅是教育界关心的重要方面，也是全社会高度关注的一个热点问题。因此，对于高考内容与形式所进行的任何一项改革，往往具有牵一发而动全身的影响。近十多年来，对于高考改革的讨论则更加广泛，从民间到政府，从内容到形式，都显示了高度的关切，在自主招生、科目内容与形式等方面均展开了诸多积极而有益的探索。

第四节　自主招生　百花齐放尽显个性①

自主招生考试的目的在于选拔优秀人才，实现这一目的的途径是多种多样的。作为著名高校，在通过自主招生考试为自己选拔优质生源的同时，客观上也向社会展示自己，树立自身在公众心目中的形象和地位，通过各种形式的试题显现其治校理念与人才培养模式，给基础教育以尽可能的启发和影响。

2009 年元旦 3 天假期期间，北京大学、清华大学、上海交通大学、复旦大学、同济大学、上海外国语大学、厦门大学等多所国内

---

① 该文原载《中国教育报》2009 年 1 月 21 日第 7 版。

著名高校举行自主招生考试。各个学校别具一格的考题亮相之后，引起广大考生、家长、专家学者以及社会各界的关注。

自主招生考试作为高考选拔人才的一种重要补充形式，在扩大招生自主权、为全面发展或具有特长的考生提供更多入学选择机会等方面发挥了重要作用，是深化高校招生录取制度改革的重要举措，也是选拔优秀创新人才方式的有益探索。自主招生可谓重点大学"抢跑道"之举，在全国统一高考前，重点高校通过自主招生"圈定"一部分优秀考生，让他们获得预录取资格，或在高考中享受几十分加分录取的优惠。

自主招生是对现行统一高考制度的一种改革和完善。高校招生中的文化考核是必要的，但不是唯一的。通过实行自主招生建立一个全面衡量、更加科学和合理的高校招生制度，有利于提高高校的生源质量，也有利于促进素质教育，从根本上提高全民素质。自主招生试图打破现行"一考定终身"的录取制度，扩大高校和考生的选择权，同时给一些在某一方面确有专长的考生，甚至是偏才和怪才脱颖而出的机会。

同时，我们应该正视，自主招生改革如同高考领域其他改革一样，存在一系列需要解决的问题，如教育公平问题等。因此，高校在稳步推进自主招生改革的进程中，应增加一些招生指标，面向农村考生或"弱势阶层"考生，使他们能够通过这样的选拔途径，进行公开、公平的竞争。这样，既有利于高等教育入学机会平等问题的解决，也有利于自主招生考试自身的改革和发展。

一　考查思辨和质疑的能力

综观各校的考题，题型灵活，题材多样，内容丰富。这说明高校在人才选拔上越来越注重考查考生的创新思维、创新精神和创新能力，侧重考查考生解决实际问题的能力和应变能力，考查考生的批判性思维能力和综合能力，考查考生的逻辑推理能力、口头表达能力和书面表达（写作）能力。这种考查指向给中等教育提出了新的思考：如何培养考生的创新能力，摒弃题海战术，建立更加灵活有效的教育机制，鼓励考生关注天下大事，培养思辨与质疑能力，从而回归教育的本质，让教育富有生命力与激情。

毋庸置疑，考试具有一定的导向作用。从 2009 年各校自主招生考试题目可以看出，高校选拔人才的标准在悄悄地发生着变化，也预示着高校自主招生改革的发展趋势。发散性思维和创新能力成为大学选才的重要条件，北京大学的语文考卷卷首语："希望同学们抛弃程式化的思维，我们要考查你真实的语文能力。"在考查基础知识的同时，注重对创新能力的考查。通过一些有一定难度的问题，进一步检验中学课程改革的实际效果。创新、应变、引申、分析、发现成为人才培养的目标。通过一些时政性考题，考查考生的研究探索能力、解决实际问题的能力，其中有一些问题是目前学术界也没有定论的。一些题目看似很简单，实际上并不容易回答。清华大学面试题：如果你采访温总理，你将如何提问？如何看待情怀的含义？怎样做一名精英？你认为当大法官应具备怎样的素质？中国是否需要建造第一高楼？谈谈对陈水扁家族舞弊案的看法等。这说明清华的自主招生，表现出对"偏才""怪才"的钟爱，并为他们开辟绿色通道。高校自主招生的目的之一就是"不拘一格降人才"，让"偏才""怪才"也能得到继续深造的机会。上海交通大学的测试题从汶川地震考到金融危机。有一篇英语作文题是"Changed By Wenchuan Earthquake"。该校英语测试中还有一道买相机的作文题，考题给了一则相机广告，让考生向广告商写一封信，详细询问相机的售后服务，包括是否送相机包、是否送货、是否收费等问题。物理测试中有一题要求计算心脏脉搏的起跳功率，还有一题让考生用热力学原理来解释中医热敷原理。复旦水平测试中有一道关于燃油税费改革的题目，列出了不同排量汽车的税费变化表格，然后给出是非论断供选择。

各高校通过种种题目考查考生多方面的能力，这些考题贴近生活，信息量大，视角新，没有统一固定答案，旨在考查考生的分析能力和应变能力，而非知识获得。

二　考查解决实际问题的能力

考试只是手段不是目的，考试的检测功能不一定完全通过考查考生对所学内容的掌握情况来实现，还可以通过考查考生运用知识解决实际问题的能力来实现。因此，考题未必是考生已经学习过的内容。

上海交通大学数学测试中的"压轴"题是"数独"。"数独"是一种数字谜题，考验解题者的观察能力和推理能力。在给定的方格中，解题者要根据一定的已知数字和解题条件，利用逻辑和推理在其他的空格上填入数字。"数独"如今已成为风靡全球的一种智力游戏。还有不少考题让人感觉"怪"。例如，让考生想出两个"曲解"成语的例子，题目给出的参考是"度日如年"，有的人曲解成日子过得太舒服，每天都像过年一样。北京大学的作文题要求写一篇 800 字的文章，驳斥"腐败无害论"观点。作文给出一段腐败官员对腐败行为的辩解，称腐败可以促进消费、拉动经济、促进人与人之间的感情、有利于社会和谐，要求考生驳斥这种言论，其中至少要有 5 处正确引用古诗文。而清华大学的作文题，则是给出几篇文字材料，内容分别为"传统油画是否过时""4 年前一次与奥巴马在机场相遇"等，让考生找到其中联系，写一篇 800 字的作文，从对难题的解析中透视考生的思维能力和创新精神。在历史和政治考试中，要求考生对"切·格瓦拉""乾嘉学派""京师大学堂"等名词作解释，"写出 5 种读过的历史著作，并写出书名与作者，评价其内容"。还有"用经济学原理阐述幸福指数的含义"等论述题，对考生的综合分析能力提出较高的要求。这些试题大多不是课程教学的主要知识内容，却是一个考生应该了解的知识。试题从不同角度考查考生的是非标准、价值取向、审美能力、文化修养、知识视野等，其实质是告诉大家一个浅显的道理，获得知识比知识本身更重要，即所谓授之以鱼，不如授之以渔。

三　给中学教学什么启示

2009 年高校自主招生考试结束后，不少平时文化课成绩不错的考生却在自主招生考试中纷纷"落马"。这给我们提出了值得认真思考的问题，给基础教育提出了警示，也让人们重新认识了大学选才与中学教育的关系。自主招生考试既是考查考生，也在一定程度上检验了基础教育。

长期以来，一些人已经习惯了"填鸭式教学""封闭式学习"，把教师固定在课堂上，把学生捆绑在书本上，向课堂要质量成了人们的共识。因此，强调学生只要上课注意听讲，课后认真复习，就能考出好成绩，以知识代替质量，而忽视考生知识迁移的能力、质疑精神、创新能力的培养。教学被教学大纲和考试大纲所束缚，师生的教学活动严格限制在狭小的空间，致使考生成了"两耳不闻窗外事"的"聋子"和"瞎子"，从而缺少批判思维能力，不能有效地与他人进行沟通，不善于表现自我，没有积极价值追求。而高校自主招生看重的则是考生的开放性思维。这就要求考生走出封闭，走向开放，自由地呼吸新鲜空气，在多元考核标准中独立发展。这注定会与既有的教育观念发生碰撞，因而受到一部分考生和家长的质疑，这是很正常的现象，也是好事。这一方面为基础教育改革提供参考，另一方面为高考改革提供借鉴。

自主招生考试作为高考招生的完善和补充，是对传统考试模式的巨大冲击，是对教育界存在的诸多问题和矛盾的一种积极回应。它要求考生在注重课堂学习的同时，必须强化社会实践锻炼；注重知识获得的同时，必须注重人格养成；注重专一发展的同时，注重爱好兴趣的培养。

自主招生考试的目的在于选拔优秀人才，实现这一目的的途径是多种多样的。作为著名高校，在通过自主招生考试为自己选拔优质生源的同时，客观上向社会展现自己，提升自身在公众心目中的形象和地位，力求通过各种形式的试题显现其治校理念与人才培养模式，给基础教育以尽可能的启发和影响。

第五节　实施创业教育　破解就业难题[①]
——NY 理工学院调研启思

大学生就业难已经成为人皆共知的问题，为寻求破解途径，提出了创业教育。然而创业教育的实践情况却不容乐观。作为高等教育的研究者，想结合自己的教学科研、学习实践经验，论述有关大学生创业教育的问题。我们在 NY 理工学院进行调研时，经该校领导介绍，结识了在应用型人才培养方面有一些成功经验的 H 教授，在访谈中 H 教授提到最多的是创业与就业，这引发了我们对大学生创业教育的再思考。

一　理论分析

要推行创业教育，首先必须弄清创业教育的内涵。所谓创业教育，是指教育的一种总体指向，是一种建立在教育实践活动之上的、旨在提高学生总体素质的教育理念与教育活动的有机结合。它

---

① 该文原载《文教资料》2012 年第 23 期。

包括创业意识、创业精神、创业能力及创业经验。一些学校感觉在实践中开展创业教育存在困难，实际上是没有走出对创业教育概念错误理解的想法。如果走出这个误区，学校就可以为学生设计一些可操作的创业活动或创设创业教育环境，从而达到培养学生创业能力、创业精神、创业思维的目的。

创业教育仅仅向学生做知识性的传授是不够的，学生能力的养成应在实践中逐步实现。实践是创业教育的重要环节。但目前，这个环节尤其薄弱。创业教育实践的瓶颈，折射出整个创业教育体系存在的问题。从思想意识上说，高校对创业教育重视不足。一些学校更愿意做短期内能够收到成效的功利性探索，而对创业教育没有足够的耐心和真正的投入。从能力上说，创业教育对高校师资水平、创新意识、创业精神、创业能力要求较高。而创业教育的实践环节需要大量的资金和人力支持。这对高校的实力提出了挑战。首先，在高校开展创业教育，培养大学生创业意识，提高创业能力。同时，开展创业实训、定期举办创业计划大赛等，给大学生多提供模拟演练的机会。其次，建立多种形式、多种渠道的资金保障体系，为大学生创业教育提供资金支持。再次，要建立创业教育的实践基地，为学生提供实战场所。通过走校企联合的模式，政府要为此制定相应的政策与制度，从而有力保障高校可在企业建立学生创业实践基地。另外，学校可利用自身优势创办创业实体，为学生提供实战演习场所。

二 实践体会

（一）一线教师：就业工作第一责任人

访谈中，H教授分析了目前人才培养质量、学生就业难、影响就业的因素等教育问题，他认为，学生的培养质量是影响就业率和就业质量的最重要、最深层次因素，而这项工作的第一责任人是一线教师。他说，企业招聘员工的目的是创造效益，没有真才实学的毕业生找不到好的工作，甚至根本找不到工作，这并不奇怪。目前，一方面企业仍然存在技术人才短缺情况；另一方面，高校又存在高校毕业生就业难、就业质量差的问题。H教授还说，由于教师与企业有技术合作关系，还具有一定的威信和广泛的社会关系，有责任也有条件推荐学生就业。导师推荐硕士、博士就业已成惯例，在本、专科培养中也应逐步形成这种关系。设想每位教职工平均推荐4位毕业生就业，我院毕业生就将会供不应求。而且通过品尝在推荐工作中的酸甜苦辣，可促使教师转变观念，提高教学质量和学术水平，由"教到为止"变为"教会为止"。在学生毕业的半年之前，食品专业的教师就开始为毕业生就业奔忙，毕业生实际就业岗位中，超过80%是教师亲自联系的。

（二）行动和制度保障：值得期待的有效方法

首先，行动起来，创造一个条件，从我做起。每一个教育教学环节都可以是创业教育的平台。在大学生就业遭遇寒冬的今天，如何"以创业带动就业"，越来越成为大学生们关注的事情。在具备了创业基本准备的前提下，创业教育课程和实践为大学生成功创业打下了坚实基础。"NY理工学院食品专业的毕业生综合素质强，与其他同类高校毕业生相比，有明显优势。"这是来自企业的评价，禾田香料有限公司董事长王先生来电话表示，要再招聘几位该学院食品专业的毕业生。

其次，目前教师参与学生就业活动还不够积极主动，高校尚没有以考评毕业生就业率和就业质量为主要内容的教学质量综合评价体系和就业质量评价体系，更谈不上有激励机制。H教授建议，一要构建以考评毕业生就业情况为主要内容的综合教学质量评价体系。影响毕业生就业率和就业质量的因素最主要的是教学质量，即学生是否能够掌握较多、较新、较实用的知识，是否有较强的创新能力和动手能力。二要构建就业质量评价体系。就业率只能反映就业工作的"数量",不能作为就业"质量"的评价,而社会、毕业生关心的恰恰是就业质量。没有质量的数量是不完美的。

(三)教学和科研改革:实现创业教育的重要途径

近年来,食品专业的教师们一直致力于提高学生综合素质和就业质量的教学改革。"回头评学"就是他们在综合教学改革中的一个有益尝试。即借鉴高中毕业会考的做法,在学生毕业之前,对所学主干课程进行摸底考试。此举在促使学生复习专业知识,认识到平时努力学习、提高掌握知识的重要性的同时,也在回头考评教师。因为传统的学校教学,遵循的是"教到为止"的理念,而"回头评学",可促使教师转变观念,将"教到为止"变为"教会为止",并根据就业需要,优化教学计划和教学内容。另外,与国内著名高校的食品专业相比,NY理工学院的食品专业名不见经传,就业的严峻形势更是让这个冷门专业面临被砍掉的尴尬局面。"不能看着我的毕业生找不到工作或只能开饭馆、推三轮。那样的话,我对不起他们。"在学院各级领导的关怀和支持下,H教授及同事通过大量调研论证后,决定在他负责的食品专业尝试启动一场"创新计划"教学变革。这场变革的目标是"以提高学生创新意识和动手能力为主要内容,在确保就业率接近100%的前提下,提高学生就业质量"。H教授说:"我的教改理念经历了三次升级:第一次升级是培养学生动手能力,提高学生在本行业技术岗位上的就业率;第二次升级是以提高毕业生综合素质为核心,提高学生的动手、动脑能力和创新能力;第三次升级是围绕人才需求调整专业方向,提高毕业生在关键技术岗位上的就业率。"由于成效显著,H教授的教改获得了河南省社科联创新教育教学成果一等奖。

H教授一直致力于发酵食品和食品添加剂的研究,发表学术论文30余篇,出版专著两部。其中独著的86万字的《食品添加剂及其应用技术》一书，2004 年 9 月由化学工业出版社出版，这本书在全国各大新华书店销售以来，受到读者欢迎，曾 3 次印刷。从 2007 年 2 月 13 日开始，该书主要内容被《中国食品报》每周二连载。2008 年，H 教授在第八届食品添加剂配料展览会上作了题为《食品配料的界定、监管及开发应用》的学术报告，观点新颖，具有一定的学术价值，并在国内率先开设出了《食品科研方法》课程，在《食品安全与食品伦理道德体系建设》一文中，首次提出逐步建立和完善"食品伦理学"，并给出了食品伦理体系建设的途径和方法。

三　反思与启示

NY 理工学院作为一所以工科为主的综合性地方应用型本科院校，在应用型人才培养方面做了大量尝试并取得了一些成绩，学校重视实践教学环节与教育教学实习，通过教学方法改革和人才培养方案创新，加强和提高人才培养质量。经过多年的发展，学校提出了明确的人才培养目标，即为地方经济社会发展培养具有扎实的理论基础，具有较强的实践能力和创新能力的应用型高级人才。学校始终坚持重质量、聚内涵、创特色，注重应用型人才培养，毕业生竞争力不断增强，就业前景良好，赢得了良好的社会声誉，产生了一定的社会影响力。

NY 理工学院实施的创业教育，不仅仅为解决大学生就业难的问题提供了一个很好的解决方法，同时为我国国内其他高校提供了借鉴。解决大学生的就业问题不是只靠国家的政策扶持所能解决的，更多的是要依靠地方院校的大力合作与支持。NY 理工学院正是响应了政府的号召，以实际行动，对培养符合社会发展需要的应用型创新人才有其独到之处，为地方经济的发展贡献了自己的一份力量。学院通过自身的实践，将创业教育的优势发挥到最佳效果，改变以往食品类专业毕业生在就业的过程中出现待遇低、劳动强度大、就业层次低等刻板印象。创业教育的实施让学生在毕业后能够自谋职业，自谋出路，使大学生具备创业所必须具备的心理素质和应该拥有的知识和能力。同时，创业教育的实施积极响应了国家对培养创新人才以适应社会主义市场经济发展需要的强烈要求；符合地方本科院校自身发展的需要，使大学学生在毕业时能够更好地担负起社会所赋予的责任和期待，提高高校毕业生就业率；创业教育的实施对于地方本科院校自身内涵的发展也有着不可或缺的重要作用。为地方经济作贡献，是每一所地方本科院校的职能。实施创业教育实现了地方经济同地方大学的完美结合，促进了大学实现产学研更好的发展和完善。

当然，在实施创业教育的过程中，仍然有着种种障碍。我国创业教育的实施仍然处于起步阶段，创业资金缺乏、创业基地不足等都是阻碍创业教育在地方本科院校发展的重要瓶颈，在进行创业教育的过程中也没有具有相应专业知识的教师能够进行授课，使得在大学校园里对于创业教育的认识和大学对于发展学生的创新和独立意识缺乏重要性的认识。因此在构建和实施创业教育的过程中要合理安排课程体系，要有充足的教师资源，要有合理的培训计划和考核制度，要有丰富的教学计划和教学内容。大学在培养人才方面要深化对创新型人才的培养，以创业带动大学生就业，解决大学毕业生就业难的问题，促进社会主义市场经济的发展。NY 理工学院正是克服了重重阻碍，一步一个脚印，为实施创业教育，培养创新型人才贡献了自己的力量，为其他同类院校在实施创业教育上起到了很好的示范作用。

第 六 章

外国高等教育及比较教育

第一节 印度理工学院精英人才培养及启示①

注重实用人才和精英的培养是各国高等教育的普遍追求，也是建设世界一流大学的必然选择。众所周知，印度理工学院在世界享有盛誉，被誉为印度"科学皇冠上的瑰宝"。作为一所发展中国家的理工学院，在学术界中能享有如此声誉，它一定具备独特的办学理念。我们试图通过对印度理工学院办学经验的分析，梳理我国在高等教育强国建设中所面临的问题，进而为我国高等教育的发展提出一些建设性意见。

一 印度理工学院的创设背景

20 世纪 50 年代印度刚刚取得独立时，在政治、经济、文化和教育方面都面临十分严峻的形势。对于印度政府来说，发展教育尤其是高等教育，培养高端技术人才，是解决当时印度政府困难的必由之路。当时的印度领导人也意识到这一点，政府虽然面临千疮百孔的社会局面，依然不惜一切代价投入大量财力和人力兴办高等教育。因为印度政府坚信，通过人才的培养和壮大，印度一定会实现

---

① 该文原载《高校教育管理》2013 年第 1 期。

由废转兴。印度理工学院就是作为国家重点投入和建设的院校兴办起来的，虽然刚刚成立的印度理工学院面临各种各样的困难，但是，兴办学院的工作一刻没有停止过。

印度理工学院最初建立时仅有 42 名教师，224 名学生。第一所校址选在英国殖民统治时专门用来关押反英的印度爱国人士的监狱，其目的是更好地激发每一位学子奋发学习、建设国家的热情。之后，时任印度总理尼赫鲁在讲话中指出，印度理工学院在这里选址的更深一层含义是"在这曾是隔离营的地方，矗立着印度崛起的象征，它代表印度的未来充满了光明"。印度政府对教育和人才的重视程度由此可见一斑。1958 年，印度政府又颁布了《科学政策决议》，为了更好地落实这项决议，满足国家社会发展的需要，又先后在孟买（1958 年）、马德拉斯（1959 年）、坎普尔（1960 年）、德里（1961 年）、印度东北部（1966 年）等地先后建立了印度理工学院。① 经过几十年的努力，印度理工学院取得了较快发展，今天的印度理工学院是印度最顶尖的工程研究与教育的机构。

二　印度理工学院的办学理念

一所高校要想在办学中取得成功，最主要的是要有适合自己的办学理念。印度理工学院办学成功的主要原因，就是在适合本国国情的基础上，形成了自己独特的办学理念。

（一）注重创造性人才的培养和实践教育

今天由于受功利化价值观的影响，高等教育的本体职能——育人一已被边缘化了，虽然大学作为知识的生产者、批发商和零售商②，是必须要履行服务社会的职能的，但是社会需要高校输出高

---

① 叶赋桂：《印度理工学院的崛起》，《清华大学教育研究》2003 年第 3 期。
② ［美］约翰·S. 布鲁贝克：《高等教育哲学》，王承绪等译，浙江教育出版社 2001 年版，第 18 页。

质量、掌握高端技术的顶尖人才，而不应成为输送廉价劳动力的"服务站"。当时的印度理工学院正是认识到市场需求的特点，积极倡导培养精英和具有独立思考的创造性人才。虽然学校在教学过程中，也会教授给学生许多知识和解决问题的方法，但是，当学生在做作业的时候就不允许使用教师在课堂中讲授的方法，而要根据教师讲授的思路，自己进行独立思考，创设出具有自己独特思想的解题策略或方法。这对于学生独立思考能力和创新性思维的培养具有重要的价值，然而在中国的课堂教学中我们看到更多的是传统的传授和讲授式的教学模式，从而忽视了对学生独立学习和思考能力的培养。钱学森先生曾质疑中国为什么培养不出创造性人才，这一疑问被称为"钱学森之问"，为了回答这一疑问，我们通过分析印度理工学院创造性的办学理念来寻求答案。

印度理工学院很重视文化育人、文化创新、文化融合和文化引领的作用，高度重视学生的实践学习和实践教育。为了让每位学生都能够亲近社会生活，学校在每个校区都创建了实习基地，在这里每个学生都可以充分体验处在生产第一线的感觉，这对于学生熟悉自己的专业以及及时纠正在学习中产生的误解具有很好的效果。同时，也可以使学校清楚市场的需求，从而在培养人才时更有针对性和时效性。这样，学校、社会和市场间就形成了一个良性互动的链条，这才是真正体现了高等教育走在了社会发展的前沿。这种教育模式与古代"斯巴达式"的人才培养方式类似。学院为了提供学生最好的实习培训教育，借鉴了当时美国麻省理工学院（MIT）的成功经验，在具体实施过程中，结合本校特色以及社会发展的实际需要作了很大的调整。例如，印度理工学院学生的毕业论文需要准备300个小时，而麻省理工的学生需要准备120个小时。[①] 可见，印

---

① ［印度］桑迪潘、德布：《印度理工学院的精英们》，黄永明译，北京大学出版社2010年版，第25页。

度理工学院在实践学习上的时间远远超过麻省理工学院的实践学习时间，这也正契合了政府发展社会的实际需要。因此，印度理工学院所培养出来的人才不仅具有高深的理论知识，而且能够熟练掌握实践操作技能。这样的人才培养模式充分体现了产学研一体化的办学理念，这正是印度理工学院创造性办学理念的体现。

（二）重视学校高度自治和学术自由

大学的职能经历了不同的发展阶段，从纽曼的知识传授到洪堡的科学研究、科学创新，再到威斯康星的社会服务，以至 21 世纪的引领未来，大多是围绕着学术展开的，可见重视学理教育，重视学术自由和学术独立在大学建设、发展中的重要地位。然而，目前我国的一些大学却表现出功利化、庸俗化和工具化，大学的文化和根基——学术性被悬挂或遮蔽了。而印度理工学院在办学中独树一帜，不被现实的价值所左右，认为只有赋予学术充分的自由和空间，教学才能产生更具文化内涵的想象，从而使想象中所产生的激动气氛转化为知识，以这种意念被赋予的知识就具备了更大的潜力。在这种认识论的高等教育哲学思想的指导下，印度理工学院高度重视学术自由，主要体现在学校在办学中享有高度的自治权利，学校的校长由教育家和教授担任，不受外界任何权利的约束。印度理工学院虽然是由政府投资兴办的院校，但是在印度理工学院的发展过程中我们不会发现有任何官僚气息的存在。这是与印度理工学院高度重视学术自由，高度重视教育的传统分不开的。为了确保印度理工学院的发展，明确规定政府不得干预学校的自由发展。从其管理形式上看，政府其实是在实行一种"无为而治"的管理方式。这样，既可以确保国家教育教学方针的有效落实，又不至于限制学院的自由发展。而印度理工学院的真正管理者、治校者是真正的教育家，不同的教育家虽然各司其职，却又能进行通力合作。印度理工学院又有印度教育学院之称，学院中的每一个人都是以学术的自由发展为第一要义的，根本不存在超乎学术发展的观念。这样就可以遏制学校领导者和管理者官僚意识的萌生，从而有效地保证了学术的自由发展。

印度理工学院在教师聘任、学生选拔以及课程设置等方面都享有高度的自由，充分体现因人施教、因材办学的理念。这样自由的选择机制，为每一位教师和学生提供了公平竞争的平台。这样的公平机制尤其体现在学生的选拔上，印度理工学院在进行人才选拔时实行的是优中选优的政策，为了保证每位学生都有同等的机会进入学院进行学习，印度理工学院实行联合入学考试（JEE）的形式进行录取。这种考试形式虽然是学院自行组织实施的，但是在考试中却没有一点特权的存在。每年都会有数十万的学生参加该考试，但是最后却只有2%的学生获得进入该校学习的机会。[①] 可见，这项考试的严苛程度有多高，其被称为世界上最严苛的，但却也是最公平的考试形式。此外，印度理工学院在选拔人才时，采用的是一份最公正、最客观的考卷。考试的题目一般都是教育家经过深思熟虑后自行创制的，每年的试卷中没有任何重复题目，甚至连重复思考的路径也没有。这些都充分保证了印度理工学院所选拔的都是优秀中的优秀，优秀生源正是印度理工学院取得成功的重要因素之一。印度理工学院先进的办学理念与现今我国提倡的教育家治校理念完全契合，这也正是印度理工学院赶超世界、领先我国高校的原因所在。

（三）重视广泛的交流与合作

现今世界积极倡导资源的优势互补、资源重组。虽然大学不是以盈利为目的的，但是一所大学要想更好地发展，就必须要借助这种资源理念来充实大学的内在实力，进而使大学与社会、企业、市

---

① ［印度］桑迪潘、德布：《印度理工学院的精英们》，黄永明译，北京大学出版社2010年版，第25页。

场之间建立良性的对话机制，为学校的发展建立良好的人脉关系。印度理工学院在这方面就做得非常成功，尤其是在其生源、教师队伍、毕业生就业的国际化方面。这都有助于印度理工学院良好人脉关系的积累。尤其是不同地域、不同文化背景的人们通过交流、合作开创出独具本院特色的办学之路。

资源的优势互补和重组更需要学校与社会、学校与企业、学校与学校之间的合作，以保证为学校的开放式办学提供广泛的资源支持，这种办学理念意味着有价值的创意和办学资源可以从学校内部和外部同时获得，资源配置既可以从学校内部进行，也可以从学校外部进行。印度理工学院在有效使用本校资源的同时，注重从外部吸取办学资源和成果，尤其是对英国和美国等高校办学经验的吸取和借鉴，这也是实现其精英教育的重要保证。此外，企业的成功经验和优秀人才也是印度理工学院的重要资源。印度理工学院重视与企业的合作，它通过为企业提供人才和智力支持来吸纳企业的一线技师为学校的"软件园"基地提供服务，保证学生实践教育的实现。这不仅保证了学校精英人才培养目标的实现，同时也有效推动了学校与社会、学校与企业以及学校与学校之间的互动。

（四）重视隐性课程的作用

课程设置、课程建设是一所高校发展的重点所在，课程设置是否合理关乎学校未来的发展。在课程设置上，我们不仅要重视显性课程，还要重视隐性课程的作用。通过完整、有效的课程体系来促进人才培养质量的提升。印度理工学院在进行课程设置时就高度重视显性课程与隐性课程的有效结合。在显性课程设置方面，印度理工学院与其他的学校不同，它不仅仅迎合社会需要，传授学生一些特定的工程科目，使其成为符合上岗要求的工程师，而且培养比工程师能做更多事情的人才。因此，学院还开设数学、科学以及人类学等科目。这样就可以充分挖掘学生的潜能，培养出更优秀的人才。除此之外，在课程实施过程中教师会给予学生充分的信任，鼓励其自主学习。这样做，不仅能调动学生的积极性，而且可以促使新的思想观念萌生。在这一学习过程中，印度理工学院高度重视学生亲身体验学习的过程。例如，为了让航空工程系的学生进行实践学习，印度理工学院甚至自建了一条飞机跑道。而隐性课程的设置更是学校的重点，尤其是在校园文化建设方面，印度理工学院致力于将学院中的一草一木、一花一树、一砖一墙都蕴含文化的气息，给人以启迪和陶冶。校标、校徽作为一个学校标志对学生的影响是潜移默化的，这样的文化和课程虽然表面上没有教授学生知识，但是它却在情感上影响了学生。因此，我们必须高度重视校园文化建设。另外，印度理工学院的和谐环境以及印度人的坚持都是促使印度理工学院迅速崛起、跻身世界一流大学行列的重要因素。在一定程度上说，研究印度高等院校的发展理念，对我们国家建设高等教育强国具有很好的借鉴意义。

三 印度理工学院带给我们的启示

印度理工学院建立的时间虽然没有美国和英国的一些大学长，但是它所取得的成果和发展速度却是惊人的。他为美国硅谷输送了大批掌握高端技术的科研人才，为美国硅谷的发展增添了新鲜血液。这也促使美国硅谷成为世界高新技术研发的核心基地。中国与印度的实际情况相似，但是中国高校的发展却没有取得如此骄人的成绩，因此，研究印度理工学院的办学经验，对我国建设高等教育强国具有重要的启发意义。

（一）建立产学研联合机制，发展应用型高等教育

发展应用型高等教育既符合我国经济发展和社会进步的要求，也是追赶国际高等教育发展、建设高等教育强国的需要。随着社会的不断发展，对应用型人才的需求也不断增加，这就要求大学不能

仅培养有高深学问的精英人才，而且要培养工农业生产发展需要的应用型人才。而应用型人才的培养需要在实践中进行，因此，建立产学研相结合的人才培养模式势在必行。通过产学研的结合，让学生能够做到理论联系实际，边学边练，获取实践经验，从而形成扎实的应用能力。高校要紧密依托行业、企业，加强校企联合、合作办学，使其科研成果得到及时转化。

同时，大学要发展，就必须具备一定量的资源。资源的获得和配置要求不仅要在学校内部进行，同时要在学校外部进行。这也是大学走向开放式办学、走向社会的必然选择。而企业作为社会的重要资源地，也应当成为学校的资源地。印度理工学院的经验告诉我们，高校应走应用型道路，应深入走向社会、走进企业并主动与企业合作，互相支持，共同办学，协力研发高新产品，促进高质量应用型人才的培养。走与企业共同办学的道路也是我国《国家中长期教育改革和发展规划纲要（2010—2020年)》（以下简称《纲要》）的题中之意。因此，发展应用型高等教育是我国实现教育改革和发展目标的保证。

（二）实行教授治校，保证学术自由

印度政府对印度理工学院实行"无为而治"的管理模式，这是学术自由发展的重要保障，也是印度理工学院成功的重要因素。然而，我国高校的发展在很大程度上都受制于政府，学校的办学自主权相对较少，学校的行政职能不断被强化，甚至级别观念日趋明显，以致使学术的发展受到了影响，从而使大学丢失了自己本来的职责——育人。这样大学就失去了发展方向，找不准定位，也就很难建设成世界一流大学了。《纲要》中明确指出：应积极推进政校分开、管办分离，逐步取消高校行政级别。因此，我国高校要取得突破，跻身世界一流行列，必须放宽原有的管理体制和领导体制，实现教育家治校、教授治校、专家治校，以有效保证学术的自由发展。

从根本上说，大学作为人才培养和真理探究的学术组织，需要有思想火花自由碰撞的空间，并积极鼓励批评乃至质疑。教授治校、学术自治是世界一流大学的一般做法，几乎达成共识。但是，我国高校仍然沿袭行政管理体制，学校缺乏自主办学权，教师缺乏学术自主权。行政化倾向吸附了学校自治、学术自由发展的空间，成为制约创新人才培养的最大阻力。因此，必须弱化政府在学校中的行政管理。但仅有社会和政府提供外部自由空间还不足以使教师享有学术自由，要实现真正意义上的学术自由，还必须建立教授治校的内在制度，这并非是简单地提倡教授担任行政职务，而是要淡化行政化思想，强调教授在学术事务中的主体地位和主导作用，增强教授治理学校的责任意识。

（三）因地制宜，改革招生制度

高等学校的发展不仅要注重速度，更要关注质量的提升。为了确保我国高等教育在规模扩张的同时，质量也能得到稳步提升，我们不仅要向教育教学过程要质量，也要把好生源入口关。在招生录取时，要因地制宜，宽严相济，让更多的学子有机会进入高校学习，同时加强学生毕业关的监督与管理，保证向社会输送更多优秀的复合型和应用型人才。

招生作为高等学校人才培养的起点，在一定程度上直接影响人才培养的过程与质量。招生的目的是为大学招进适合人才培养目标的学生，为此就要制定灵活的招生原则，以适应各个不同的大学。从大学的共性看，都是知识创新的地方，因此，首先必须选择那些具备相应文化知识素养的人；其次，所选择的学生应该具有正确的道德观和价值观；最后，身心健康状况也成为招生的重要条件之一。人的个性发展对于人才培养具有重要意义，学校育才目标如果能与学生个性发展相吻合，就能做到快出人才、出好人才。从大学的个性看，大学分为许多类型，他具有各自的办学宗旨和培养目标，因而不同的学校又有其不尽相同的招生要求。国家教育主管部门应针对不同类型高校，实施分类指导，区别对待，做到因地制宜。

（四）加强应用型课程建设，强化实践教育

印度理工学院高度重视实践教育，这也是其受到世界欢迎的关键所在。我国高校目前在发展中很少关注学生的实践教育，这与我国的教育传统是分不开的。而我国高校要获得发展，得到广泛认可，就必须培养具备实践操作能力的复合型人才，而目前仅仅重视理论的学习是很难做到的，必须关注学生的实践教育，这就需要高校为学生的实践学习提供良好的设备和师资力量，注重将课程与就业相结合，高校通过与社会、企业建立良好合作关系来支持学生实践教育的深入开展。

高校课程建设要着重加强学生的实践能力，在提高学生一定的理论修养的同时，强化学生的知识应用，提高学生的综合素质，课程设置要突出应用性，注重理论与实践相结合。教学内容要根据市场需要，反映本学科应用领域的最新成果和前沿要求。要根据国民经济发展的需要，以就业为导向，构建学术、技术和职业相结合的人才培养模式，因材施教，强化实践实训教学，提高学生的应用能力；重视应用研究，依托行业实现产学研的结合，培养具有适应生产、建设、管理及服务需要的应用型人才。

通过以实验、实训为主要教学形式的课程设置与教学环节，将理论与实践相结合，在实验、实训中，锻炼学生的动手能力。将实验、实训与教师的科研开发工作相结合，在实验、实训的基础上，成立相应的研究机构，既可为教师的科学研究工作服务，也可为学生提供实际锻炼的机会，从而有效地提高大学的人才培养质量和规格，并能进一步提升教师的专业水平。在实训项目的选择上，应考虑不同学校的特点,因地制宜。不能将所有的实践教学环节都放在实训基地,应根据实际情况,采取校内实训与校外实训相结合的方法,加强与行业的多种形式、灵活、全方位的立体式合作,既要吸收、利用企业先进的技术、设备,也要考虑为企业创造相应的环境。进行产学研的合作教育,将学生创新能力的培养渗透到基本教学环节中去。

印度理工学院的发展不仅推动了印度本国科技和经济的发展壮大,而且对世界科技发展和进步都作出了重要贡献。因此,研究和学习印度理工学院的办学经验,对我国建设高等教育强国、实现一流大学的建设目标具有重要的实际价值,可以为我国高校的发展提供办学理念和办学思想方面的参考。印度理工学院之所以成为世界瞩目的高等学府,正是基于印度理工学院公平的发展环境。因此,我国在发展高等教育的同时应努力营造相对公平的高等教育环境,这样才能实现各级各类高等教育的共同发展,从而实现教育的整体进步。

第二节　"博洛尼亚进程"与匈牙利
高等教育改革[①]

"博洛尼亚进程"作为近年来欧洲最重要的高等教育改革举措,在致力于推进欧洲高等教育一体化的进程中取得了显著成效,作为欧陆国家的匈牙利加入"博洛尼亚进程"后,也努力推进本国高等教育改革,以期实现与欧洲乃至世界的高等教育接轨,从而提高自身的高等教育水平和竞争力。

---

① 该文原载《西北成人教育学院学报》2014 年第 3 期。

一 "博洛尼亚进程"的形成

"博洛尼亚进程"从初步开展到成为整个欧盟高等教育改革的风向标，其发展过程我们大体可总结为三个阶段。

其雏形最早可追溯至 1997 年联合国教科文组织和欧洲理事会在里兹本颁布的《欧洲地区高等教育资格承认公约》（简称《里兹本公约》）。其之所以被视为"博洛尼亚进程"的一项基础性文件，是因为该公约是对欧洲地区高等教育唯一具有约束力的文件。

随后，英、法、德、意四国于 1998 年联合推出《欧洲高等教育体系和谐建构宣言》（简称《索邦宣言》）。该宣言为解决欧盟各国高等教育弊端，消除欧盟各国高等教育壁垒提供了切实有效的解决途径，进一步推动了"博洛尼亚进程"的产生与发展。

1999 年，欧洲 29 个国家在意大利博洛尼亚举行会议，并于会后签署《博洛尼亚宣言》，该宣言标志着"博洛尼亚进程"的全面启动。该宣言的目标是：促进欧洲各国学生流动，消除流动障碍；努力提升欧洲高等教育吸引力；建立统一的欧洲高等教育框架。"博洛尼亚进程"的各签约国希望：到 2010 年，各签约国大学生的成绩和毕业证书都可以获得其他签约国的认可，实现欧洲高等教育一体化，建成"欧洲高等教育区"（European Higher Education Area），实现真正意义上的欧洲一体化。

为进一步监控和推动"博洛尼亚进程"，《博洛尼亚宣言》还提出每两年召开一次各国教育部长会议。因而，在随后几年内，先后于 2001 年在捷克的布拉格、2003 年在德国的柏林、2005 年在挪威的卑尔根、2007 年在英国的伦敦、2009 年在比利时的鲁汶等地相继召开了欧洲各国教育部长会议，2010 年 3 月"博洛尼亚进程"

46 个成员国的高等教育部长分别在奥地利维也纳和匈牙利布达佩斯举行"博洛尼亚进程" 10 周年纪念大会，主要内容包括：建立欧洲高等教育区；建立清晰透明和可比较的学位制度；实行学分制；实现学历学位学分互认；建立高等教育质量保障体系；提倡终身学习等。

二 "博洛尼亚进程"的实施

（一）"博洛尼亚进程"取得的成果

1. 建立"两层三级"欧洲统一学位体系

在"博洛尼亚进程"的推动下，欧洲各国调整自己原有的学位结构，采用本科（学士学位）与研究生（硕士、博士学位）两层三级为基础的学位体系，据欧洲大学协会的调查表明："截至 2010 年，'博洛尼亚进程'相关国家的绝大多数高校都采用了'学士—硕士'两位一体的学位结构体系。"到 2003 年，已有 53% 的高校采用了两层三级学位结构体系，且该比例在 2007 年上升至 82%。截至 2010 年，该比例已上升至 95%。

2. 形成欧洲学分转换体系（ECTS）

《博洛尼亚宣言》把建立"欧洲学分转换系统"作为促进学生国内国际流动的重要手段之一。这种新的学分计算体系中，25 个学习小时为一个 ECTS 学分，其中包含上课时间 5 小时，教师辅导 7 小时，课外作业与社会实践 12 小时以及 1 小时的考试。

2010 年欧洲大学协会调查显示，相比 2007 年的 75%，截至 2010 年已有 90% 的高校在学士和硕士两级学位中采用了 ECTS 制度，这意味着，每个学生一学年必须修满 60 个学分。另外 88% 的高校使用了 ECTS 学分累积系统的所有课程。这种学分转换体系打破了院校、国家之间的障碍，使高等教育学历在欧洲各国之间的相互比较与认可成为可能，在促进学生流动的同时也为高校毕业生在欧洲各国自由就业提供了保障。

3. 完善了欧洲高等教育质量保障体系

随着"博洛尼亚进程"中学位制度改革、学分互认等体系的不断推进与完善，统一的欧洲高等教育体系已在一步步构建，在此基础上竞争机制被引入到高等教育领域，因而对不同的高等学校进行质量评估与监测势在必行。2000 年，成立了"欧洲高等教育质量保障协会"；2005 年在卑尔根会议上通过了"欧洲质量保障标准和指导方针"；2008 年，欧洲高等教育质量保障注册机构（EQAR）正式运作，它是由 4E 组织联合发起成立的〔4E 即欧洲高等教育质量保障协会（ENQA）、欧洲大学协会（EUA）、欧洲高等教育机构协会（EURASHE）和欧洲学生联合会（ESU）四个组织〕。可见，高等教育质量评估机构与评估准则已初具规模。据 2010 年欧洲大学协会的报告显示，目前已有 28 个"博洛尼亚进程"的参与国根据"欧洲标准和指导方针"建立了本国的高等教育质量保障体系。

（二）"博洛尼亚进程"实施的不足之处

1. 各国反应不一

尽管在欧洲一体化进程的推动下，欧洲许多国家都已加入"博洛尼亚进程"，并相继对其高等教育贡献了一些调整和改革，但此过程有快有慢，有好有坏，良莠不齐。"2007 年，对 31 个欧洲国家学术工作者的调查结果显示，大约三分之一的人同意下列陈述：如果还在实行单一层级的学历体系，即不分学士硕士，现实情况会更好。"其中反对学士硕士学位体系的比例最高的是德国学者，达 53%；其次是爱沙尼亚，为 46%；匈牙利与意大利居于第三位，为 42%。

2. 欧洲高等教育区的目标未能完全达成

《博洛尼亚宣言》明确提出，到 2010 年，建成"欧洲高等教育区"，时至今日各"博洛尼亚进程"签约国都清楚地意识到，欧洲尚未全面改革高等教育，建成"欧洲高等教育区"的目标有待继续努力。因此，在2009年的《鲁汶公告》及2010年的《维也纳布达佩斯宣言》中都指出："希望在下一个十年里，通过进一步落实'博洛尼亚进程'的初始目标，对其进行必要的修订以及切实采取行动，最终实现更加雄伟的目标。"

尽管"博洛尼亚进程"在开展中有一些不足之处，但它依然可称之为欧洲高等教育的"春天"。匈牙利作为"博洛尼亚进程"的最早参与国之一，基于本国高等教育国情，抓住"博洛尼亚进程"的契机，也积极推进高等教育改革，并取得了可观的成效。

三　匈牙利高等教育改革

（一）匈牙利高等教育概况

匈牙利作为欧洲中部的内陆国家，其高等教育有着悠久的历史。早在十三四世纪，匈牙利已分别在布达（Buda）、佩奇（Pecs）及布拉迪斯拉法（Pozsony）等地建立了几所大学。直至十六七世纪，奥斯曼帝国入侵，匈牙利高等教育一度中断。18世纪后期，匈牙利已建立起现代大学的基本框架。到目前为止，匈牙利有74所高等院校，其中21所国立大学，11所国立学院，8所非国立大学，34所非国立学院。大学以培养学术研究型人才为主，所开设的课程学术性较强，而学院以培养应用型人才为主，所开设课程更注重对学生实践能力的培养。

从20世纪80年代中期开始，匈牙利高等教育规模逐渐扩大，水平日渐提升，培养出一些在国际上有一定影响力的人才，涌现了13位诺贝尔奖获得者，以及利奥·西拉德、托多尔·卡门、爱德华·特勒（Leo Szilard, Todor Karman, Edward Teller）等多位科学家，他们都对人类科学有卓越的贡献。由此可见，匈牙利的高等教育有值得我们研究与借鉴的地方。

（二）匈牙利加入"博洛尼亚进程"的背景

1. 欧洲一体化进程的必然要求

随着欧洲政治、经济一体化的不断推进，欧盟各国在知识、技术、人才等方面的跨国流动也日渐频繁，这就要求各国协调高等教育体制，打破高等教育壁垒，"博洛尼亚进程"在这一背景下应运而生。该协议旨在通过在欧洲范围内实施统一的高等教育改革，创建"欧洲高等教育区"，实现真正意义上的"欧洲一体化"。

然而，"博洛尼亚进程"对于创建"欧洲高等教育区"的设想在加速欧洲一体化进程的同时，也必然会导致不愿意加入该进程的国家日益边缘化。为避免这一影响，匈牙利必然要加入"博洛尼亚进程"，实现知识、技术、人才在欧洲各国自由流动。

2. 匈牙利自身发展的必然要求

"博洛尼亚进程"倡导建立"欧洲高等教育区"是继欧洲政治、经济一体化之后的又一重大举措，匈牙利基于自身教育发展和改革需求出发，将"博洛尼亚进程"作为高等教育发展的方向是符合本国国情的。

随着匈牙利人口数量锐减，人口老龄化现象不断加深，高等教育规模受到影响。据统计：2006 年，匈牙利人口总数为 1008 万人，2008 年降至 998 万人，截至 2012 年 1 月，匈牙利人口数量已减至 996 万人。人口数量锐减导致高等院校在校学生人数减少，2004—2005 学年度，匈牙利高等院校在校学生人数为 421520 人，2009—2010 学年度，高等院校在校学生数为 242701 人，下降 42.4%。这对匈牙利扩大高等教育规模和教育带动经济发展的战略大为不利，因此匈牙利需要加入博洛尼亚进程来实现学生的自由流动，吸引欧洲乃至世界各国的优秀学生到匈牙利留学。

（三）"博洛尼亚进程"实施以来的匈牙利高等教育改革

1. 学位制度改革

20世纪90年代以前，匈牙利受苏联模式的影响，政府管理高等教育所有事项，学位上只颁发副博士学位和博士学位，大学也只承担培养任务，不具备颁发学位的资格，只有科学院才有资格颁发学位证书。1989年后，匈牙利开始新一轮学位制度改革，该学位体系只设有博士学位，由大学负责颁发，大学和学院的毕业生只颁发毕业文凭，不授予学位。完成12年基础教育并获得中学毕业文凭或具有同等学力者，经过考试，成绩合格，即可进入高等教育院校深造。进入学院的学生经过3—4年的学习与考试，合格者可授予毕业文凭，该文凭相当于西方国家的学士学位。进入大学的学生经过4—6年的学习与考试，合格者可授予毕业文凭，该文凭相当于西方国家的硕士学位。大学毕业生通过入学考试，可以进入博士阶段的学习，经过3年的研究与学习，在导师以及指导小组的共同指导下顺利通过论文答辩就可以获得博士学位。

1999年匈牙利加入"博洛尼亚进程"，在此基础上着手进行高等教育学位制度改革，但进程缓慢，直至2006年9月1日"博洛尼亚进程"中"两层三级"的学位体制才被采用，即高等教育包括三层：本科、硕士和博士，修习年限分别为本科三年，硕士两年，博士三年。新的学位体制在匈牙利的实施是迫于"博洛尼亚进程"的压力，所以其实施状况不尽如人意，根据网上投票显示：65%的匈牙利学生认为采用这种新的学制系统是没有必要的，42%的匈牙利学者反对这种新的学位体系。许多大学教师认为新的学制系统使得大学学士学位成为硕士与博士学位的过渡阶段。虽然新的学位制度已在匈牙利采用并实施，但其认可度还有待进一步提高，新学制的全面贯彻运行还有一段路要走。

2. 学分转换体系的采用

2003 年 9 月，匈牙利开始强制执行与欧洲学分转换系统相兼容的学分制，其中学士学位要求最低学分为 210 分，而硕士和博士学位分别需要 300 分和 180 分。引入学分转换制度，促进了匈牙利同其他欧洲国家教育体系的融合和学生交流，留学生在匈牙利获得的学分将在整个欧洲得到承认和互换。随着欧洲学分转换体系在匈牙利的采用，课程改革也被提上匈牙利高等教育改革的议程，如何使匈牙利高校课程与欧洲各国合理衔接，是匈牙利高等教育改革接下来即将面临的重大课题。

3. 高等教育质量评估体系不断完善

对于高等教育的质量评估，匈牙利最早可追溯至 20 世纪 90 年代设立的匈牙利认证委员会（Hungarian Accreditation Committee，HAC)，1993 年 9 月，匈牙利高等教育法正式实施后，HAC 成为匈牙利认证高等教育机构的权威部门，而高等教育的认证被认为是保证高等教育质量的一项重大举措。HAC 成立至今，其功能随着匈牙利高等教育法的修改而不断变迁。

在 1993 年之前，对博士专业进行审批是 HAC 唯一的职能。在随后的三年内，其职能开始扩展到高等教育质量评估领域。1996 年至 2000 年，HAC 地位进一步攀升，职能进一步明确，成为匈牙利高等教育质量认证与评估的权威机构。其职能主要包括监督高等教育领域的教育活动、开展高等教育质量评估以及促进高等教育质量保障体系的建构。2000 年至 2005 年，匈牙利再次修订高等教育法，HAC 在原有职能基础上增加了评定教授职称以及对成人教育所开设课程的质量评估两项新的功能。2005 年至今，匈牙利在其高等教育法中明确规定："HAC 是匈牙利独立的、唯一的专家组织，负责评价高等教育教学、科学研究和艺术活动的质量，并且检查、督促高等教育机构战略规划的进展。"作为匈牙利"独立的、唯一的"

高等教育认证与评估的官方机构，HAC 在致力于建立符合国情的质量评价体系之外，也积极拓宽视野，与欧洲其他国家的高等教育质量评估机构合作，改善其认证评估体系。HAC 积极加入一些国际高等教育质量保障组织机构，并成为欧洲高等教育质量联合会（ENQA）、国际高等教育质量保障机构网络（INQAAHE）等组织的会员。同时匈牙利以欧洲高等教育质量联合会制定的欧洲标准和指导方针（European Standards and Guidelines）为依据修订其院校认证和评估标准，如今匈牙利的院校认证和评估标准已基本同欧洲标准相一致。

在"博洛尼亚进程"影响下，匈牙利高等教育的质量评估体系发展良好，在不断完善自身评估体系的同时，努力与国际接轨，提升了匈牙利高等教育的国际影响力和竞争力。

（四）高校是如何适应"博洛尼亚进程"的

1. 布达佩斯考文纽斯大学（Corvinus University of Budapest）

布达佩斯考文纽斯大学是匈牙利一所著名的公立学校，其前身为布达佩斯经济与公共管理大学，成立于 1948 年。曾多次获得国际性学术成就奖项，其学术地位在世界范围内也得到广泛认可。因此，考文纽斯大学已日渐成为一所国际性大学。在"博洛尼亚进程"下考文纽斯大学更是积极响应，制定了一系列相应措施。

加强国际合作，促进学生流动。由于其特定的地理位置和经济条件优势，考文纽斯大学曾一直将其国际活动的焦点停留在欧洲，在"博洛尼亚进程"所带来的国际高等教育的竞争与合作的契机下，考文纽斯大学积极扩大与世界各地的合作。目前，与考文纽斯大学建立长期合作关系的高校已超过 200 家，每年接受来自世界各地约 1500 名留学生。开设广泛的国际课程，主要采用英语教学，同时也提供德语、法语等其他语言课程。

考文纽斯大学积极参与欧盟资助的项目，如伊拉斯谟计划等，为考文纽斯大学开展各种活动提供了财政支持，加强了与其他国家高校的师生交流，促进了课程改革，为学生实习以及进行学术研究等提供机会。考文纽斯大学是匈牙利唯一的一所欧洲管理学院协会（Community of European Management Schools，CEMS）全球管理教育联盟（GlobalAlliance in Management Education）的会员院校。也是欧洲管理发展基金会（European Foundation of Management Development，EFMD）的会员单位，且已被正式批准为国际管理战略合作组织（Partnership in International Management，PIM）的成员机构。

2. 塞梅尔维斯大学（Semmelweis University）

塞梅尔维斯大学于1769年成立，是匈牙利最早的医学院，现在位于首都布达佩斯，是匈牙利著名的医科大学。塞梅尔维斯大学现有学生11000名，囊括来自世界各地60多个国家的学生。目前该校每年招收200名留学生，同时与许多高等教育机构保持合作关系。塞梅尔维斯大学在"博洛尼亚进程"的推动下，积极参与国际交流计划，致力于打造一所真正意义上的"国际学校"。

塞梅尔维斯大学坚信在学术界获得国际经验的重要性，因此他们努力寻求各种途径增加国际交流活动，同时不断增加参与其中的学生和学术人员数量。据统计，目前在世界范围内与塞梅尔维斯大学有合作伙伴关系的一流大学共有166所，其中欧洲135所、亚洲20所、美洲9所、非洲2所。塞梅尔维斯大学对这些学校的学生采取开放政策，鼓励他们前往留学。因此，该校的国际学生数量在稳步增加，外国学生总数占该校学生总人数的四分之一。除了其遍布全球的双边交流协议，该大学还是欧盟的伊拉斯谟和莱昂纳多流动性计划的全面参与者。塞梅尔维斯大学大力开展跨国高等教育培训，与合作学校共同授予双学位。

"博洛尼亚进程"对匈牙利各高校都产生了一定影响。尽管不同的高校根据自身情况采取的措施各不相同，但都致力于加强国际合作伙伴关系，促进学生在世界范围内自由流动，从而提升学术及科研水平。

四　匈牙利推进"博洛尼亚进程"的保障措施

（一）以政策支持为前提，推进高等教育一体化

匈牙利自 2004 年加入欧盟以来，逐渐融入欧洲一体化进程，在此期间，不论在政治、经济还是文化教育方面都有了长足的进步。但是，在高等教育政策的扶持上还远远跟不上"博洛尼亚进程"的实施，尤其是学分转换、学位结构、评价体制的设置上。为了让"博洛尼亚进程"在匈牙利软着陆，匈牙利结合自身的实际情况，作了一些有益的探索。

政府给予政策和资金上的大力扶持，使得"博洛尼亚进程"能够实施，同时，教育部门设立了"博洛尼亚进程"工作的办公室，制订"博洛尼亚进程"应对行动计划。该机构通过对"博洛尼亚进程"进行相关研究，从而为匈牙利高等教育机构提供该方面的信息资源，全面协调政府部门、高等学校、研究机构、实业部门与社会组织之间的合作与交流工作。

（二）以知识城市为依托，提升高等教育竞争力

1997 年年底，欧盟曾发表《走向知识型欧洲》的报告，致力于打造"知识欧洲"，《鲁汶公报》进一步提出："从现在到 2020 年的十年里，欧洲高等教育必须建立具有高度创造和创新能力的知识欧洲作出重要贡献"。在打造"知识欧洲"的大背景下，匈牙利致力于打造"知识城市"，在人才培养尤其是高等教育上投入更多的资金与精力，面对人口老龄化的挑战，致力于提高全民素质，大力推进终身教育体系，从而扩大公民参与高等教育的程度。

匈牙利知识城市的建设是以"博洛尼亚进程"为背景，以

高等教育为依托，旨在提升整个国家的精神文明建设，促进全民文化素质的提高，最终以全新的姿态加入欧洲高等教育一体化大家庭，从而实现知识欧洲的建设。

（三）提高高等教育参与度

"博洛尼亚进程"提出通过实施"终身教育"为欧洲不同国家、不同阶层的公民提供更多平等教育的机会，这势必在提高公民的生活质量的同时增加欧洲各国的凝聚力与向心力。对于终身学习，"博洛尼亚进程"有了更新更全面的诠释：从学习的目的看，扩展知识，掌握技能，提升能力被放在更加重要的位置；在学习方式上，更加灵活的学习途径受到推崇。匈牙利重视高等教育对于实现终身学习的作用，致力于将终身学习与高等教育的广泛参与联系起来，使高等教育成为面向更多人的开放系统。

（四）扩大高等教育的国际流动性

2009 年 4 月鲁汶会议上发布的《鲁汶报告》，号召欧洲高等学校进一步国际化，积极参加可持续发展的全球合作。同时，指出整个欧洲应该联合行动，增强欧洲高等教育的吸引力和开放性，参与全球范围内的竞争，并通过博洛尼亚政策论坛等渠道加强与世界其他地区的政策对话和合作。

国际化的视野要求高等教育加强高校教师和学生的流动性，旨在扩大文化的交流和合作，尤其是在"博洛尼亚进程"下，如何推进高等教育的流动性将是匈牙利高等教育建设的重点。在"博洛尼亚进程"下，匈牙利高等教育除了加强学位制度、学分互认、质量保障体系等方面的建设，还必须从教育合作和留学体制的建设方面着手，尤其是加强与"博洛尼亚进程"下取得成绩的国家的合作，通过教育的流动来学习和借鉴其他国家高等教育的优点，建设一个宽松和谐的人员流动氛围。

五　结语

姑且不论匈牙利究竟是迫于欧盟各国改革的压力还是出于自身发展的需要而推行"博洛尼亚进程",但其取得的成果还是有目共睹的。作为整个欧洲高等教育改革的代名词,"博洛尼亚进程"以其清晰的目标、极大的开放性以及有效的监督运行机制开启了欧洲高等教育改革的新纪元。但是由于欧盟各国内部具体情况不同,导致各国高等教育改革所面临的问题及推行的难易度也有所差异。匈牙利政府为推进"博洛尼亚进程"在本国的实施做了多方面的努力,但这种自上而下的高等教育改革必然缺乏广泛的群众基础。以学位体制改革为例,"博洛尼亚进程"中推行的"两层三级"的学位体制以英国学位体制为蓝本,致力于实现与国际接轨。因此,英国在进行学位体制方面的改革时相对容易,然而对于本没有硕士学位的匈牙利来说,要想在本国彻底推行学位体制改革,必然困难重重。

面临这种现状的匈牙利,如"逆水行舟不进则退",推行改革无可避免会遭遇各种挑战,挑战也是机遇。"路漫漫其修远兮",在这条改革之路上,匈牙利还有很长的路要走。

第三节　匈牙利高等教育质量保障：
认证委员会的视角[①]

匈牙利认证委员会 (Hungarian Accreditation Committee, HAC),建立于 1992 年 11 月,为审批博士专业而成立。1993 年 9 月 1 日匈牙利高等教育法正式实施后,HAC 获得了认证高等教育机构的合

---

① 该文原载《高教发展与评估》2015 年第 1 期。

法地位。它的职能被明确定位为：监控高等教育的教学和科研活动，完善评估体系。至此，HAC 肩负起匈牙利高等院校认证和质量评估的使命，虽然近 20 年匈牙利高等教育法案几经变迁，但是 HAC 的职能始终没有改变。

一　HAC 组织架构

HAC 是一个依法建立的独立的专业机构，HAC 正式成员共有 30 人，其中 15 人来自高等教育机构，10 人来自研究机构，5 人来自专业组织。HAC 还邀请一些其他领域的没有投票资格的非正式成员以及一个没有投票资格的学生会员。学生会员代表匈牙利全国学生联合会（Hungarian Student Association），任期 3 年，可以连任。HAC 成员通过无记名投票选举出主席，采取少数服从多数的原则。其组织机构如图 1 所示①。

根据图 1 我们可以看出，HAC 与财务监督委员（Financial Supervisory Board）、国际咨询委员会（International Advisory Board）及匈牙利咨询委员会（Hungarian Advisory Board）有效协作，开展评估活动，而外部专家小组（External Experts Team）独立于 HAC 之外，直接对申诉委员会（Board of Appeals）及专家委员会负责。这样的组织结构，为 HAC 作出正确的决议奠定了基础，如果各高校对评估结果不满意，可以通过申诉委员会进行申诉，HAC 必须作出答复。显然，HAC 虽然独立于政府之外，单独行使其职权，但依然受到来自各方面的监督，因此它必须为自己所评估的机构以及作出的决议负责。这就决定了 HAC 在进行院校评估及出台评估报告时都要严格遵守评估程序，在尊重被评估机构的同时，认真负责地完成评估工作。

---

① HAC［EB/OL］. http：//www. mab. hu/joomla/index. php？option-corn-content&view = article&id = 230&Itemid = 643&lang = en.

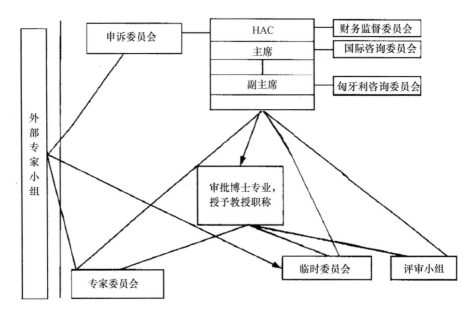

图 1　HAC 组织机构

二　HAC 功能

"HAC 是匈牙利独立的、唯一的专家组织，负责评价高等教育教学、科学研究和艺术活动的质量，并且检查、督促高等教育机构战略规划的进展。"[①] HAC 的主要任务有：博士学位的授予以及高等院校认证（1996 年新的高等教育法案颁布，HAC 不再具有授予博士学位的权力）；就某些问题向教育部表达其意见，如在院校的建立和认证方面发表看法；对于建立新的研究生学位课程提供建议；对于国外高等教育机构在匈牙利如何运作提供指导；根据高校的要求参与其博士学位的认证以及应其邀请成为其答辩委员会的成员；定期评估高等教育机构的教学质量和科学活动，该评估至少每八年开展一次，当然也可以根据教育部的要求或者应高校的邀请随时开展评估。

---

　　① Ministry of Education and Culture. Higher Education Act ［EB/OL］. http：//www. okm. gov. hu/letolt/nemzet/act-cxxxix – 2005. pdf.

三　HAC 高等教育质量评估原则

HAC 作为官方的高校认证与质量评估机构，其运作必须遵循一定的原则。从宏观层面来说，其认证与评估原则首先必须符合高等教育法的规定，其次要符合一定的质量标准。HAC 在进行院校认证和质量评估时会为各院校提供认证指南（An Accreditation Guidebook）和绩效指标表（A List of Performance Indicator），而这个质量标准是根据欧洲高等教育质量联合会制定的欧洲标准和准则（European Standardsand Guidelines）为依据修订的，如今匈牙利的院校认证和评估标准已基本同欧洲标准相一致。最后，HAC 必须遵循独立运作的原则，认证与评估必须是专业和客观的，认证与评估的过程必须公开透明，其认证与评估的流程和标准也必须符合国际惯例。从微观层面来说，HAC 对某一高校进行质量评估必须建立在高校自我评估的基础上，对于某一个课程或学位的质量评估也应建立在专业的课程评估基础之上，对于同一个高校的总体质量评估和课程质量评估必须采用相同的评估原则和标准。对一所高校的工作质量评估应从教学过程和影响教学过程的因素两方面开展，教学过程包括：什么人、做了什么、怎么做的、对象是谁。而影响教学过程的因素主要有能力、责任、开展的学术活动、管理状况以及基础设施的建设情况等方面。HAC 进行质量评估时应遵守评估原则和评估标准，尽可能使评估结果公平公正。

四　HAC 高等教育质量评估程序

HAC 对高等教育的质量评估程序是由国会批准，并依法执行的。首先，高校要先进行自我评估，同时提交自我评估报告；随后由 HAC 任命的同行进行同行评议，同样需提交评估报告；接下来

HAC 在此基础上作出决议，并为该高校定位；最后教育部作出最终决议。可见，HAC 在质量评估的过程中越来越多的重视高校作为评估主体的参与度，同时 HAC 还明确指出在评估的过程中加大学生的参与度。高校、学生及同行这些评估主体的参与必然使评估结果更趋向合理与公正。

以某高校为例，HAC 在进行评估之前会先将认证评估公告（Accreditation Announcement）发送至高校，高校对这个公告作出回应，开始准备开展自我评估。与此同时，HAC 任命访问委员会（Visiting Committee），在 HAC 审查高校的自我评估报告之后，访问委员正式进入高校进行参观访问，一般该访问委员会选择 3—7 位专家，有时候也会根据评估专业的数量增加专家人数，同时该团队有权要求 HAC 更换小组成员，为了对评估小组进行监督，HAC 派出一名成员担任秘书。整个评估过程一般会持续三天，在访问期间通过不断的调研和会议讨论及撰写评估报告，随后由院校认证专家委员会（Expert Committee for Institutional Accreditation）准备报告并将其提交给大会委员会，由被评估高校对评估结果作出回应，如果对评估结果不满意可以进行申诉。最后，HAC 在其全体会议上通过评估报告，并在被评估高校的允许下，向教育部提交并公开发表评估报告。

从整个评估流程来看，各机构相互协调，力求获得真实的评估结果，高校作为评估主体，拥有极大的自主权，可以随时对评估结果提出意见。为了保证高校自我评估的科学性，HAC 有统一的评估指南为高校进行自我评估进行指导。

对于最终的评估结果，如果被评估的院校不符合法律和质量的要求，HAC 将作出以下决议：暂停其进行毕业考试和学位授予的权力；如果某个专业或课程不能达标，HAC 将强制停止该专业或者课程；如果高校经过改革依然未能达标，HAC 将终止对其认证，而对于那些正在该高校就读的学生，HAC 根据高等教育法案安排他们在相近的高校中接受教育，使其完成学业。

五　HAC 自我评估

HAC 国际咨询委员会在 1998 年全体会议上通过 HAC 自我评估计划："任何质量保证体系都应该定期进行评估，同时关注其他国家的最新发展动态，并与其保持联系。因此，委员会提出了建立一个对 HAC 进行外部评价的系统和程序，包括使用有经验的国际团队以及采纳其他国家该方面的有益经验。"[①] 因此，在 2002 年 HAC 出台了其自我评估报告，内容大致分为描述与分析两部分：描述部分主要介绍 HAC 的历史、功能、组织机构以及运作方式等；分析部分在描述的基础上论证 HAC 的优缺点并构建 HAC 未来发展趋势及框架。

HAC 采用了 SWOT 分析模型来对自身的发展状况进行分析，从优势、劣势、机遇和挑战四个方面讨论了 HAC 的发展状况，如表 1[②] 所示。

表 1　　　　　　　　　　　　HAC 发展状况

优势	劣势	机遇	挑战
责任明确：致力于保障高等教育质量	任务过多，工作繁重	加强外部评价	过度严格的法律框架限制了工作的灵活性
动态的、有能力的领导团队	决策的不统一性	提高透明度和决策的一致性	高等教育质量不断下降

---

① *Higher Education in Hungary Heading for the Third Millennium*, Ministry of Education of the Republic of Hungary, 2002, p. 9.

② Self-Evaluation Report, *Hungarian Accreditation Committee External Evaluation*, 2008, p. 11.

续表

优势	劣势	机遇	挑战
国际经验的不断增加	决策中有时不能充分考虑到中层决策者的意见	随着"博洛尼亚进程"的推进，工作将更加稳定	资金来源单一
在匈牙利受到广泛认可	内部质量保障不够全面	开发数据库，尽可能实现网上办公	高教环境的频繁转换导致决策的短时性与不一致性
活动受法律保护，高透明性和公平性	缺乏有足够经验的外部专家	提升公众对 HAC 工作的反馈力度	新的学位课程迅猛增加
员工经验丰富，能力可靠，道德端正	工作效率的提高有待研究	与国际质量保障机构竞争	主要学科专业分割过细
始终保持与国际同步	欠缺推广		市场及利益推动高校不断扩招

从表 1 不难看出，HAC 对自身的发展有一个相对明确的定位。
HAC 进行决策时，需要经过三个层级，最高一级是 HAC 全体委员会，中级为学校或学科委员会，最低层次的决策者是专业认证中的专家委员会以及一些临时委员会。① 所以，当下层的决策与上层的决策有所不同时，一般都以上层决策为准，当然这种现象很普遍，对上级决定的盲目服从，使得下层的意见看起来无足轻重。而中层决策者主要为学校或学科委员会，他们的意见经常被忽略，说明 HAC 虽然致力于鼓励高校开展自我评估，但事实上它们在整个评估过程中依然处于一个被动的地位。挑战中提到的专业划分过细、院校盲目扩招、政策的短时性等问题，应该是各国高等教育发展过程中所面临的共同问题，如何既保持高校的相对独立性，实现学术的健康发展，同时又更好地服务于社会是我们需要不断权衡的

---

① *Higher Education in Hungary Heading for the Third Millennium*, Ministry of Education of the Republic of Hungary, 2002, p. 15.

问题。

对 HAC 的研究并不是因为它是最完美的高等教育质量保障机构，这就如同我们致力于对欧美发达国家的质量保障体系研究并不是因为它们的质量保障体系没有缺点，其意义是取其精华，为我所用，始终是一个不变的真理。匈牙利高等教育质量保障体系的建设与我国几乎同时起步，但其相对独立的评估主体、多样化的运作方式都是值得我们了解与借鉴的。

第四节　匈牙利"国家核心课程"[①]

作为中东欧国家的匈牙利，人口约千万，面积约相当于中国的浙江省，人均 GDP 在全球排在 40 位左右，国人对这个国家既感到熟悉又有点陌生。很多年长的人，了解其政治与历史，青年人则知道其是一个旅游目的地。然而，对于匈牙利教育而言，却鲜有人知和研究。我们在这里工作、学习、生活了两年，发现其教育水平也是相当不错的，这里产生过 14 位诺贝尔奖得主，有很多创新和发明，有一些做法可为我们发展教育提供借鉴与参考，尤其是其基础教育课程实行国家统一标准，但却有一定的自主性和灵活性，现予以介绍，以飨读者。——译者

一　国家核心课程及其作用

"国家核心课程"（National Core Curriculum，NCC），为匈牙利公共教育提供最基本和最主要的原则与方法，规定了公共教育的总体目标，要求全国所有学校遵守，在教育的各个阶段均须体现核心课程，也允许各个学校拥有自己的空间，核心课程只是为公立教育

_____

[①]　本文为依据 "Ministry of Education and Culture，Hungarian National Core Curriculum" 所进行的编译。

所要求的知识划出了一个基础范围，在此基础上鼓励创新。

"国家核心课程"也突出地方特色和个性化学习。课程计划由每个学校具体负责实施并保证同一目标与价值的实现。在国家核心课程框架指导和规范下，各个学校可根据实际情况编订计划，尤其在职业教育领域，要组织编写、编译和开发教材、教具等，以满足国家评估要求。学校特色课程均须遵从以下标准。

1. 在课程价值上必须与国家核心课程保持一致；2. 必须体现和鼓励孩子们的学习权利，保证学习机会的平等；3. 应该包含国家核心课程所要求的能力以及鼓励发展的内容；4. 必须清楚阐释学科与课程理念，遵从学科逻辑规范；5. 必须充分考虑学生的个性化学习以及有特殊需求的团体的发展；6. 对于重点知识和具体文化知识点必须提供明确学习指南；7. 具有一定的开放性和灵活性，以满足进一步发展和改进。

与此同时，在经过各个学校同意的基础上，地方特色课程除要与国家核心课程保持一致外，其教师在课程方面有如下几点选择：1. 学校可完全采用国家课程框架；2. 依据现有课程和教学计划，编译地方课程；3. 可以改进和提升自己原有地方课程计划。无论如何，地方课程要符合国家考试制度的要求。国家核心课程推动了公立教育的发展，引导教师培训和继续教育，并通过项目实施来刺激公立教育的创新和变革。

"国家核心课程"规定义务教育阶段的价值观、知识和认识论。其一系列发展任务紧紧围绕幼儿园教育，导向儿童早期发展。与以往相比，正式的、非正式的和非正规教育制度在文化和知识传播中扮演了重要角色，在将来更应如此，我们不能期望义务教育传播终极知识。相反，能够发展核心能力、激发学生学习动机和学习能力的终身教育将显得举足轻重。国家核心课程所提出的发展任务是针对职业教育、成人教育和能够提供个人和与社区自主学习的教育机构而言的。

二　学校教育的普世价值

"国家核心课程"所倡导的价值观是由匈牙利共和国宪法、匈牙利法律，特别是公共教育法、其他法律、人权国际宣言和公约、儿童权利法、少数民族权利和性别平等法规决定的。

"国家核心课程"帮助学校通过教学过程的组织和安排，来促进学生民主观念的形成，做到"以人为本、尊重个性、身心自由、个性发展、精诚合作"，以促进社区和谐、人际平等、族群与性别平等意识，使人具有良好的心态。总之，"国家核心课程"的宗旨在于通过强化学校教育，进一步促进教育机会平等。

"国家核心课程"规定学校教育的内容，以使学校教育能够更好地为匈牙利发展经济服务，为国家经济建设作出更大的贡献。从推动国家经济长期地、可持续性发展出发，国家核心课程大力鼓励和提倡不同文化的存在与传播。认为知识以及人的个性发展对于匈牙利经济在全球经济竞争中保持其地位至关重要，可以使经济持续稳定增长。看重高层专家、高水平的管理、可靠的工作、工作创新以及高质量的工作和高效率的参与在经济活动中的价值。崇尚知识是推动现代经济发展的强劲动力。

作为国家核心课程，它促进了国家价值的形成。围绕喀尔巴阡盆地，形成了统一的国家和民族传统，强化了国家和民族身份认同，凝聚了力量。鼓励学生在生活中广泛接触少数民族，与此同时，聚焦欧洲文化圈和全人类的价值取向，不断增强归属感（归属欧洲）。通过加入欧盟，使每一个公民置身于一个更加广泛的社会、政治、经济和文化共同体。这样一来，公民教育其实就和欧盟教育没有什么两样了。NCC 正是追求一个在尊重历史、传统、文化、习俗和生活方式的基础上，创造一个更加开放、理解和包容的多元文化氛围。

综上所述，该框架计划提出，人类必须面对的全球化共识性问题是一个具有普适性价值的世界性问题，它强调个人的责任、选择和义务，认为国家、公民组织或者大大小小的机构在利用全球化赋予的机会，缓解和消除已有的危机。

学校教育是一个漫长的过程，是需要花费大量财力、时间和精力的事业。因此，无论是从成人的角度还是学生的角度出发，NCC都十分重视学校教与学的效率，强调知识的实用性，进而使学生获得实际能力的提升。这样，其基本目标主要为发展能力，这既是一个成人成功的重要前提，也是终身学习的预备；既有利于教学过程的进行，也有利于教学方法的选择；既能关注个体的发展，也能促进相互经验的相互交流。

三 学校教育的基本目标

学校教育内容的一部分是由通识教育观、经济形势和全球化挑战所决定的。在欧盟国家，知识和能力是公民适应日新月异的社会、积极参与社会事务以及迎接未来挑战所必需的。这就是学校之所以把发展核心能力作为基本目标的重要原因。由于其社会和经济功能，教育在欧洲公民能力发展、适应社会和自我塑造方面扮演着重要角色。因此，核心能力就成为个体实现自我价值、积极参与社会事务和就业的基本需要。要想在现今知识型社会获得成功的生活，每一点都很重要，尤其是学习能力的获得对于终身学习社会的形成产生更大的促进作用。其实这些能力是相互交织和重叠的，在某一能力的形成中有重要作用的因素，可能同时对于其他能力的形成也是有作用的。核心能力的形成与核心发展任务互为依存，相互依赖。具体文化中的发展任务包含了核心能力，如批判性思维、创造性、主动性、解决问题的能力、风险评估能力、决策力以及情感管理等。

（一）核心能力

1. 用母语交流的能力

能够使用母语进行交流和沟通，运用口头和书面形式清晰表达自己的思想、情感、观点和事实，并且能够恰切地、创造性地阐释社会现象和文化现象，如教育和培训、工作、家庭生活和休闲娱乐等。

使用母语交流需要一定的母语习得，这从根本上与个体的认知能力有关。使用母语交流，还需要掌握一定的词汇、语法和特殊的语言知识。这种能力被称为语言互动，包括文学的与非文学的、不同语言的运用与不同情境中的语言运用。个体应该熟练掌握口头和书面表达的技巧，以保持对话的持续性并适时作出调整，从而转向新话题。并在交流进行时，采用各种手段，及时捕捉话题，收集和处理各种信息，适时表达自己的观点。积极的态度会引导个体开始一个富有建设性的对话和交流，同时也可促使相互认识和了解，要做到这一点，你必须认识到语言的重要性和使用语言的社会责任。

2. 使用外语交流的能力

使用外语进行交流与使用母语交流其实有共同之处：即运用口头和书面形式清晰表达自己的思想、情感、观点和事实，并且能够恰切地、创造性地阐释社会现象和文化现象，如教育和培训、工作、家庭生活和休闲娱乐等。但使用外语交流还需要其他一些技能，如文化适应与跨文化理解能力。听、说、读、写四个方面的能力未必均衡，不同语言之间或不同个体之间，因社会环境、文化背景以及个人兴趣的不同而有所差异。

在使用外语进行交流时，除了掌握必须的词汇、语法和语言知识外，还需要熟悉社会环境与文化的多元性。运用外语交流需要的能力包括口头理解能力、模仿能力、执行力和阅读、理解语境（上下文）的能力。同样需要能够运用各种手段，通过非正规的教育如终身学习，来习得一种外语。积极的态度可使人在跨文化交际中对多元文化产生尊重和兴趣，乃至好奇心。

3. 数学能力

数学能力就是运用数学思维来解决日常生活中一系列问题的能力。其核心是处理和运算，主要包括运算能力、开发和应用能力、建模能力。一旦获得了数学能力，那就会运用数学原理、知识和方法去解决日常生活中的问题，就可以去进行推理，使用数学语言处理资源分配。积极的态度可使人对真理和逻辑推理产生敬畏感。

4. 自然科学能力

所谓自然科学能力，是指运用知识和方法去解释、预测和控制人类与自然界之间的相互的行为关系的能力，被视为是人类为满足自身愿望和需要的知识应用技能。自然科学基础知识主要包括自然界的原理、概念和方法，以及人类对自然环境的影响。具备了这些知识，你就可以理解科学理论在社会发展中的地位和作用了，进而限制技术在整个社会领域中的运用；具备了这种能力，你将会运用科学知识去解决日常问题。如此一来，人们就会务实地使用新技术和新装备。利用科技成果、解决现实问题、实现个人与社区目标、决策等都需要一定的技术素养。自然科学能力的获得同样离不开认真的态度、兴趣和好奇心。

5. 信息（数字化）能力

信息（数字化）能力是指信息社会对工作、交际和休闲等方面信息的处理能力。主要包括：识别、检索、评估、存储、创建、演示和交换信息；通过互联网所进行的交流与合作；对于真实世界与虚拟世界的辨别能力。要求具备一定的批判能力，谨慎对待网络信息，这也是参与文化活动、社会交往与职业服务的基本需要。

6. 学会学习

学会学习是一种能力，是一种坚持不懈地组织自我学习的能力，包括管理时间和管理知识的效率以及对学习机会与学习过程的认知。一方面，这需要搜集、处理和消化知识；另一方面，需要一定的应用指导。学会学习促使学习者在各种情形下运用自己的知识和能力，如在家庭、工作、学习和培训过程中都需要一些先前的学习体验与生活经历。因此，强烈的动机与足够的自信是形成这种能力的基本要素。

出于工作和职业目的的学习，要求个体具备适当的知识和一定的能力；而学会学习则要求个体清楚知道自己的学习策略，所拥有的知识的优势与不足，并寻找适当的教育培训机会进行提升和完善，进而指导自己的实践。

学会学习的基本能力是阅读、写作、计算和使用信息工具。信息的搜集、处理和消化是在这些技能基础上进行的。学会学习还需要创新学习策略、持续的动机水平和明确的学习目的。人们应该学会合作学习，分享知识，相互评价，甚至提出直接的建议，这些都是十分重要的。

7. 社会与公民胜任力

社会与公民胜任力是构建和谐社会的先决条件，为此，个体必须要承担一定的社会活动和工作，作出富有成效的贡献，提出具有建设性的意见，甚至在必要时能够解决冲突。公民能力就是指个体运用自身的知识和能力、积极参与社会事务、构建民主社会的能力。

个体与社会的事务需要人们具有健康的身心，清楚意识到健康生活方式的重要性，人们的行为规范在社会关系中不可或缺。熟悉一些有关个体、团体、组织、性别平等、没有歧视、社团和文化的基本概念是非常重要的。基于欧洲文化和社会经济的多元性以及相互的影响，民族认同与欧洲身份认同自然就成为公民能力的重要组成部分。

公民能力的核心内容包括：有效沟通能力、包容与理解力、信任力与同理心、抗压力、受挫折力和应变能力。在社会与经济交往中，人们不可避免地遇到跨文化的问题。因此，合作的态度、诚信、自信都是非常重要的，克服个人偏见会有利于双方达成共识。公民能力是建立在民主、身份、民权等基础上的，这一点在欧盟宪章中有明确体现，与其他国家宣言一样也适用于其他国家和地区。具体表现为能够了解时事、重大事件，把握社会发展动态，熟悉欧盟一体化及其价值追求。

总之，公民能力是基于对人权的尊重基础上的，包括对平等和民主的尊重，对多元文化、民族和宗教的理解。具体来说，就是能够从区域、国家、欧盟、欧洲等不同层面上参与民主决策，承担公民义务。

8. 改革与创新意识

主动性与创新性可以帮助人们更加充分地了解自己、了解自己的工作和生活环境，从而能够有效把握出现在眼前的机遇。这要求不仅具有一定的知识、创造性、求变的欲望和冒险精神，还要求有具体的计划和实施步骤，以实现最终目标。

必要的知识，一方面，帮助认识和分析面临的机遇和挑战；另一方面，可以扩大人们的视野，进一步熟悉法律和经济规律。基本能力如计划能力、组织能力、领导能力、管理能力、分配能力、分析能力、沟通能力、风险评估与风险承担能力、个体和团队竞争力等。其特点是独立性、创造性和创新性，前提条件是强烈的动机和实现目标的决心。

9. 审美与艺术鉴赏能力

无论是在传统媒体时代还是现代多媒体时代，审美与艺术鉴赏是非常重要的，是人们创造性表达思想、经验和情感的重要手段。包括文学、音乐、舞蹈、话剧、木偶戏、视觉艺术、建筑，以及摄影和电影等。

审美与艺术鉴赏是个体运用某一地区、国家、欧洲、全世界文化遗产中的名著来表达自己思维、情感、感觉等体验的一种高级文化形式。进一步说明，需要人们理解欧洲多元文化和多种语言的现实，在欧洲有众多国家、民族和少数民族，体验和感受（欣赏）多元文化在日常生活中具有十分重要的作用。

审美与艺术鉴赏能力主要包括自我艺术表达、作品分析、作品表演（演示）、观点比较（自己与他人的观点比较）以及认识和把握文化活动机会的能力。积极利用不同的艺术形式表达自己，培养自己的审美是非常重要的。同时，开放性、兴趣和敏感性会丰富我们的知识、提升我们的能力。通过艺术表达与欣赏和参与适合自己的文化活动，可以促进我们的人际交往。

（二）核心发展任务

"国家核心课程"的核心任务是建立在核心能力的发展上的，是与核心发展能力息息相关的。

1. 自我形象和自我认知

个体区别于他人的特质在于通过内在气质表现出来的观察力和创造力的不同。我们根据自己的观察、能力、需要与愿望、期望等决定我们完成任务的进程、强度和数量。如果学生认同国家核心课程的目标、内容、价值和影响的话，国家核心课程也只是影响学生行为、形成自我形象的因素之一。因为，学生所获得的知识、能力、态度与动机都会对自我认识和自我形象产生影响。学生在整个教与学的过程中会自我设计自己的发展、未来与职业。在学生自我形象形成过程中，自我认知、自我控制、自主负责、自食其力、自我发展等都是不可或缺的，但是，自尊是最基本的目标。

2. 祖国和人民

让学生了解我们的民族及其文化遗产是非常重要的。学生应该了解匈牙利历史上的经典名著和著名人物，如科学家、发明家、艺术家、作家、诗人、运动员，并了解国家的地理、文学、历史和常识。他们应该获得一些能够帮助他们认识和了解自己的家庭、居住地、家乡、国家和人民的知识和实践活动。

还应该了解城乡生活的传统和特色。

培养学生与自然与社会环境和谐相处的观念，深化他们的民族感情、民族认同和爱国主义思想，奠定国家身份认同基础，同时让学生学会尊重其他民族和少数民族的历史与传统，也要尊重临近地区和邻国的历史与传统，这些都是十分重要的任务。"国家核心课程"鼓励青年人去探索和保护历史、文化和宗教记忆，去保护文物和传统，去追求个人与社会的共同目标。

3. 欧洲认同——文化一体化

欧洲是匈牙利人民的大家庭，学生必须了解欧盟的历史、宪章、体制和政治原则，学生应该接受和认可欧盟所提供的更广泛的机会，无论是作为学生还是成年人，在认同匈牙利的同时要成为欧洲公民。通过学校教育，学生能够获得知识和经验，这些知识和经验可以帮助他们在开放的欧洲找到适合自己的位置。与此同时，通过他们对欧洲身份认同的强化，他们将会变得更加开放和容易接受欧洲以外的文化。

学生应该熟知人类文明成果的影响，这将使他们变得更加开放和富有同情心，能够更加包容各种习俗、生活方式、文化和宗教的差异性，了解全球性的问题进而通过合作来解决问题，学校和学生应该尽力参加一些国际活动，以形成国际视野。

4. 积极的公民与民主意识教育

在一个民主宪政社会里，个人价值和幸福感的实现，是由个体在社会中的条件（如住房、职业、文化生活抑或政治生活等）决定的。人们参与社会事务的前提是具有足够的知识、规范的行为方式以及对人权与民主的尊重。而国家的公共教育体系就是给人们提供各种正规的、非正规的学习机会，帮助他们成为一个积极的公民。

积极公民意识形成的前提是知识、能力、态度和动机。文化范畴的"人与社会"包括知识、能力、价值取向和态度，而这些都可以通过学校教育获得。学校可以通过组织教学活动和实践，让学生积极、平等参与，进而发展他们的能力（如，鉴别能力、公平对待能力、冲突管理能力、人道主义援助、合作能力等）、价值取向和态度（如，责任心、自主性、包容心等）。

5. 经济教育

如果我们不熟悉财务管理和金融管理，我们将无法理解我们考虑的很多事情；这种知识已经成为教育的有机组成部分。不管是民主还是市场经济，都离不开内行的管理。这是每一个致力于财政安全、稳定发展、国际竞争力不断提升的国家不能回避的问题。这是一个积极进取、不断创新的社会所不可或缺的条件。每一个社会成员都应该以积极的态度管理自己的行为，为社会负起责任来。

学校教育一方面在培养学生消费意识、风险评估和收益与成本关系判断方面具有重要作用。他们应该知道可持续消费与个人收益之间的关系；另一方面也会打破短期利益与长远利益之间的平衡关系，并刺激人们理财能力的发展，尤其是当借贷不只是个人利益而是社会问题时，就会作出明智的决断。这就是为什么学校教育要发展学生理财能力的原因，这包括管理财产的能力、明确的消费意识、服务意识、市场意识，这都是个人发展的重要组成。

6. 环保意识教育

环保意识教育旨在帮助青年学生养成保护自然环境和社会可持续发展的行为方式和生活方式。可持续发展要求人们终身学习，以使受过良好教育的、具有创新思维的公民找到自己的方式与自然、环境、社会、法律和经济相处，并对个人或者群体的行为负责。这可以通过训练学生的自然科学思维来实现。一旦学生对环境变得敏感起来的话，他们就能够解释引起环境发生质变的一些基本规律了，也就能够认识到保护环境的价值所在，并承担起保护环境的公民义务。这取决于个人的环保知识和责任性，环保行为本应是一个道德问题，由此可判断一个人的行为规范。

在环保教育中，应该让学生明白目前我们所面临的环境危机。通过一些具体事例，让他们了解社会经济的发展对环境带来的正面的和负面的影响，搞清楚消费、资源与可持续消费原则之间的关系。学生应当直接参与保护和改善环境的行动，在环保管理中获得亲身体验，使尊重自然、保护环境成为他们义不容辞的责任。

7. 学会学习

学习是人的心理受到外界刺激所发生的变化，它不仅仅是获得知识和增强记忆的行为，从广义上说，它包括人的认知发展和个性发展，这就是学校教育的基本任务。

很多东西都可用来学习，激发学生的学习兴趣、选择教材并指导学生学习是教师的职责，教师应指导学生循序渐进地自主学习，并不断总结经验，创设有利的外部条件。在观察的基础上，学生就渐渐了解自身的心理特征，也让他们掌握了如何高效学习的方法和技巧，养成一个自主学习的愿望和习惯，包括利用图书馆资源在内的各种信息；利用已有知识和经验发展基本技能（阅读理解、写作技巧、计算）；设计学习方法和程序；小组学习与合作的方法；增强记忆和存储知识方法；改善思维方式；熟悉终身学习的工具和方法。

学校图书馆及其数据库是非常重要的工具，即便是在传统教学模式下也是重要的信息源。图书馆在各个学科的学习中都很重要，学生通过利用图书馆资源包括各种印刷和电子读物，积累知识，学会建构知识的技巧和方法。学生必须掌握搜索方法、搜索工具以及主要文档资料及其价值，发展资料搜集、处理和利用的因特网搜索技术。这样一来，学习可以在校外任何一个地方进行了，如博物馆、展览馆、演艺馆甚至是露天。

老师的任务则是了解学生的学习策略、方法、风格和习惯，应该考虑特定年龄学生的特征及其学习基础，搜集一些与现实相关的生动的话题、视频和课程内容。努力开发学生的思维能力、概括能力、模仿能力、观察能力和解决问题能力，特别是分析能力、综合能力、比较能力、演绎能力和归纳能力。校外专家也可以参与教学，校长负责校外专家的选聘和校内外之间的协调。校外专家经过老师的许可，可以参与到教学过程中来，并提出一些专业的建议和意见。

8. 健康教育

学校肩负着未来一代健康生活的巨大责任。学校的所有活动都是围绕着学生的身心发展和社会化的，学校的教职员工和设施应该有利于积极的态度、良好的行为和健康的生活方式的养成。健康教育不仅涉及疾病的预防，而且关乎健康生活与和谐生活的享受。教师必须为儿童和青年准备正确选择生活的方法、健康的生活方式和解决冲突的能力，提倡帮助患有疾病的人和残障人员；教师应该让学生了解自己生活中的一些危险事情，如家庭、学校、交通中的危险情景与有害物质；应该让学生掌握一些应急预案和应急管理知识；学校也要负责教会学生参与交通、使用交通工具和避免交通事故；应该提醒学生妥善处理和应对危情的原则；应该提醒儿童和青年预防和远离不良生活习惯，如吸烟、酗酒、吸毒等；向学生宣传解释性文化与性行为、灌输家庭观念和建立良好人际关系，是学校不可推卸的责任。总之，学生通过积极参与，可以养成健康和谐的生活习惯。尤为重要的是，学校的环境要有利于学生的身心发展，教师所选择的生活方式（所作所为）对此有很大影响。

9. 成年准备

职业定位是帮助学生选择继续教育和未来职业的最基本要素之一。包括：对个人禀赋和能力的认知；了解主要职业和职业门类；就业机会和选择经验。学生必须意识到他们在自己的职业生涯中有可能数次转换职业。学校要在条件许可的情况下，为学生提供适合各个年龄特征的全面知识，以确保他们能在自己感兴趣的学科领域里锻炼能力、增长知识、了解社会、熟悉不同职业。职业定位需要通过较长时间的各门学科知识的相互作用才能定型，但其灵活性和不确定性必须受到重视。

有效的合作、参与以及目的明确的教育能够帮助学生发展社会能力与公民能力。社会交往能力的获得要建立在良好的行为之上，如助人、合作、自我管理与竞争，理财能力、消费行为和较强的竞争力（如创业、管理和工作能力）有助于形成社会交往能力与公民能力。

四　个性与特色发展内容

"国家核心课程"允许学校、老师和学生在同一基础上实施多样化和个性化发展。学校有根据自己的目标和兴趣进行调整的权力，家长和学生也一样，老师可根据具体情况和条件作出专业的调整（professional efforts）。给学校和学生留有足够的时间去补充和调整大纲，以满足他们自己的需要和特殊需求。

当今时代，知识的增加史无前例，社会飞速发展，信息高度发达，挑战无处不在，给学校提出艰巨任务，教师的职前职中培训尤为重要。知识很难用传统学科进行分类，新知识不断涌现，因此，需要用多学科/跨学科的方法整合传统学科，进行教学设计。值得注意的是，在进行这种整合时，要充分考虑学生的感受和利益。

"国家核心课程"并不是规定一个单一的体系让每个学校去遵从，而是允许学校根据自己的情况制定方案和地方课程。"国家核心课程"的目标只有一个：那就是发展学生的能力，让学生通过校内校外的、自发的或是有组织的活动，最大限度地发展他们的个性与禀赋。除了完成规定的发展任务以外，"国家核心课程"鼓励儿童和青年的个性发展。只要学校的教育计划能够为学生提供了广阔的、灵活的学习、生活、工作和娱乐，丰富学生的知识，有助于学生学习习惯的养成，有助于他们的能力发展与合作精神的培养，有助于他们价值观的形成，这样的教育计划就是有效的。"国家核心课程"倡导关注学生的知识、能力和个性发展，认为教育教学不只是学校的事，还包括社会生活和社会活动的各个方面。其中最重要的条件是教学活动和教学过程能否有效满足核心能力发展的目标。"国家核心课程"重视课程教学方法及对学生学习的组织，尤其是强调计划、监控和评估环节。认为那些了解学生学习动机、能力、兴趣和学习习惯的老师，最有可能成功组织教学。良好的教学既需要合格的教师去组织，也需要一系列配套的设施，如书籍、学习材料、实验设备、科技资讯、课程包以及其他的工具。以下这些对于个性化学习尤为重要。

1. 善于组织教学，有利于学生获得知识、内在动机发展和自学策略调控。

2. 探索学习（发现学习）是组织教学活动的主要标准。

3. 教育教学过程的组织应该有利于促进学生知识和观念，允许学生出现错误和缺点，并给他们纠错的机会。

4. 学校教学过程中应采用合作学习的方式。

5. 任何形式的教学（班级教学、小组教学、派对教学、个别学习）都应关注学生的活动、积极性、自主性、创造性及其问题解决。

6. 其中最主要的原则是，老师要根据不同学生的情况组织教学、分配任务，并帮助指导完成、调控与评价。

7. 运用不同的学习策略，为那些学习后进的学生提供不同指导，分配不同的任务，以发展他们的能力。

8. 如果不采用不同的教学的话，那么那些有特殊需求和要求的学生就无法满足，那些学习有困难的学生也将无法完成学习任务。

9. 有许多方式都可以帮助实施合作学习，无论是在校内还是校外均给学生提供平等的学习机会。

10. 现代信息技术与计算机的发展，给我们提供了无限的可能，使得我们可以选择合适的教育形式。

五　促进学习机会平等原则

接受最好的教育是法律赋予每一个适龄儿童的权利。为此，学校（举办者、家庭、监护人、专业或民间组织）应该提供相应的条件，且应遵守如下原则：（1）打好1—6年级的基础，为后续学校教育发展核心能力做好准备；（2）了解学生存在的学习困难，在学校教育全过程中为其提供全方位的帮助；（3）促进学习机会平等的前提是要了解学生个性并施以合适的教育方法；（4）对于那些潜力大、能力强的优秀学生，要提供其他课程或课外活动；（5）采用恰当的策略组织教学（前文已提到）；（6）采用标准的、个性的和差异化的评价。

六　"国家核心课程"与地方课程

(一)　一般原则

1. "国家核心课程"在地方课程中的作用

公共教育法在"国家核心课程"与地方课程和校本课程之间起到了重要的联系作用。地方课程与校本课程只能按照"国家核心课程"提出的目标、价值与原则发展学生的核心能力。

2. 共同价值导向

"国家核心课程"规定学校教育教学的共同价值取向。任何学校，无论是由谁举办的，都必须确保学生获得基本道德准则和能力。如何让学生从文化学习中获得道德准则和能力，这是学校的责任。由国家和地方政府举办的学校，不得进行任何宗教和意识形态的教育。学校必须尊重家长的意愿，依此提供他们所希望的意识形态的教育，学校的教学计划中不能引导或强制学生接受某种宗教或意识形态。教师可以表达自己的信仰，但绝不能敦促甚至让学生认可或信仰。

3. 学生评价

地方课程的一个重要工作就是要规定评价学生的规范、形式和手段。教学计划必须明确规定，哪些科目和课程不需要进行学生评价和给分，这些科目就可以免于评价。学生可以通过各种形式获得成绩认可，也可以参加国家课程考试。除了国家统一考试，学校可设置自己的学期或学年考试，也可以举行模拟毕业考试，但需要强调的是，学生对自己的评价结果享有申诉权，他们如果对学校所给出的评价持有异议的话，可以提出申请，如果查实确实有问题的话，则必须修改评价结果。

4. 关于升学

学校应该明确学生升级所要达到的要求。公共教育法规定：

如果学生的学业符合升学的规定，就可以升到高一级的学校或者职业学校继续学习。如果学生未达到升学的学业成绩要求，学校不能剥夺他们的重修的权利。学生未必要在相同的时间完成学业，教师应该让那些在某些方面知识欠佳的学生（没有达到学科要求）参加高一级学校的招生考试。学校必须制定留级重读的基本要求。

5. 关于作业

地方课程要具体明确家庭作业的布置，要充分考虑专业性和可接受性、学生家长的意愿、学生的平均能力和水平、日常的学习能力和计划，给他们留有必要的休闲娱乐时间。学校要在教学时间（周一至周五）布置适量的家庭作业，尤其在每周的第一天布置需要学生完成的作业和笔试任务。在寄宿制学校里没有家庭作业的要求，因为学生整体都在学校学习者。

6. 非特定学科教育

非特定学科教育通识教育阶段，没有必要将教学按学科分支设置，而是更多地关注学生基本技能和能力的发展。据相关法律规定，学校课程可充分利用非特定学科教育的 6 年时间，但是必须按照规定，在小学 5—6 年级时，保证有 25%—50% 的时间要分配给非特定学科教育。在中学 12 个年级中，1—6 年级的全部时间都可以用于非特定学科教育，而 5—6 年级按照一个模式组织教学，因为这是承上启下的一个阶段。时间比例由学校自行决定，在特定情况下，学校可以混合编班进行教学。学生基本技能和能力的发展不是依靠特定学科获得的，如综合阅读理解能力就可以从任何一门学科中获得。

7. 个性与社会发展

有些东西并非靠学校教育的哪个阶段或哪些学科发展，而是由学校持续不断的文化和知识传播来形成的，如学生的个性、价值观和社会责任感，是由教师群体对学生群体影响的结果，这些影响就构成了学校人才培养活动。包括：（1）道德知识；（2）与促进家庭与社区关系发展相关的知识；（3）认识和辨别能力；（4）健康知识；（5）预防犯罪的知识；（6）药理知识（预防乱用药物）；（7）消费者权益保护知识。

在这个方面，老师要发挥重要作用，不管是在课堂上还是课外。

8. 开放办学

没有家长的积极配合，就不会有好的教育。学校和老师有义务和责任帮助家长教育孩子。为了顺利开展学校的教育教学，老师需要家长提供信息，包括积极因素和消极因素，以供参考。因此，学校必须定期召开家长论坛，听取他们的意见和建议。

（二）特殊规定

1. 特殊学生的教育需求

根据"国家核心课程"的规定，在教育过程中应该关注学生的特殊需要：（1）确保较充足的时间来完成基本的发展任务；（2）必要的时候为残疾学生提供专门的教育内容；（3）学校可以通过评估学生的发展性来帮助学生，以免受到歧视。

更多细节见"特殊学生课程指南大纲与考试规定"。

2. 少数民族教育

少数民族教育的目标是通过少数民族语言与文化的传播，强化其身份认同。主要遵循以下原则：（1）地方课程必须为少数民族语言、历史、文化和传统留有空间；（2）必须保障主要外语的教学时数；（3）学校的教育教学活动应保证文化技能与能力的发展。

有关详情请见"少数民族教育指南"。

3. 职业教育

9 年或 10 年职业学校教育应遵循如下原则：（1）在基础阶段

和发展阶段都要求基本能力与能力基础相结合；（2）已经完成基本知识学习的地区，应进行知识的巩固；（3）知识的巩固与为就业做准备要结合起来。

4. 宿舍教育和学校教育的关系

宿舍教育是公共教育的重要组成部分，其任务在"国家核心课程"中有明确规定，宿舍教育必须促进学校教育教学的实现。

七 "国家核心课程"结构/构成

"国家核心课程"的对象为 12 年的义务教育，这 12 个年级其实是一个统一的发展过程，也可分为四个阶段，即：1—4 年级；5—6 年级；7—8 年级；9—12 年级。

与"国家核心课程"所不同的是，公共教育法把前 8 个年级分为四个教育阶段：

（1）基础阶段。前两年为一个阶段，是从幼儿教育向学校教育的转型，主要组织一些符合幼儿教育特点的活动，这一阶段为个性发展留有相当的空间，无须对学生进行评价和给出等级，这就是为什么"国家核心课程"没有将前两年作为一个独立阶段的原因所在。这一阶段也称为初始阶段，亦即基础阶段。主要作用是为核心能力的发展打下基础。

（2）发展阶段。主要目标与前几个阶段是连续一致的，主要是发展核心能力，其知识性也逐渐提高，以强化、巩固、拓展和完善竞争力。

（3）巩固知识阶段。一般开始于 9 年级，持续到 10 年级或 11 年级。它的作用是巩固学校里所学习的各种知识，包括就业准备和就业能力。在学校所获得的能力是复杂和不断变化的，是建立在一定知识内容之上的。

（4）深化阶段。开始于 11 年级或 12 年级持续到 12 年级或 13

年级结束。其基本任务是整合"国家核心课程"规定的任务并将学生中学毕业考试与学生今后的兴趣结合起来，旨在提高学生对于劳动力市场就业预期的认识和国家核心课程规定的关键能力的形成。

第五节　韩国梨花女子大学办学特色研究

以专门培养女性高级人才为主要目标的女子大学的产生和发展是社会进步的重要象征，也是高等教育多样化的重要体现。现如今，发达国家的若干女子大学经过长期的发展和积淀，已经处于世界领先地位，以与中国有着相同历史文化渊源的韩国为例，韩国梨花女子大学不仅被公认为是全亚洲最好的女子大学，更是世界上规模最大的女子大学。① 梨花女子大学在办学过程中逐渐摸索到了有益的办学经验，并在教育理念的确立、专业的设置、性别的研究、国际交流合作工作的开展以及资金的筹集等方面形成自身特色，经过多年努力，梨花女子大学成功成长为一所在国际上享有盛誉的综合性女子大学。相比较而言，我国的女子大学在高等教育系统中尚处在边缘位置，发展缓慢且不成熟，了解发达国家女子大学的办学特色并学习、借鉴其办学经验成为我国女子大学进一步发展的必由之路。

一　韩国梨花女子大学的办学特色分析

1. 梨花女子大学的办学特色

（1）充满女性关怀的教育理念

梨花女子大学力求给学生提供一种融合知识与智慧、品德与情感于一体的全人教育，这一教育理念具体则体现在其校训——

① 《学校介绍》，梨花女子大学官网，（2014 – 07 – 10），［2016 – 01 – 21］，http：//www.u-ewhaedu.com/intro/2014 – 07 – 10/1. html。

"真、善、美"之中。"真"就是梨花女子大学本身作为一所高等教育机构理应追求的崇高理想即知识;"善"就是要求学生将学到的知识用在好的用途上,从而赋予其实际价值的过程亦即美好品德的展现;"美"就是发展每个学生拥有的自由和个性,特别是女性爱美的艺术天性。梨花女子大学这种处处体现女性关怀、充分展现女性特质的教育理念和精神被绵绵不断地传承下来并渗透到整个办学过程之中。在这种理念的指导下,梨花女子大学培养了一批又一批集智慧、美德和美丽于一身的优秀女性人才,她们活跃于社会各界并得到外界的一致认可,被誉为圣女贞德的韩国女性独立运动家柳宽顺、韩国第一位女总理韩明淑和韩国历史上首位女性大企业领导人玄贞恩,她们都是梨花女子大学的学生,在民间,以盛产总统夫人著名的梨花女子大学还被誉为是"韩国第一夫人学府"。

(2)体现女性优势、挖掘女性潜能的专业设置

梨花女子大学的学院设置以及相对应的专业设置非常全面,几乎涵盖了可以充分展现女性特质与优势的所有专业。① 以造型艺术学院为例,学院下设绘画、陶瓷艺术、雕塑、服装设计和纺织艺术等专业,充分利用女性在艺术方面的这一先天优势来培养具有高度表达能力和创新能力的美术家和设计师,培养可以洞察时代脉络并主动促进艺术与科技相融合的艺术家。梨花女子大学的师范学院更是韩国著名的"教师培养基地",学院下设了包括各阶段、各学科、各形式以及教育行政在内的诸多教育类专业,为韩国各级各类学校培养并输送教师人才。随着老龄化社会的到来和人们对生活质量要求的日益提高,2007年梨花女子大学为适应社会需求而开设了韩国第一所健康科学学院,学院下设体育科学、护理科学、全球化健康护理、卫生管理和食品营养等专业,致力于培养健康专业人才,引

---

① 孙虹:《韩国梨花女子大学本科专业设置与专业优势》,《文教资料》2001年第7期。

领 21 世纪健康社会。

总之，梨花女子大学的院系和专业设置在考虑社会发展需要的基础上，充分展现了女性在艺术、教育、语言和保健等领域的天分，各学院、各专业制定培养目标，并依据目标进行教育实践，为社会各界输送大批优秀的女性人才。经过多年的努力，梨花女子大学成功地将艺术类专业、教育类专业和法律专业打造成自己的品牌专业。

此外，还需要特别提到的一点就是，除了开设上述可以充分展现女性特质与优势的专业，梨花女子大学还设置了其他非传统领域的专业，给学生更多的选择空间，引导学生在学科和专业的选择上逐步由文科领域转向理工科领域。[①] 梨花女子大学在世界上首开女子工学院先河，早在 1966 年，就正式成立了致力于培养优秀女性工程师的工学院。梨花女子大学相信"如果为女性提供与男性一样的、一流的理工科教学条件，女性一样可以成为优秀的科学技术人才"[②]，这充分体现了梨花女子大学对女性发展的积极关注和对女性智慧与无限潜能的信任。也正是因为这种关注和信任，梨花女子大学的学生可以充满自信地学习，她们的潜力在学习过程中被不断挖掘和激发出来，最终成长为适应社会需求的全方位人才。

（3）卓有成效的性别研究

梨花女子大学以其开展较早并富有成效的性别研究著称。早在 1975 年，梨花女子大学就发起了第一个女性研究的课题，开创韩国女性研究的先河，对妇女的基本问题进行反思：怎样把妇女问题研究带到大学生中去，怎样把妇女研究的范畴渗透到韩国文化中去，

---

① 吴宏岳、王世豪、席春玲：《我国女校存在与发展价值研究》，华中师范大学出版社 2010 年版，第 46 页。

② 周春燕：《韩国梨花女子大学的女性教育及其对我国的启示》，《文教资料》2006 年第 4 期。

怎样提高学生的自我意识和主体意识等等。① 研究小组在课题研究的基础上进一步出版了第一部女性研究的课本并于 1977 年开设了第一个女性学课程。梨花女子大学注重女性研究的传统被历代梨花人继承下来，学校的研究逐渐从单纯的女性研究扩展到了性别研究等更加广阔的领域。目前，梨花女子大学共设有三个专门的性别研究机构，它们分别是女性学系、女性研究院和亚洲妇女研究中心。② 女性学系主要承担硕士生和博士生的教育；女性研究院主要进行有关性别与经济、文化等领域的研究并负责安排知名学者或教授给全校学生开设女性学方面的课程、讲座，研究院还发起成立韩国女性研究协会，在韩国女性研究机构的学术交流中始终起着主导性作用；亚洲妇女研究中心是在女性研究院的支持和帮助下成立的一个跨学科性质的附属研究机构，其成员来自法律、传媒、社会学等各个学术领域，学者们从自己的学术领域出发，以性别视角分析和解决问题③，推动性别研究朝着多元化方向发展，同时，亚洲妇女研究中心把深化亚洲地区对妇女问题的认识，并通过国际交流与合作加强亚洲妇女的团结作为重要任务，其对于亚洲妇女问题的研究已经在亚洲产生了一定影响，并且在世界上获得了相应的学术认可。经过多年发展，梨花女子大学已经拥有相当完善的性别研究机构和丰富的性别研究理论成果，性别研究走上了多元化、专业化、本土化的发展道路。

（4）活跃的国际交流与合作

随着经济全球化的深入发展，教育、文化领域的交流与合作也成为必然趋势，梨花女子大学紧跟国际潮流，从内外两个方面积极

---

① 祝平燕：《韩国的女性学与妇女运动》，《华中师范大学学报》（人文社会科学版）2003 年第 42 卷第 2 期。

② 席春玲：《女子高校的学术价值》，《现代教育管理》2011 年第 1 期。

③ 吴宏岳、王世豪、席春玲：《我国女校存在与发展价值研究》，华中师范大学出版社 2010 年版，第 46 页。

推进自身国际化。对内，梨花在继续发展本校传统的同时，越来越注重拓宽学生的国际视野，培养学生的全球性思维。2007年，学校为培养全球化人才而成立斯克兰顿学院，学院下设的国际学专业是韩国首个全英语教学的教育项目，更是韩国国内第一个国际学专业，该专业包括了政治学、经济学、历史学、法学和经营管理学等跨领域复合学科，开设可以使学生成为国际贸易、跨国企业和国际机构等领域的国际专家的课程。梨花女子大学不断强化国际教育学院的功能，扩大招收外国留学生的比例，带动校园的国际化氛围。此外，梨花女子大学于2006年设立"梨花全球合作项目"（EGPP），为亚洲非政府组织和非营利组织培训女性领袖人才[①]，以引领全球女性教育，这也是韩国最早的学历教育培训；2012年，梨花女子大学又设立"梨花全球权利赋予项目"（EGEP）培养女性活动家，进一步巩固了自己在全球女性教育领域的中心地位。对外，梨花女子大学通过共同授予学位、开设双学位、学生交流访问、学生交换学习、学生假期海外学习、学生语言研修和海外体验等各种灵活多样的项目，与其他国家的大学展开合作交流。[②] 2007年，梨花女子大学被哈佛大学选定为其学术文化交流项目在韩国国内的唯一官方合作伙伴，"梨花—哈佛亚洲项目"就此开始，该项目成为两校进行长期学术和文化交流的基础平台。2014年梨花女子大学与哈佛大学共同举办的"梨花—哈佛夏令营"活动是韩国国内唯一与哈佛大学共同举办的暑期季节活动。此外，梨花女子大学热情邀请国外知名人士赴校交流访问，仅在2015年，梨花就邀请到了亚洲女子大学名誉校长——英国前首相的夫人切丽·布莱尔女士、德国总统夫人达妮埃拉·沙特女士以及法国总统奥朗德等先后进行访问，这使得

---

① 周春燕：《韩国梨花女子大学的女性教育及其对我国的启示》，《文教资料》2006年第4期。

② 孙虹：《韩国梨花女子大学本科专业设置与专业优势》，《文教资料》2001年第7期。

学校在国际社会的知名度迅速提升。[①]

（5）多渠道的资金筹集

作为一所私立大学，梨花女子大学在创办之初就不完全依赖政府，坚持自强、独立的发展方针，政府的补助、学生学费收入、企业和校友的支持是梨花女子大学赖以生存的"生命线"，其中，学生学费收入、来自企业和校友的资助是梨花女子大学发展资金的最主要来源。梨花女子大学注重与国内外大企业沟通，通过建立产学研合作体系、成立产学研合作机构获得资金支持，2014年，韩国首家全球企业与大学之间产学研合作的结晶"梨花—苏威研究中心"正式成立，开启了梨花女子大学更为广阔的产学研合作新局面。此外，梨花女子大学为了获得更多的发展资金和支持而建立起由教职员工、学生、校友、家长和社会各界人士组成的合作体系——梨花发展后援会[②]，充分利用校友和社会各界爱心人士的资助，助力自身发展。梨花女子大学的校友在捐赠校舍以及帮助解决学生就业问题等方面发挥了尤其重要的作用。

2. 梨花女子大学形成其办学特色的原因分析

（1）对女性性别特点和优势的充分认识

女子大学是以女性独特的思维方式和不同的生活角色为依据建立起来的新型单性高等教育模式[③]，为女性提供特色教育、开发女性特殊潜能是女子大学的应有之义。梨花女子大学办学特色的形成建立在其对女性性别特点与优势充分认识的基础之上。首先，梨花女子大学认识到了女性与生俱来的柔美气质和女性在艺术、教育、

---

① 《学校介绍》，梨花女子大学官网，（2015 - 12 - 30），［2016 - 01 - 21］，http：//www. ewhauni. com/index. php？ id = 214。

② 金钟美：《向世界最高水平的女子大学迈进——韩国梨花女子大学》，《当代韩国》1995年第 2 期。

③ 杜祥培：《中国女子大学办学思想与实践演化研究》，中央民族大学出版社 2011 年版，第 36 页。

语言和保健等领域的先天优势，正是基于这种认识，学校树立了充满女性人道主义关怀的教育理念，开设了充分体现女性优势的专业。其次，随着女性社会地位的提高，越来越多的女性在社会各个领域崭露头角，梨花女子大学对于女性的认识也在不断深化，学校开始尝试在充分发挥女性先天优势的同时，挖掘女性在其他领域（非女性传统领域）的潜能，学校对女性的智慧和能力给予极大的信任、鼓励，使学生可以充满自信地学习。最后，梨花女子大学对女性的充分认识以及这种认识的不断深化，也一直是其独具特色的女性研究和性别研究开展的思想基础。

（2）对教育理念的坚持和贯彻

教育理念是一种属于价值观层面的、体现人们教育理想的"远见卓识"，科学的教育理念是教育本质和时代特征的正确反映。[①] 办学者必须认识到，明确教育理念是任何一所学校办好学的首要任务，而坚持、贯彻和最终实现教育理念是一个需要长期奋斗的过程，很多学校在办学的过程中就出现了逐渐偏离最初教育理念的现象，从而影响自身发展。梨花女子大学对其教育理念的坚持和贯彻是其办学成功和形成办学特色的重要原因，学校教育女性要具有健全的品德和丰富的专业知识，并积极进行学术研究和社会志愿服务，从而为国家和人类社会的发展作出贡献。[②] 自学校成立的一个多世纪以来，这一将基督教思想和"真、善、美"精神完美融合在一起的全人教育理念被绵延不断地传承下来，梨花女子大学严格按照全人教育理念制定教育目标和培养目标、设置专业和开设课程，学校的教师在这一教育理念的指引下不断提升教学和科研能力、改进教学方法，学生在这一教育理念的影响下树立远大理想、积极进

---

① 陈平水、万碧波、韩敏：《教育理念的价值及其实现》，《山西大学学报》（哲学社会科学版）2010年第33卷第5期。

② 《梨花精神》，韩国梨花女子大学中文网站，（2015 - 08 - 03），［2016 - 01 - 21］，http://www.ewhauni.com/index.php? catid = 44。

取、增进知识、提高能力和素质。

（3）对国内社会和世界发展形势的及时把握

教育尤其是高等教育与社会的关系密切，受教育外部关系规律的制约，高等教育的发展必须与社会发展相适应。[①] 作为一种独具特色的高等教育机构，女子大学只有努力培养出社会所需要的女性人才、为社会发展服务，才能真正体现其存在与发展的价值。此外，在世界各国联系日益紧密的今天，高等教育国际化成为一种必然趋势，女子大学走国际化道路也成为其持续发展的必然选择。梨花女子大学及时把握并根据国内社会发展和世界形势的变化制定发展目标和蓝图，不断调整和优化专业、课程设置，不断改进教学方法和手段，不断丰富和拓展研究领域，不断加强与国外知名大学的交流与合作，培养适应韩国社会甚至是国际社会需求的全方位优秀女性人才，这些都是梨花女子大学形成其办学特色的重要原因，也是其在全球女性教育领域长期占据中心地位的重要原因。

二　韩国梨花女子大学办学特色对我国女子大学的启示

1. 始终秉持教育理念

梨花女子大学的成长和发展是一个不断朝向其教育理念努力的过程。我国的女子大学在研究女子高等教育规律的基础上，根据自身和社会发展进步的需要确立了教育理念，如中华女子学院就将"崇德、至爱、博学、尚美"作为校训，培养德智体美全面发展，且具有"四自"精神、公益意识、知性高雅的应用型女性人才。[②]但教育理念并不等同于教育现实，确立教育理念只是一方面，形成办学特色并取得办学成功更为关键的是要将教育理念始终贯彻于教

---

① 叶立群、潘懋元、王伟廉：《高等教育学》，福建教育出版社1995年版，第37页。

② 郭冬生：《中美韩三国女子高校校训比较及其启示》，《中华女子学院院报》2012年第2期。

育实践、贯穿于学校的各项工作之中。在实际教育过程中偏离教育理念、盲目发展是我国很多大学都存在的严重问题，女子大学也不例外。因此，我国女子大学要想走特色化的、高质量的内涵式发展道路，首先必须树立坚持和贯彻学校教育理念的自觉意识，只有使学校的教育理念真正发挥其对于教育实践的引导和定向作用，才能使全体师生有更加坚定的发展信心，使学校有更加明确的发展方向和更加美好的未来。

2. 优化专业设置

借鉴梨花女子大学专业设置方面的特色经验，我国女子大学对自身专业设置的优化主要应该体现在两方面：首先，女子大学应该在充分考虑女性语言学习、形象思维以及人际交往等方面的先天优势的基础上，结合社会发展的需要不断扩充体现女性特质与优势的专业，有计划地扩大专业覆盖面，改变我国女子大学专业选择性少的局面。同时女子大学走特色发展道路，就要着力打造若干品牌专业，山东女子学院的社会工作专业是国家级教学改革试点专业，学校可以依靠国家的支持努力把该专业打造成自己在全省甚至是全国的特色专业，以此吸引更多的学生，培养社会急需的社会工作人才。其次，女子大学又不应该把专业设置局限在传统的女性领域内，还要在扩充体现女性特色的专业的同时引导学生向其他非女性传统领域的专业过渡，给予学生最大的积极关注和信任，挖掘女性在其他领域的潜能，提高学生的综合素质和综合能力，目前我国女子大学的专业设置还主要集中在传统的女性领域，逐步向其他领域拓展是女子大学未来发展的应有趋势。

3. 重视开展性别研究

性别研究是女子大学发展的重要使命。梨花女子大学在女性和性别研究领域取得的成就有目共睹，其存在与发展的价值也已经从单纯的女性教育发展到了女性教育与性别研究并重。中国的女子大学也开始将女性研究摆在学校发展的重要位置，如中华女子学院就设立了全国第一个女性学系，并设立中国妇女发展研究中心和中国妇女人权研究中心；山东女子学院在妇女理论研究方面也取得一定成果；湖南女子学院也在女性教育与心理、伦理与礼仪、文学与文化、形象与服饰等研究领域逐渐形成优势。但与发达国家相比，我国女子大学因办学时间相对较短、办学经验不丰富而导致其女性研究尚处于初步发展阶段，已有的研究还不够深入，待拓展的研究领域还有很多。因此，借鉴发达国家女子大学的成功经验，给予女性与性别问题研究更为持续、更为深入的关注必然要成为今后我国女子大学发展的重要战略任务。

4. 加强交流与合作

在各行各业都强调合作的今天，女子大学作为高等教育系统内较为少数的一个群体，首先应该加强校际之间的交流合作，互相帮助、共同探索女子大学发展的最佳模式与道路，我国现有的 3 所女子本科院校在 2014 年建立起中国首个女子高等院校联盟，但联盟的成立只是校际合作的第一步，三所女子大学之间一定要做好信息沟通、资源共享、交流有无、协商共进等方面的工作，并鼓励其他女子大学加入联盟，共同发展进步。同时，随着高等教育国际化进程的日益加快，女子大学要想保持生机和活力，就必须培养具有全球性视角、全球化思维的女性高级人才，学校可以尝试通过网络教育平台如 MOOC，增加教育的流动性、共享教育资源，还可以通过邀请国外女子大学知名教授来学校参观指导或者选送部分优秀教师出国学习考察等途径走上与国际其他学校交流合作的道路。[1] 基于特殊的历史原因，我国部分女子高校如南京师范大学金陵女子学院就可以积极延续其与国外学校交流的历史渊源

---

[1] 唐琳娜：《我国女子大学的历史回顾与发展研究》，硕士学位论文，湖南师范大学，2007 年。

（其前身金陵女子大学曾被美国史密斯学院接受为姊妹学院），通过开展合作办学、国际交流、国外夏令营等项目提高自身国际化水平，加快自身发展。

5. 充分利用社会各方面的支持

梨花女子大学在校友资源利用方面经验丰富。我国女子大学多为国家公办，主要依靠国家和政府的经费投入获得发展资金，经费来源比较单一。女子大学要想持续发展，除了争取政府的政策和经费扶持外，还要充分利用好各种社会资源，积极争取社会力量的支持，加强与相关企业的沟通，建立产学研合作体系。此外，女子大学培养的主要是女性人才，女性往往因其天生的感性而具有更为强烈的母校情结，因此，学校在发展的过程中，要格外重视这种基于"学缘"关系的校友资源的开辟。发达国家的经验告诉我们，校友的支持在校园建设和解决就业问题等方面意义重大。国内女子大学有必要将校友资源的挖掘纳入自身发展规划，可以尝试通过成立校友会等组织对校友资源进行持续有效的开发与利用。

综上，在高等教育大众化的今天，女子接受高等教育的权利已经得到极大保障，这意味着女子大学的使命不仅仅是给更多女性提供接受高等教育的机会，更重要的是给女性提供更加优质的高等教育，确保她们可以享受到其他普通男女同校的大学所不能提供的特色高等教育。可见，提供特色教育是女子大学存在与发展的价值所在，走特色化的发展道路已经是国内外女子大学共同的战略抉择。

参考文献

一 著作

阿什比:《科技发达时代的大学教育》,人民教育出版社1983年版。

爱德华·希尔斯:《教师的道与德》,徐弢等译,北京大学出版社2010年版。

埃德加·莫兰:《复杂性理论与教育问题》,陈一壮译,北京大学出版社2004年版。

伯顿·克拉克:《高等教育系统——学术组织的跨国研究》,王承绪译,杭州大学出版社1994年版。

伯顿·克拉克:《高等教育新论:多学科的研究》,王承绪等译,浙江教育出版社2001年版。

蔡元培:《蔡孑民先生言行录》,广西师范大学出版社2005年版。

陈平原:《中国现代学术之建立——以章太炎、胡适之为中心》,北京大学出版社2010年版。

杜祥培:《中国女子大学办学思想与实践演化研究》,中央民族大学出版社2011年版。

高平叔编:《蔡元培全集》第3卷,中华书局1984年版。

高平叔编:《蔡元培教育论著选》,人民教育出版社1991年版。

顾明远主编:《教育大辞典》,上海教育出版社1998年版。

韩小蕙:《读人记》,文化艺术出版社2001年版。

华勒斯坦:《学科·知识·权力》,刘健芝译,生活·读书·新知三
　联书店1999年版。

黄延复:《梅贻琦教育思想研究》,辽宁教育出版社1999年版。

克拉克·克尔:《大学的功用》,陈学飞等译,江西教育出版社1993
　年版。

纽曼:《大学的理想》,徐辉译,浙江教育出版社2001年版。

潘懋元:《潘懋元文集》卷二,广东高等教育出版社2010年版。

潘懋元:《多学科观点的高等教育研究》,上海教育出版社2001
　年版。

潘懋元:《高等教育通向农村研究》,黑龙江人民出版社2002年版。

[印度]桑迪潘、德布:《印度理工学院的精英们》,黄永明译,北
　京大学出版社2010年版。

涂尔干:《教育思想的演进》,李康译,上海人民出版社2006年版。

王喜旺:《学术与教育互动:西南联大历史时空的观照》,山西教育
　出版社2008年版。

[英]维克托·迈尔-舍恩伯格、肯尼思·库克耶:《大数据时代:
　生活、工作与思维的大变革》,盛杨燕、周涛译,浙江人民出版
　社2013年版。

吴宏岳、王世豪、席春玲:《我国女校存在与发展价值研究》,华中
　师范大学出版社2010年版。

萧超然、沙健孙、周承恩等:《北京大学校史(1898—1949)》(修
　订本),北京大学出版社1988年版。

肖海涛、殷小平:《潘懋元教育口述史》,北京师范大学出版社2007
　年版。

西南联合大学北京校友会:《国立西南联合大学校史》,北京大学出
　版社2006年版。

雅斯贝尔斯:《大学之理念》,邱立波译,上海人民出版社2006

年版。

叶立群、潘懋元等：《高等教育学》，福建教育出版社 1995 年版。

伊曼纽尔·沃勒斯坦：《知识的不确定性》，王昺译，山东大学出版
　　社 2006 年版。

袁贵仁、郭新立：《中国高水平大学建设之路——从"211 工程"
　　到"2011 计划"》，高等教育出版社 2012 年版。

约翰·S. 布鲁贝克：《高等教育哲学》，王承绪等译，浙江教育出版
　　社 2001 年版。

周天度：《蔡元培传》，人民出版社 1984 年版。

朱丽·汤普森·克莱恩：《跨越边界——知识　学科　学科互涉》，
　　蒋智芹译，南京大学出版社 2005 年版。

二　论文

车如山：《潘懋元高等教育观述评》，《西北成人教育学报》2010 年
　　第 1 期。

车如山：《论潘懋元先生高等教育思想的实践品格——兼论理论工
　　作者的社会责任》，《中国高教研究》2010 年第 10 期。

陈平水、万碧波、韩敏：《教育理念的价值及其实现》，《山西大学
　　学报》（哲学社会科学版）2010 年第 33 卷第 5 期。

陈学飞：《高校去行政化：关键在政府》，《探索与争鸣》2010 年第
　　9 期。

陈兴德、潘懋元：《中国高等教育大众化的思想引领者》，《中国地
　　质大学学报》（社会科学版）2008 年第 8 卷第 6 期。

丁群安、黄亲国：《西南联大的办学实践及其启示》，《南昌航空工
　　业学院学报》（社会科学版）2005 年第 4 期。

杜祖贻：《借鉴超越：香港学术发展的正途》，《比较教育研究》
　　2000 年第 5 期。

樊文强：《基于关联主义的大规模网络开放课程（MOOC）及其学习支持》，《远程教育》2012 年第 3 期。

郭冬生：《中美韩三国女子高校校训比较及其启示》，《中华女子学院院报》2012 年第 2 期。

何东昌：《进一步认识建设世界一流大学的战略重要性》，《清华大学教育研究》2003 年第 24 卷第 3 期。

黄宝印：《我国专业学位教育发展的回顾与思考（上、下）》，《学位与研究生教育》2007 年第 6 期。

胡弼成：《潘懋元先生的高等教育质量观初探》，《青岛化工学院学报》（社会科学版）2002 年第 2 期。

胡建华：《近 20 余年来我国高等教育研究发展的实证分析——基于"六五"至"十五"的全国教育科学规划课题》，《现代大学教育》2005 年第 2 期。

胡娟：《强政府、民主、法治——中国大学制度建设的关键》，《清华大学教育研究》2015 年第 5 期。

洪德铭：《西南联大的精神与办学特色（上）》，《高等教育研究》1997 年第 1 期。

金钟美：《向世界最高水平的女子大学迈进——韩国梨花女子大学》，《当代韩国》1995 年第 2 期。

中国高教研究课题组：《做强地方本科院校——地方本科院校的定位与特征研究》，《中国高教研究》2009 年第 12 期。

老松杨、江小平：《后 IT 时代 MOOC 对高等教育的影响》，《高等教育研究学报》2013 年第 36 卷第 3 期。

李明忠：《高等教育多学科研究的现实审视与发展思路：基于〈高等教育研究〉2001—2010 年的载文分析》，《高等教育研究》2013 年第 3 期。

李霞：《对完善专业学位硕士研究生培养主体的思考》，《学位与研究生教育》2008 年第 5 期。

廖小平：《大学行政化三问》，《中国高教研究》2013 年第 9 期。

梁大战：《我国研究生招生考试制度中的问题与改革策略》，《教书育人》2008 年第 24 期。

刘道玉：《论世界一流大学的建设——从创造性与大学精神谈起》，《高教探索》2004 年第 2 期。

刘海峰：《高考改革中的公平与效率问题》，《教育研究》2002 年第 12 期。

袁贵仁：《序》，万光侠《效率与公平》，人民出版社 2000 年版；转引自刘海峰《高考改革中的公平与效率问题》，《教育研究》2002 年第 12 期。

刘宏林、刘华：《重视学位点建设促进高校学科发展》，《东北大学学报》（社会科学版）2003 年第 2 期。

刘培军：《我国高等教育类课题立项的基本状况与特点——基于2001—2011 年全国教育科学规划高等教育类课题立项数据量化分析》，《现代大学教育》2014 年第 1 期。

刘小强、罗丹：《中国特色的高等教育大众化理论体系——潘懋元先生高等教育大众化思想研究》，《大学教育科学》2007 年第 1 期。

刘小强：《走出一条学科建设的新路子——潘懋元高等教育学学科建设思想评析》，《高等教育研究》2011 年第 8 期。

罗云：《论大学学科建设》，《高等教育研究》2005 年第 26 卷第 7 期。

罗云、裴怀涛：《论我国高等教育学学位点布局的不平衡性》，《中国高教研究》2007 年第 11 期。

孟小峰、慈祥：《大数据管理：概念、技术与挑战》，《计算机研究与发展》2013 年第 50 卷第 1 期。

闵维方：《关于一流大学建设的几个问题》，《北京大学教育评论》2003 年第 1 卷第 3 期。

欧阳光华：《教授治校：源流、模式与评析》，《高教发展与评估》2005 年第 4 期。

潘懋元：《高等教育理论研究必须更好地为实践服务》，《高等教育研究》1997 年第 4 期。

潘懋元：《对发展民办高等教育若干问题的认识》，《中国高等教育》1999 年第 13/14 期。

潘懋元：《深入浅出由博返约——潘懋元教授谈高等教育研究》，《教育研究》2001 年第 11 期。

潘懋元：《关于民办教育立法的三个问题》，《浙江树人大学学报》2001 年第 2 期。

潘懋元：《新世纪高等教育思想的转变》，《中国高等教育》2001 年第 3 期。

潘懋元：《关于民办高等教育发展的问题：资本市场、质量评估与就业现状》，《民办教育研究》2004 年第 3 卷第 4 期。

潘懋元：《中国当前高等教育发展中的若干问题》，《大学教育科学》2004 年第 4 期。

潘懋元、陈兴德：《依附、借鉴、创新？——中国高等教育学科建设之路》，《北京大学教育评论》2005 年第 1 期。

潘懋元、林莉：《2020：中国民办高等教育的前瞻》，《民办教育研究》2005 年第 4 期。

潘懋元：《民办高等教育大有作为》，《浙江树人大学学报》2005 年第 5 期。

潘懋元：《建立高等职业技术教育独立体系的思考》，《顺德职业技术学院学报》2005 年第 6 期。

潘懋元：《中国高等教育的定位、特色和质量》，《中国大学教学》

2005 年第 12 期。

潘懋元、刘小强:《21 世纪初我国高等教育研究的进展与问题》,《国家教育行政学院学报》2006 年第 8 期。

潘懋元:《我看应用型本科院校定位问题》,《教育发展研究》2007 年第 7/8A 期。

潘懋元:《产学研合作教育的几个理论问题》,《中国大学教学》2008 年第 3 期。

潘懋元、车如山:《特色型大学在高等教育中的地位与作用》,《国家教育行政学院学报》2008 年第 4 期。

潘懋元、车如山:《略论应用型本科院校的定位问题》,《高等教育研究》2009 年第 30 卷第 5 期。

彭勃、宋毅:《我国公立非重点高校发展前景探析》,《江西师范大学学报》2006 年第 4 期。

乔连全、董立平:《得天下英才而育之》,《中国大学教学》2008 年第 5 期。

覃红霞:《研究生招生考试改革中的两难问题》,《高教探索》2008 年第 2 期。

孙虹:《韩国梨花女子大学本科专业设置与专业优势》,《文教资料》2001 年第 7 期。

孙守闽:《蔡元培高等教育管理思想探微》,《同济大学学报》(社会科学版)2001 年第 5 期。

唐琳娜:《我国女子大学的历史回顾与发展研究》,硕士学位论文,湖南师范大学,2007 年。

王建华:《学科建设新思维》,《学位与研究生教育》2007 年第 5 期。

王建华:《中国大学转型与去行政化》,《清华大学教育研究》2012 年第 1 期。

王建华:《学科制度化及其改造》,《高校教育管理》2014 年第 5 期。

王萍:《大规模在线开放课程的新发展与应用:从 cMOOC 到 xMOOC》,《现代远程教育研究》2013 年第 3 期。

王文礼:《MOOC 的发展及其对高等教育的影响》,《教育研究》2013 年第 2 期。

王英杰:《大学文化传统的失落:学术资本主义与大学行政化的叠加作用》,《比较教育研究》2012 年第 4 期。

问青松:《进行学位点立项建设的几点启示》,《学位与研究生教育》2002 年第 4 期。

温颖、曹晔:《2003—2012 年全国教育科学规划职业教育立项课题统计分析》,《教育与职业》2013 年第 33 期。

伍宸:《〈统筹推进世界一流大学和一流学科建设总体方案〉政策分析与实践对策》,《重庆高教研究》2016 年第 4 卷第 1 期。

席春玲:《女子高校的学术价值》,《现代教育管理》2011 年第 1 期。

肖海涛、向春:《论大学特色的内涵与特征》,《中国大学教学》2007 年第 2 期。

项贤明:《蔡元培的高等教育管理思想及其启示》,《高等教育研究》2001 年第 2 期。

谢桂华:《高等教育学学位点的建设与研究生培养》,《中国高教研究》2002 年第 7 期。

谢小燕、马千里:《大学校长应向蔡元培学习什么》,《江苏高教》2004 年第 5 期。

徐娟:《社会转型背景下我国大学行政权力演变的二维分析》,《高等教育研究》2012 年第 1 期。

徐震:《浅析研究生创新能力的培养》,《中国轻工教育》2007 第

S1 期。

姚成福:《西南联大办学理念辨析》,《社科纵横》2006 年第 1 期。

姚加惠:《民办高等教育: 现状、对策与展望——潘懋元教授访谈录》,《教育发展研究》2006 年第 10B 期。

杨德广:《潘懋元教授与我国第一本〈高等教育学〉》,《高等教育研究》2008 年第 4 期。

杨广云:《潘懋元教授与中国高等教育学》,《国家教育行政学院学报》2005 年第 2 期。

杨广云:《高等教育学学说的基本理论———潘懋元学术思想研究之四》,《有色金属高教研究》1999 年第 6 期。

杨广云、吴光辉:《潘懋元教授: 中国高等学的奠基人》,《中国地质大学学报》2003 年第 2 期。

杨庆辰:《蔡元培与大学》,《教书育人》2004 年第 24 期。

叶赋桂:《印度理工学院的崛起》,《清华大学教育研究》2003 年第 3 期。

赵映川:《大数据时代院校研究的发展与突破——"院校研究: 数据分析的对象、内容和方法"研讨会暨 2013 年中国院校研究会年会综述》,《高等教育管理》2014 年第 8 卷第 1 期。

曾天山、丁杰等:《从战略高度提升教育研究质量——基于 2010 年全国教育科学规划课题成果鉴定的实证分析》,《教育研究》2011 年第 7 期。

张刚要:《全国教育科学规划 2001—2007 年教育技术学立项课题统计分析》,《电化教育研究》2008 年第 10 期。

张硕:《中国传统高等教育思想与现代大学理念》,《文教资料》2006 年第 16 期。

张应强:《像潘懋元先生那样做高等教育学大学问》,《高等教育研究》2010 年第 8 期。

张应强、蒋华林:《关于中国特色现代大学制度的理论认识》,《教育研究》2013 年第 11 期。

郑传芹:《蔡元培教育思想中的三个命题》,《辽宁师范大学学报》(社会科学版) 2002 年第 5 期。

周春燕:《韩国梨花女子大学的女性教育及其对我国的启示》,《文教资料》2006 年第 4 期。

周其凤:《总结经验继续努力把我国专业学位教育工作推向一个新的发展阶段》,《学位与研究生教育》2002 年第 1 期。

钟秉林:《关于大学"去行政化"几个重要问题的探析》,《中国高等教育》2010 年第 11 期。

祝平燕:《韩国的女性学与妇女运动》,《华中师范大学学报》(人文社会科学版)2003 年第 42 卷第 2 期。

三 外文文献

Gallup Organization, *Perceptions of Higher Education Reform*, Brussels: European Commission (Flash Eurobarometer), 2007.

Higher Education in Hungary Heading for the Third Millennium, Ministry of Education of the Republic of Hungary, 2002, pp. 9, 15.

K. Jaspers, *The Idea of the University*, London: London Peter Owen Ltd, 1965, p. 19.

JT. Klein, "Prospects for Transdisciplinarity", *Futures*, 2004.

Sursocka, H. Smidt, *Trend* 2010: *A Decade of Change in European Higher Education*, Brussels: European University Association, 2010.

四 其他文献

Corvinus University of Budapest. http://www.mab.hu/joomla/index.php?option-corn-content&view = article&id = 230&Itemid = 643&lang = en.

HAC［EB/OL］. http：//www. ewhauni. com/index. php？catid＝44.

《韩国梨花女子大学中文网站——梨花精神》，（2015－08－03）［2016－01－21］，http：//www. ewhauni. com/index. php？id＝214.

《学校介绍》，梨花女子大学官网，（2015－12－30），［2016－01－21］，http：//www. u-ewhaedu. com/intro/2014－07－10/1. html.

韩日联合交流会：《梨花女子大学官网——学校介绍》，（2014－07－10）［2016－01－21］，http：//en. wikipedia. org/wiki/List_of_universities_in_Hungary。

教育部：《2009 年具有普通高等学历教育招生资格的普通本科院校名单》，《中国教育报》2009 年 4 月 22 日。

List of universities in Hungary. http：//www. okm. gov. hu/letolt/nemzet/act-cxxxix－2005. pdf.

Ministry of Education and Culture . Higher Education Act［EB/OL］. http：//www. okm. gov. hu/letolt/nemzet/act-cxxxix－2005. pdf.

Ministry of Education and Culture. Higher Education Act［EB/OL］.

http：//www. fmprc. gov. cn/mfa＿chn/gjhdq＿603914/gj＿603916/oz＿606480/1206＿607568/. http：//www. semmelweis-univ. hu/international-relations/partner-institutions.

Semmelweis University.

Self-Evaluation Report［R］. Hungarian Accreditation Committee External Evaluation. 2008： 11. http：//www. eua. be/fileadmin/user. upload/files/publications/eua_trends_2010. pdf.

陶春：《大价值与大变革——中国科协学术沙龙研讨大数据仿真建模》，《学习时报》2013 年 9 月 30 日。

Trend 2010：A decade of change in European Higher Education［R］.

The External Evaluation of the Hungarian Accreditation Committee［R］. Hungarian Accreditation Committee Budapest，2000： 12. http：//

news. xinhuanet. com/edu/2007 – 03/07/content_5811415_1. html.

新华网:《山东艺考阅卷工作开始　考卷铺满地》, ［2007 – 03 – 07］。

车如山:《研究生招生改革要满足创新人才需要》,《中国教育报》2008 – 11 – 13（11）, http：//gaokao. chsi. corn. cn/gkxx/yszy/dt/200912/20091217/57976247. html。

教育部:《2010 年普通高等学校艺术类专业办法》, ［2009 – 12 – 17］, http：//edu. people. com. cn/GB/116076/13948389. html。

人民网:《穿泳衣排队几小时艺考生考试冻得直发抖》, ［2011 – 02 – 01］, http：//www. moe. gov. cn/publicfiles/htmlfiles/moe/s5972/201201/xxgk_129633. html。

教育部:《教育部关于十二五期间高等学校设置工作的意见》,（2011 – 12 – 19）［2012 – 06 – 13］, http：//www. moe. edu. cn/s78/A22/xwb_left/moe_843/moe_846/tnull_33122. html。

教育部:《211 工程简介》,（2008 – 04 – 07）［2016 – 06 – 19］。http：//www. gov. cn/xwfb/2008 – 03/26/content_928987. htm。

《教育部介绍"211 工程"建设成就及三期工程情况》,（2006 – 03 – 26）［2016 – 06 – 19］, http：//www. moe. gov. cn/s78/A22/xwb_left/moe_843/s6183/201112/t20111230_128828. html。

教育部:《985 工程简介》,（2011 – 12 – 30）［2016 – 06 – 19］, http：//www. moe. gov. cn/jyb_xwfb/moe_2082/s6236/s6688/201210/t20121026_143677. html。

教育部:《高等教育:从"211 工程"到"2011 计划"》,（2012 – 10 – 26）［2016 – 06 – 19］, http：//www. moe. gov. cn/s78/A22/xwb_left/moe_843/s6183/201112/t20111230_128827. html。

教育部:《"985 工程"十年建设成效》,（2011 – 12 – 30）［2016 – 06 – 19］, http：//www. moe. gov. cn/jyb_xwfb/moe_2082/s7081/

s7244/201303/t20130311_148418. html。

教育部:《实施"2011 计划"提升高校创新能力》,(2013 - 03 -
11)［2016 - 06 - 19］,http://www. chsi. com. cn/z/gxcxnl/。

中国高等教育学生信息网:《"2011 计划"——体现国家意志的重大战
略举措》,(2011 - 06 - 11)　［2016 - 06 - 19］. http://www. moe.
gov. cn/jyb_xwfb/s5147/201304/t20130412_150473. html。

教育部:《"2011 计划"让创新要素活起来》,(2014 - 04 - 12)
［2016 - 06 - 19］,http://www. hie. edu. cn/policies _ 12581/
20160304/t20160304_993323. shtml.

中国高等教育学会:《统筹推进世界一流大学和一流学科建设总体
方案》,(2016 - 03 - 04)［2016 - 06 - 19］,http://edu. gmw.
cn/node_79647. htm.

光明网:《高校"双一流"建设校长谈》,(2015 - 11 - 17)［2016 -
06 - 19］,http://www. moe. gov. cn/jyb_xwfb/moe_2082/zl_2015n/
2015_zl53/201511/t20151104_217652. html。

教育部:《对〈统筹推进世界一流大学和一流学科建设总体方案〉
的认识》,(2015 - 11 - 05)［2016 - 06 - 19］,http://news. xin-
huanet. com/ttgg/2015 - 11/05/c_1117054394. htm。

新华网:《世界一流大学,中国还缺什么?》,(2015 - 11 - 05)［2016 -
06 - 19］,http://news. xinhuanet. com/mrdx/2015 - 11/06/c _
134790395. htm。

张亚群:《如何提高研招复试的规范性科学性》,《中国教育报》
2008 年 11 月 26 日第 7 版。